国家出版基金项目
NATIONAL PUBLICATION FOUNDATION

"十四五"时期国家重点出版物出版专项规划项目

突发公共卫生事件应急物流丛书

应急物资仓储管理与全程运输保障技术

张晓东　王　沛　李玥熠　著

中国财富出版社有限公司

图书在版编目（CIP）数据

应急物资仓储管理与全程运输保障技术／张晓东，王沛，李玥熠著．--北京：中国财富出版社有限公司，2024.11.--（突发公共卫生事件应急物流丛书）．

ISBN 978－7－5047－8314－1

Ⅰ．F253

中国国家版本馆 CIP 数据核字第 20248WJ808 号

策划编辑	郑欣怡	**责任编辑**	郑欣怡	**版权编辑**	李　洋
责任印制	苟　宁	**责任校对**	卓闪闪	**责任发行**	敬　东

出版发行　中国财富出版社有限公司

社　　址　北京市丰台区南四环西路 188 号 5 区 20 楼　　**邮政编码**　100070

电　　话　010－52227588 转 2098（发行部）　　　　010－52227588 转 321（总编室）

　　　　　　010－52227566（24 小时读者服务）　　　010－52227588 转 305（质检部）

网　　址　http：//www.cfpress.com.cn　　**排　　版**　宝蕾元

经　　销　新华书店　　　　　　　　　　　**印　　刷**　宝蕾元仁浩（天津）印刷有限公司

书　　号　ISBN 978－7－5047－8314－1/F·3770

开　　本　710mm×1000mm　1/16　　　　**版　　次**　2024 年 11 月第 1 版

印　　张　27.5　　　　　　　　　　　　　**印　　次**　2024 年 11 月第 1 次印刷

字　　数　343 千字　　　　　　　　　　　**定　　价**　123.00 元

学术顾问委员会

编　委　会

前　言

突如其来的新冠疫情持续三年有余，给人民生活和经济发展带来了严重的影响。在党中央坚强领导以及全国人民共同努力下，我国统筹推进疫情防控和经济社会发展，取得了较好成效。在此过程中，物流在防疫物资投送、民生物资保障、复工复产支撑等方面的地位、作用与实际贡献有目共睹。但回顾这一历程，特别是一些地区防疫保供的物流表现，可以发现从前期准备不充分，到初期能力不足，再到后来网络不畅，暴露出应急物流体系响应"慢"、协调"乱"、效率"低"、能力"弱"等亟待解决的突出矛盾问题，这些问题更集中表现在储备"缺"、运输"断"上。

习近平总书记指出，"这次疫情暴露出重点卫生防疫物资（如防护服等）储备严重不足，在其他储备方面还可能存在类似问题，要系统梳理国家储备体系短板，科学调整储备的品类、规模、结构，提升储备效能。要优化关键物资生产能力布局，在关键物资保障方面要注重优化产能的区域布局，做到关键时刻拿得出、调得快、用得上。"国务院印发的《"十四五"国家应急体系规划》，要求强化灾害应对准备，包括应急预案准备、应急物资准备、紧急运输准备与救助恢复准备，以凝聚同舟共济的保障合力。政策导向与民生需求充分表明，面向突发公共卫生事件的应急物资储运保障体系，就像人体的"血脉"一样，一刻也不能停止运行。

本书为"突发公共卫生事件应急物流丛书"之一，在总结我国应对新冠疫情、非典疫情等突发公共卫生事件应急物资储备和应急物资保障经验的基础上，探讨了我国应急物资仓储管理与全程运输保障技术，对应急物资的需求分析、仓储空间布局、仓储管理、干线运输组织、末端配送组织、全程运输组织等内容展开深入研究。在写作过程中坚持以下特点：一是学术性、创新性，本书的主要研究内容基于作者所承担的科研项目及发表的学术论文，同时结合新冠疫情下应急物流的新特点，在基础理论与技术方法等方面具有一定的原创性成果；二是多视角、多层次，本书既关注应急物流理论的前沿趋势，又重视行业热点，既有理论创新研究，又有实践探讨与案例分析；三是系统性、深入性，本书围绕仓储、运输展开系列研究，对该领域内涉及的问题做出较为系统和深入的分析。本书主要包括如下内容。

第一章：突发公共卫生事件与应急物流发展概述。本章分析了突发公共卫生事件的特点及其对应急物流的要求，总结了新冠疫情中应急物流存在的主要问题，明确应急物资储运在应急物流体系中的核心地位。

第二章：突发公共卫生事件下应急物资储运理论基础。本章在应急物资仓储管理以及应急物资全程运输保障相关理论研究的基础上，提出突发公共卫生事件下应急物资储运的技术框架。

第三章：突发公共卫生事件下应急物资需求分析。本章紧贴突发公共卫生事件传播规律和需求演变规律，分析应急物资需求的内涵与特征，提出包含种类、数量、结构、质量的应急物资需求分析理论，设计了应急物资需求数量的时空预测方法，并以上海市疫情期间蔬菜需求时空分布为例验证了该方法的科学性，为突发公共卫生事件下应急物资储运决策提供需求基础。

第四章：突发公共卫生事件下应急物资仓储空间布局。本章紧贴全面覆盖要求，提出"中央、省、市、县、乡"5级应急物资储备节点分层布局方法，运用模糊数学理论和混合整数规划理论构建面向多灾情的应急物资储备节点选址布局模型，进一步提出考虑仓储节点失效风险的应急物资分配模型，并以内蒙古自治区为对象，设计了应急物资储备库布局方案。

第五章：突发公共卫生事件下应急物资仓储管理。本章紧贴精益管理要求，研究应急物资实物储备、协议储备和生产能力储备模式及特点，提出基于应急物资需求分类的储备模式选择方法，构建了应急物资与储备模式匹配矩阵。基于储备模式设计不同应急物资库存优化的方法，以上海市医疗防护应急物资为例进行库存控制方案研究，并探讨了应急物资保管与轮换、捐赠物资管理等问题。

第六章：突发公共卫生事件下应急物资干线运输组织。本章紧贴应急救援与复产复工运输需求，提出基于综合运输体系的干线运输组织模式，构建了突发公共卫生事件下应急物资干线运输网络，设计了考虑网络风险的应急物资多式联运路径规划方法，以武汉疫情期间应急物资干线运输为分析对象进行方案设计。

第七章：突发公共卫生事件下应急物资末端配送组织。本章紧贴高效安全送达的要求，结合疫情下末端配送的组织特征，研究应急物资末端配送的典型模式，构建基于需求紧迫性的应急物资无人配送模型，并以临沂商贸服务型国家物流枢纽北斗示范仓为对象，设计了应急物资无人配送方案。

第八章：突发公共卫生事件下应急物资全程运输组织。本章紧贴干支配一体化要求，结合干线运输和末端配送的研究，研究具有应急物资中转特点的全程运输组织技术，提出考虑最小化疫情传播风险的应急物资跨区域一体化调配问题，设计集成中转设施选址与干支路径优化的综合模型及求解算法，并以疫情期间北京市封控区生活应急物资保供为例验证了方法的有效性。

第九章：突发公共卫生事件下应急物资储运保障机制。本章紧贴统一指挥、专常兼备、反应灵敏、上下联动的要求，提出由平时组织管理、急时调度指挥、跨区域合作组成的应急物资储运保障机制。

本书第一章由张晓东、李玥熠、陆铮撰写，第二章由张晓东、王沛、蒋卓玲撰写，第三章由张晓东、蒋卓玲撰写，第四章由王沛、赵启昕撰写，第五章由李玥熠、房宇轩撰写，第六章由王沛、房宇轩撰写，第七章由李玥熠、陆铮撰写，第八章由张晓东、李玥熠撰写，第九章由张晓东、王沛撰写。在此对为本书写作与出版提供帮助的单位及本书引用参考文献的所有作者致以诚挚的谢意。

我们正处于一个急剧变革的时代，应急物流的运作模式、服务方式、发展动能都在经历着前所未有的变革。本书中有些内容是首次被提出或是探索性的，可能不完美甚至不完整，作者期待着同广大同仁的交流。希望本书能够对应急物流研究的拓展和深化略尽绵薄之力。

张晓东

2024 年 1 月

目 录

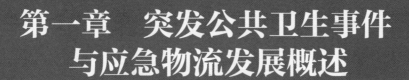

第一章　突发公共卫生事件
与应急物流发展概述

近年来，由于环境污染、生物病原体变异加快等因素影响，突发公共卫生事件频发，对我国人民的健康和生命安全造成危害，影响了经济发展和社会稳定。同时，随着全球化进程的推进以及国际交通的通畅，世界各地突发公共卫生事件的影响也从区域性走向全球性。自2007年管理全球卫生应急措施的《国际卫生条例（2005）》实施以来，世界卫生组织共宣布了六次对人类身体健康和生命安全产生严重威胁的国际公共卫生紧急事件。2019年年底暴发的新冠疫情，是近百年来人类遭遇的影响范围最广的突发公共卫生事件，对全世界来说是一次严峻的考验，此类事件下的应急物流实践与理论发展也引起了社会各界的广泛关注。

第一节　突发公共卫生事件

突发公共卫生事件是突发事件的一种，研究各类型突发事件的概念和差异，有助于更好地理解突发公共卫生事件的本质特点。在此基础上，对突发公共卫生事件的分类与评级进行研究，是针对性制定有效应急物流策略的前提。

一、突发事件概念辨析

《中华人民共和国突发事件应对法》中对突发事件进行了定

义，即突然发生，造成或者可能造成严重社会危害，需要采取应急处置措施予以应对的自然灾害、事故灾难、公共卫生事件和社会安全事件。

（一）公共卫生事件

公共卫生事件是指突然发生，造成或者可能造成社会公众身心健康严重损害的重大传染病、群体性不明原因疾病、重大食物和职业中毒以及其他严重影响公众健康的事件，如鼠疫、霍乱、肺炭疽、非典疫情、新冠疫情等。

2019 年 12 月以来，湖北省武汉市部分医院陆续发现了多例有华南海鲜市场暴露史的不明原因肺炎病例，证实为新冠病毒感染引起的急性呼吸道传染病。新冠病毒感染以发热、干咳、乏力等为主要表现，重症病例多在 1 周后出现呼吸困难，严重者快速进展为急性呼吸窘迫综合征、脓毒症休克、难以纠正的代谢性酸中毒和出凝血功能障碍及多器官功能衰竭等。2020 年 3 月 11 日，世界卫生组织认为新冠疫情可被称为全球大流行。2023 年 5 月 5 日，世界卫生组织宣布，新冠疫情不再构成"国际关注的突发公共卫生事件"。

（二）自然灾害

自然灾害是指给人类生存带来危害或损害人类生活环境的自然现象，主要包括气象灾害、地质灾害、海洋灾害、生物灾害和森林草原火灾等。

2021 年 7 月 17 日至 23 日，河南省遭遇历史罕见特大暴雨，全省平均过程降雨量 223 毫米，灾害造成全省 16 市 150 个县（市、区）1478.6 万人受灾，因灾死亡失踪 398 人，紧急转移安置 149 万人；倒塌房屋 3.9 万间，严重损坏房屋 17.1 万间，一般损坏房屋 61.6 万间；农作物受灾面积 873.5 千公顷；直接经济损失 1200.6 亿元。

（三）事故灾难

事故灾难是指在工场、矿产、商贸、交通运输、建筑等范畴中突然爆发的，由人故意或者无意造成或者可能造成的生态环境破坏、重大财产损失、人员伤亡和威胁损害公共安全的紧急事故。

2022 年 10 月 29 日，韩国首尔龙山区梨泰院发生大规模踩踏事故。当晚因举办万圣节派对，梨泰院附近聚集人数推测约 10 万人，由于治安人员不足与制度缺失，引发踩踏事故，导致 159 人死亡。《华盛顿邮报》称，这起事故是 21 世纪发生的第九大踩踏事故。

（四）社会安全事件

社会安全事件主要包括恐怖袭击事件、经济安全事件和涉外突发事件等。

2015 年 9 月 18 日凌晨 5 时许，一伙暴徒袭击了新疆阿克苏地区拜城县海拔 2600 多米一山区偏远煤矿，并设伏袭击前往处置的民警，造成 11 名群众死亡、18 人受伤，3 名民警、2 名协警牺牲。

暴徒逃窜深山负隅顽抗。其间，经过数次围歼战斗，部分暴徒被击毙，1 名暴徒投降自首。11 月 12 日，剩余暴徒被全部击毙。经查明，这是一起境外极端组织直接指挥的、暴力恐怖团伙实施的暴力恐怖袭击案件。

由各类突发事件的概念可以看出，突发公共卫生事件主要通过致病的方式影响公众健康，且通常具有传染性，相比于其他突发事件，其处理周期可能更长。

二、突发事件特点比较

我国把各种突发事件划分为四类，通过比较各类事件的特点，实现对事件的分类管理。

（一）公共卫生事件

1. 事件的突发性

公共卫生事件是突然发生的紧急事件，虽然可能存在征兆或者有所预警，但往往很难对于其发生的具体时间、地点等作出预测。突发性是公共卫生事件最基本的特征，也是区别于一般卫生问题或卫生事件的显著标志。以 2014 年西非埃博拉疫情为例，虽然埃博拉病毒早在 1976 年就已经被发现，并且对这种病毒的结构形态、传播途径都非常清楚，但是无法对这种病毒的传播时间及传播地区进行准确的预测。

2. 成因的多样性

公共卫生事件的成因复杂，主要分为自然引起和人为引起两种，包括细菌、病毒、环境污染、各种自然灾害以及生物、医药、化学、核辐射等原因。从相关成因角度划分，公共卫生事件又可具体分为包括突发急性传染病（疫情）事件、食品安全事故、突发环境事故、核辐射事件以及自然灾害公共卫生事件等多种类型。

3. 危害的传染性

公共卫生事件造成的危害往往同时波及多人，具有传染性。中毒事件可能造成一个单位多人受害；环境污染事件则可能由于污染物蔓延扩散，使整个区域的人群受到影响；传染病事件则呈现更加复杂的流行病学特点，范围大、波及面广，有时会在全国范围内流行，甚至超出国界。截至 2022 年 8 月，新冠疫情全球累计确诊 5939 万例，累计死亡 644 万例，我国累计确诊 563 万例。

4. 影响的社会性

公共卫生事件不仅是卫生事件，也是社会事件，通常会造成较大的负面影响。一方面，公共卫生事件的发生会导致交通运输、工业生产等活动的停滞，产生原材料供应不足、企业产能降低、商品流通不畅、货物滞销等状况，进而造成经济损失；另一方面，公共卫生事件造成的影响可能会改变人们日常生活的秩序、引起恐慌，进而威胁到社会稳定。

5. 发展的阶段性

公共卫生事件发展具有阶段性是普遍的共识，但国内外学者对事件发展阶段的划分不尽相同。其中，事件状态的转变和应急管理重心的转移，是划分生命周期阶段的主要依据。从事件演化的角度，有"发生、发展、演变、消亡"四阶段和"酝酿期、暴发期、扩散期、处理期、处理结果与后遗症期"五阶段。从事件处理的角度，国外普遍使用减灾、准备、响应和恢复的四阶段生命周期理论治理公共卫生事件；国内相关学者则提出了三阶段（灾前、灾中、灾后）、四阶段（预防与准备、监测与预警、救援与处置、事后与恢复）、五阶段（准备、预防、减缓、响应、恢复）等认识。

本书研究的关注点同时考虑了事件演化和事件处理的不同阶段，从潜伏期、暴发期、扩散期、减缓期和恢复期五个阶段理解公共卫生事件的生命周期。

在潜伏期，成因不明意味着事件风险的高度不确定，此阶段是发现潜在危机因素的重要阶段。如新冠疫情中，出现首例病毒感染者就意味着潜伏期的时间窗口已经开启。此阶段需要建立完善的预防与准备、监测与预警机制。

在暴发期，公共卫生事件往往是由多个因素动态发展的显性结果，表现为受灾人口激增、影响面扩大等，会对公众健康造成严重损害。此阶段需要立即启动救援与处置等应急活动，从而尽可能将风险控制在一定范围内。

在扩散期，由于公共卫生风险未得到有效遏制，事件的波及范围和事件的强度将会扩大或加重，表现为事件的区域范围和感染人数等流行病学分布的变化。此阶段应急管理措施仍然落后于事件的发展，亟须启动更大范围、更高层级的应急响应机制。

在减缓期，由于建立了高效的救援与响应机制，公共卫生事件得到了有效处理，其所造成的影响开始减缓。如新冠疫情中，当新增感染者数量大幅减少、治愈感染者数量大幅增加时，意味着公共卫生事件进入减缓期，此阶段采用的应急手段是积极有效的。

在恢复期，经过应急处理后，公共卫生事件基本得到解决，对社会的影响基本消除。但此阶段事件危险仍然存在，可能会因防控松懈引发新的危机。例如，无效的或不及时的隐患处理可能使残余因素进入新一轮潜伏期。

上述五个阶段是公共卫生事件生命周期的一般状态，但并不是所有这类事件的必经阶段。针对不同阶段需要采取不同的应对措施，实践证明，事件处理的最佳时机是在潜伏期或暴发期初期，越早越好，也就是公共卫生事件防控中强调的早发现、早报告、早隔离、早治疗，争取将事件消灭于萌芽阶段，让事件一出现就被及时控制。每一步应急封控措施的有效实施都有赖于高效可靠的应急物流保障。

6. 治理的综合性

公共卫生事件的以上特征决定了对于这类事件的治理需要综合考虑各个层面的配合。一是地域间的合作，包括国内外、事件发生地和暂未发生地进行配合，通过共享信息、技术以及相关资源等来实现公共卫生事件的预防与控制；二是有关部门的协调，综合分析形势并作出决策，同时严格执行决策与相关规定，做好治理工作；三是群众的配合，公共卫生事件的治理常常需要采取可能影响人民群众正常生活和社会秩序的手段进行管控，因此需要人民群众的配合来保障治理工作能够有序开展；四是科学技术的应用，随着科技的进步，新时代应对公共卫生事件，可以通过高新技术的应用来加快应急响应的速度、提高管控的效率以及精确度，从而更快攻克防疫难题，从源头遏制公共卫生事件的发生。

（二）自然灾害

自然灾害的分布范围很广，不管是海洋还是陆地、地上还是地下、城市还是农村、平原还是高原、丘陵还是山地，只要有人类活动，自然灾害就有可能发生。

自然灾害本身也具有突发性和严重的破坏性，不仅会造成人员伤亡和直接经济损失，还会造成间接经济损失和社会秩序紊乱以及人们心理上的异常反应，包括悲伤、恐怖、惊吓、沮丧等。而自然灾害发生的时间、地点和规模等的不确定性，又在很大程度上增加了人们抵御自然灾害的难度。

此外，自然灾害还具有明显的联系性和可减轻性。其中联系性主要表现在空间和灾害链上，如南美洲西海岸发生"厄尔尼诺"现象可能导致全球气象紊乱，火山活动可以导致火山爆发、冰雪融化、泥石流、大气污染等一系列灾害链等；可减轻性主要体现在人类可以在越来越广阔的范围内进行防灾减灾，最大限度地减轻灾害损失。

（三）事故灾难

事故灾难在具有突发性特点的同时，还具有明显的次发生性和环境污染性。次发生性体现在事故灾难的处置有较高的技术性，若不能及时采取有效措施进行处理容易使灾难范围扩大，产生二次事故。环境污染性体现在事故灾难的发生往往伴随着环境的污染，如化学品的泄漏会随着爆炸的发生产生有毒气体，从而影响环境。

（四）社会安全事件

社会安全事件具有明显的人为性特点，多数由人为因素造成或人为因素在其中起着关键作用，存在主观故意的特性。社会安全事件具有复杂性，有时还掺杂着民族、历史传统等复杂因素。此外，社会安全事件的发生往往经历了一定时期的谋划或策划，存在矛盾积聚和暴发的规律，具有明显的预谋性。

（五）突发事件特点对比

对于四类突发事件的特点进行对比分析，如表1-1所示，突发性、破坏性、社会性是四类事件的共有特点。除此之外，公共卫生事件成因复杂，其造成的危害具有明显的传染性，事件本身的发展具有阶段性，对其的治理具有综合性特点。在应对公共卫生事件时，需要综合考虑各类突发事件的共有和独有特点，在借鉴其他事件应对经验的同时，重视对公共卫生事件的专门管理。

表1-1　　　　　　　　　　四类突发事件特点对比

事件类型	共有特点	人为/自然原因	广泛性	特性
公共卫生事件	突发性 破坏性 社会性	混合	√	传染性 阶段性 综合性
自然灾害		自然	√	联系性 可减轻性
事故灾难		人为	×	次发生性 环境污染性
社会安全事件		人为	×	预谋性 复杂性

三、公共卫生事件分类

公共卫生事件根据发生的机理、过程和性质等，可以分为以下四类。

（一）突发急性传染病（疫情）事件

主要指发生的已知或新发传染病（疫情），影响社会稳定并且对人类健康构成威胁，需要采取紧急处理措施的事件，其中包括由人畜传播细菌、病毒引发的传染病（疫情），也包括由于突发自然灾害，如洪涝、地震等事件导致食物、水源被污染，进而引发传染病传播的事件。近年来，在全球范围内突发急性传染病（疫情）事件频发，其中较重大的 6 次包括 2009 年的 H1N1 流感、2014 年的脊髓灰质炎疫情、2014 年西非的埃博拉疫情、2015—2016 年的"寨卡"疫情、2018 年刚果（金）的埃博拉疫情，以及 2019 年年底暴发的新冠疫情，对世界各国人民的身体健康和生命安全构成了极大威胁。

（二）群体药物不良反应事件

主要是指在同一地区、同一时间段内，使用同一种药物对特定人群进行预防、诊断、治疗的过程中发生了与用药目的无关的多人有害反应事件。例如，2008 年 10 月 5 日，云南省红河州第四人民医院使用黑龙江省完达山制药厂生产的刺五加注射液后造成多人严重不良反应，其中有 3 例死亡。经查，这是一起由药品污染引起的严重不良反应事件。近年来，随着医疗手段的进步，市场上的药物种类不断增多，但是缺乏对民众科普某些药物的作用机理，在实际应用过程中的禁忌事项以及用量没有标准界定，也有部分制造假药的事件发生。2023 年全国药品不良反应监测网络共收到药品不良反应/事件报告表 241.9 万份。

（三）食品安全事故

主要是指食源性疾病、食品污染等源于食品，对人体健康有危害或者可能有危害，需要采取紧急处理措施的事件。全球范围内，由于食源性疾病每年会造成 6 亿例左右不良反应。不安全食品对人类健康和经济构成威胁，对弱势和边缘化人群，尤其是对妇女和儿童以及受冲突影响的人口和移民造成严重影响。据估计，全世界发达国家和发展中国家每年有 300 万人死于食物和水传播的疾病。

（四）突发环境事故

主要是指由于污染物排放或自然灾害、生产安全事故等因素，导致污染物或放射性物质等有毒有害物质进入大气、水体、土壤等环境介质，造成或可能造成环境质量下降，危及公众身体健康和财产安全，或造成生态环境破坏，或造成重大社会影响，需要采取紧急措施予以应对的事件，主要包括大气污染、水体污染、土壤污染等突发性环境污染事件和辐射污染事件。如 2020 年 4 月 12 日，一辆油罐车在永康市方岩镇雪塘村发生交通事故，倾覆在路边，造成油罐内的劣质柴油泄漏，流入高速匝道北侧的东西向水渠，进而造成高速路边的水田、雪塘村内的柿王（黄）塘也被柴油污染。

四、突发公共卫生事件评级及应急响应

2006 年发布的《国家突发公共卫生事件应急预案》中提出，根据突发公共卫生事件性质、危害程度、涉及范围，突发公共卫生事件划分为特别重大（Ⅰ级）、重大（Ⅱ级）、较大（Ⅲ级）和一般

（Ⅳ级）四级。在突发公共卫生事件发生后，卫生行政部门会组织突发公共事件专家咨询委员会，对突发公共卫生事件性质以及发展趋势进行评估，提出是否成立响应级别的突发公共卫生事件应急处理指挥部的建议，报告相应政府批准，并向上一级卫生行政部门和政府报告。

（一）突发公共卫生事件等级划分情况

突发公共卫生事件划分为Ⅰ级、Ⅱ级、Ⅲ级和Ⅳ级，分别用红色、橙色、黄色和蓝色标示，Ⅰ级为最高级别。各类突发公共卫生事件等级划分的具体条件如表1-2所示。

表1-2 各类突发公共卫生事件等级划分情况

等级	预警	条件
特别重大（Ⅰ级）	红色	①肺鼠疫、肺炭疽在大、中城市发生并有扩散趋势，或肺鼠疫、肺炭疽疫情波及2个以上的省份，并有进一步扩散趋势。②发生传染性非典型肺炎、人感染高致病性禽流感病例，并有扩散趋势。③涉及多个省份的群体性不明原因疾病，并有扩散趋势。④发生新传染病或我国尚未发现的传染病发生或传入，并有扩散趋势，或发现我国已消灭的传染病重新流行。⑤发生烈性病菌株、毒株、致病因子等丢失事件。⑥周边以及与我国通航的国家和地区发生特大传染病疫情，并出现输入性病例，严重危及我国公共卫生安全的事件。⑦国务院卫生行政部门认定的其他特别重大突发公共卫生事件
重大（Ⅱ级）	橙色	①在一个县（市）行政区域内，一个平均潜伏期内（6天）发生5例以上肺鼠疫、肺炭疽病例，或者相关联的疫情波及2个以上的县（市）。②发生传染性非典型肺炎、人感染高致病性禽流感疑似病例。

等级	预警	条件
重大 （Ⅱ级）	橙色	③腺鼠疫发生流行，在一个市（地）行政区域内，一个平均潜伏期内多点连续发病 20 例以上，或流行范围波及 2 个以上市（地）。 ④霍乱在一个市（地）行政区域内流行，1 周内发病 30 例以上，或波及 2 个以上市（地），有扩散趋势。 ⑤乙类、丙类传染病波及 2 个以上县（市），1 周内发病水平超过前 5 年同期平均发病水平 2 倍以上。 ⑥我国尚未发现的传染病发生或传入，尚未造成扩散。 ⑦发生群体性不明原因疾病，扩散到县（市）以外的地区。 ⑧发生重大医源性感染事件。 ⑨预防接种或群体性预防性服药出现人员死亡。 ⑩一次食物中毒人数超过 100 人并出现死亡病例，或出现 10 例以上死亡病例；一次发生急性职业中毒 50 人以上，或死亡 5 人以上；境内外隐匿运输、邮寄烈性生物病原体、生物毒素造成我境内人员感染或死亡的；省级以上人民政府卫生行政部门认定的其他重大突发公共卫生事件
较大 （Ⅲ级）	黄色	①发生肺鼠疫、肺炭疽病例，一个平均潜伏期内病例数未超过 5 例，流行范围在一个县（市）行政区域以内。 ②腺鼠疫发生流行，在一个县（市）行政区域内，一个平均潜伏期内连续发病 10 例以上，或波及 2 个以上县（市）。 ③霍乱在一个县（市）行政区域内发生，1 周内发病 10~29 例或波及 2 个以上县（市），或市（地）级以上城市的市区首次发生。 ④1 周内在一个县（市）行政区域内，乙、丙类传染病发病水平超过前 5 年同期平均发病水平 1 倍以上。 ⑤在一个县（市）行政区域内发现群体性不明原因疾病。 ⑥一次食物中毒人数超过 100 人，或出现死亡病例。 ⑦预防接种或群体性预防性服药出现群体心因性反应或不良反应。 ⑧一次发生急性职业中毒 10~49 人，或死亡 4 人以下。 ⑨市（地）级以上人民政府卫生行政部门认定的其他较大突发公共卫生事件

续表

等级	预警	条件
一般 （Ⅳ级）	蓝色	①腺鼠疫在一个县（市）行政区域内发生，一个平均潜伏期内病例数未超过10例。 ②霍乱在一个县（市）行政区域内发生，1周内发病9例以下。 ③一次食物中毒人数30~99人，未出现死亡病例。 ④一次发生急性职业中毒9人以下，未出现死亡病例。 ⑤县级以上人民政府卫生行政部门认定的其他一般突发公共卫生事件

（二）各级突发公共卫生事件应急响应

针对突发公共卫生事件的评级，如何采取应急响应也有相应的级别。突发公共卫生事件的应急响应等级同样分为Ⅰ级、Ⅱ级、Ⅲ级、Ⅳ级响应4个级别。响应级别与突发公共卫生事件的预警风险等级密切相关，根据风险等级，启动相应级别的应急响应行动。不同的响应级别在事故的通知范围、应急中心的启动程度、应急资源的调集规模等方面都有不同的规定。

Ⅰ级响应为最高级别的响应，是指在发生特别重大的突发公共卫生事件时，省级指挥部根据国务院的决策部署和统一指挥，组织协调事件所在行政区域内的应急处置工作。

Ⅱ级响应是指在发生重大突发公共卫生事件时，省人民政府根据省卫生行政部门的建议和突发公共卫生事件应急处理的需要，成立突发公共卫生事件应急处理指挥部，与专家进行分析研判后由省人民政府决定启动的。省指挥部负责本行政区域内突发公共卫生事件应急处理的统一领导和指挥，包括紧急调集和征集有关人员、物资、交通工具等一系列响应工作，必要时，请求国家予以支持，保证突发公共卫生事件应急处理工作的顺利进行。

Ⅲ级响应是指在发生较大突发公共卫生事件时，地级以上市、省直管县（市、区）突发公共卫生事件应急指挥机构组织各单位成员和专家进行分析研判后，由地级以上市人民政府决定启动的响应。市、县（区）级人民政府根据本级卫生行政部门的建议和突发公共卫生事件应急处理的需要，负责组织有关部门协助卫生行政部门做好事件信息收集、组织人员疏散安置、进行疫区的确定与封锁、保障物资供应等工作。

Ⅳ级响应是县（市、区）不含直管县（市、区），突发公共卫生事件应急指挥机构组织各单位成员和专家进行分析研判后，由县级人民政府决定启动的。县（区）人民政府负责组织有关部门开展突发公共卫生事件的应急处置工作。

此次新冠疫情中，社区成为防控疫情的第一道防线。除了以上层面的响应规定外，2020 年 1 月《关于加强新型冠状病毒感染的肺炎疫情社区防控工作的通知》（肺炎机制发〔2020〕5 号）出台，不同社区疫情的防控策略及措施如表 1-3 所示。

应急响应等级具有综合性和动态性的特征。综合性是指应急响应等级的确定综合了多种因素，首先要按照突发公共卫生事件的危害性来确定，即其对于公众的生命健康、社会和经济发展影响的大小；其次依据事件发生的区域确定，包括其所在的空间地点位置以及波及范围，根据区域来判断事件的影响力；最后是按照事件与我国行政区划的关系来确定如何进行管理。动态性则是指突发公共卫生事件的响应等级会随着事件的变化进行随时调整，以更好配合我国的突发公共卫生事件管理体制，做到响应迅速高效。

表 1-3　　　　　　不同社区疫情的防控策略及措施

响应级别	强度响应	疫情情景	防控策略	重点防控环节	空间应对措施
Ⅲ级	低	社区未发现病例	外防输入	隔离传染源、切断传播途径、保护易感人群	组织动员、健康教育、信息告知、疫区返回人员管理、环境卫生治理、物资准备 6 项措施
Ⅱ级	中	社区出现病例或暴发疫情	内防扩散外防输出	切断传播途径、保护易感人群	除上述 6 项措施外，增加密切接触者管理、消毒 2 项措施
Ⅰ级	高	社区传播疫情	内防蔓延外防输出	隔离传染源	除上述 8 项措施外，增加疫区封锁、限制人员聚集 2 项措施

第二节　应急物流

一、应急物流的概念

学术界一般从应急物流的目的、起因、预警等不同角度给出应急物流的定义。普遍认为，应急物流是针对可能出现的突发事件已经做好预案，并在事件发生时能够迅速付诸实施的物流活动。在国家标准《物流术语》（GB/T 18354—2021）中对应急物流的定义是，"为应对突发事件提供应急生产物资、生活物资供应保障的物流活动"。结合相关概念和新冠疫情期间的行业实践，本书认为可以从"应""急""物""流"四个字着手，理解应急物流的基本内涵。"应"为快速响应，是应急物流的根本，响应滞后就会造成无序混乱的局面，及时响应突发公共事件可有效指导应急物流各项工作的开展；"急"为救急当先，是应急物流的本源，清晰掌握应急需求特征，是高效开展应急物流的本质；"物"为物资储备，构建体系完备、结构合理、布局优化、规模适度的应急物资储备体系是开展应急物流活动的基础，缺少合理的应急物资储备体系就会造成无物可应的被动局面；"流"为物畅其流，是高效开展应急物流的保障措施，需要以最快的速度实现必需物资的流动和转移。

二、应急物流的特征

普通物流在强调物流效率的基础上，更强调物流的效益，而应急物流在事件发生的前中期主要强调物流的效率。一般而言，应急物流具有时效性、不确定性、弱经济性、非常规性、参与主体多样性、高度专业性等特征。

（一）时效性

突发公共事件发生后，医疗物资、食品等应急物资和救助人员必须以最快速度到达灾难现场，所以时效性是应急物流最突出的特点。平时需要从储备点布局、物资存储、运力准备等方方面面提前做好预案和准备工作。事件发生后，应急部门应该在第一时间采取紧急行动，做出合理的判断和决策，果断地调动相关部门，迅速开展应急运输活动，尽快将物资送至需求点，从而控制局面。因此，尽可能节省物流过程中消耗的时间，才能够使得应急物流部门的管理更加有效。

（二）不确定性

由于突发公共事件发生的强弱程度、影响范围、持续时间等因素难以确定，使应急物流在物资需求总量、物资需求点位置、物流资源需求等方面也具有不确定性。例如在新冠疫情防控开始阶段，人们对各类防护用品和医疗用品的种类、规格和数量都无法准确把握，各种防护服的规格和质量要求都是随着人们对疫情的不断了解而确定的。而在应急物流活动中，许多意料之外的变数可能会导致额外的物流需求，甚至会使应急物流的主要任务和目标发生重大变化。如在抗洪应急物流行动中，可能会暴发大范围的疫情，使应急物流的内容发生变化，由最初主要对麻袋、救生器材、衣物、食物等物资的需求，变成对医疗药品等物资的需求。

（三）弱经济性

应急物流的最大的特点就是体现在"急"上，如果运用平时的物流理念，按部就班地进行就会无法满足紧急情况下的物流需求。在一些重大险情或事故中，平时物流的经济效益将不再作为一个物流活动的核心目标加以考虑。这是由于局部突发性的供求矛盾，带来部分商品价格的上升，必然会增加应急物资的采购成本及运输成本。从供应手段上讲，为了确保快速反应，往往采用成本较高但速度较快的运输工具，或者牺牲其他物品的运送能力来保障特殊物品的需求，从而增加了运输费用和机会成本。

（四）非常规性

由于需要在最短时间内将急需的物资送达受灾点，物流的工作流程就会出现变化，且"急时"工作方式也会有别于常规方式，表现出很明显的非常规性。如新冠疫情期间，各地政府调动和发挥社区工作人员与志愿者力量，协调和配合物流系统运作，将快递员放在小区门口的快递挨家挨户送上门；为了防控风险，对运送应急物资的货车进行闭环管理，并在应急物资中转站对干线和配送车辆进行无接触转运等，都是有别于平时物流流程的非常规手段。

（五）参与主体多样性

突发公共卫生事件的危害具有传染性，要求有周密、灵敏的应急物流反应系统，这就需要政府管理部门主导，广大社会力量参与，实行统一管理、统一调配。同时，应急物流一般会涉及多个主体，包括政府、民间组织、物资供应者、物流运营方等，厘清各方在应急物流体系中的角色定位和责任义务，是保证物流体系指令畅通、流程顺畅的前提。

（六）高度专业性

短时间内合理、有序地调拨应急物资是一项高度复杂的专业性工作，需要专业型队伍、人才配合方能高效完成。如应急物资入库的验收、建账、堆垛、保管等作业环节，都需要灵活运用仓储基本常识，有效提高作业效率。特别是医药物流等细分领域，物资器材品种多、型号杂，需要按照一定的品种、数量等方面的标准要求进行组套集配，如果不熟悉医药方面的业务，将难以胜任医药收发、保管作业任务。

三、应急物流相关研究

国外有关应急物流的研究可以追溯到 20 世纪末和 21 世纪初，随着自然灾害、恐怖袭击和公共卫生事件等紧急情况的增加，学术界和实践界开始关注应急物流的重要性。

国内关于应急物流的研究总体上也是以突发事件为研究背景，我国多年来所发生的重大突发事件客观上推动了应急物流相关研究发展。自 2003 年我国抗击非典疫情以来，以应急物流为主题的发文量逐年上升；2008 年汶川大地震后相关研究进入了爆发式增长期，随后进入缓慢下降阶段；2019 年年底新冠疫情的暴发，又促使我国应急物流研究进入新一轮增长阶段，而 2022 年年底疫情防控政策调整后，研究数量有所回落，如图 1-1 所示。根据相关事件，可以从早期研究、中期构建、最新深入三个阶段分析我国应急物流的研究历程。

（一）早期研究阶段

早期研究阶段为 2008 年以前，2003 年非典疫情的发生，使应急物流迅速为学术界和相关救灾部门重视，成为物流学科一个新的研究热点。早期研究学者主要是考虑如何通过应急物流的建设切实保障人民的生命财产安全，且应急物流研究初期学者的关注点较为集中，主要包括物资供应、时效性、可靠路径搜索等，采用遗传算法、拉格朗日松弛法等求解。在该阶段，学者们初步认识到了应急物流体系构建

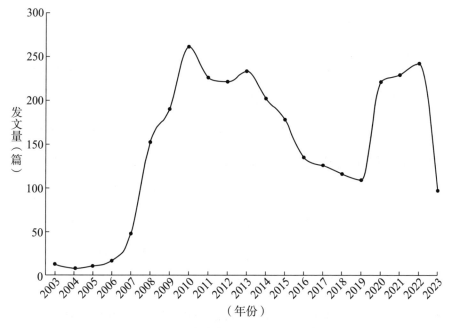

图1-1 国内应急物流研究文献情况

资料来源：根据CNKI文献检索数据绘制。

的重要性，并在实例中归纳总结了我国应急物流体系建设中的主要问题，但研究内容较为常规，未取得突破性进展。

（二）中期构建阶段

中期构建阶段为2008—2015年，受2008年汶川地震及春节前夕我国多地冰灾的影响，这个阶段是自然灾害类应急物流研究的高潮阶段。此阶段应急物流领域的研究主要集中在应急物资储备、应急物流体系、模型研究等方面。在该阶段，研究学者意识到要通过完善应急物流体系防患于未然，同时应用现代物流理论与计算机技术构建选址及路径优化模型，通过实证分析或算法求解为应急物流的资源配置、车辆调配、储备规模以及选址等方面提供方法借鉴。

（三）最新深入阶段

最新深入阶段为 2016 年至今，此阶段应急物流研究的内容开始向应急物流网络、应急物资调度、鲁棒优化、无人机等方面拓展。网络、调度等关键词频频出现，说明这些问题是应急物流建设中的重要板块。从鲁棒优化及无人机等关键词可以看出最新研究逐渐从受灾后一次性调度优化转换为实时调整优化，并说明当前研究学者已经开始探索无人化、自动化的应急救援手段。在 2018 年全国又经历了雪灾、洪水、地震等一系列灾害，特别是 2019 年年底新冠疫情暴发以来，学界对应急物流的探讨又迎来了新的高潮。此时应急物流体系的研究不再局限于物资、车辆、选址等方面，而是加入了疫情扩散的模型分析，在大数据的驱动下对应急物流网络进行调整和优化。

第三节 突发公共卫生事件下的应急物流

受到突发事件类型的影响，国内外关于应急物流的研究，从研究对象上看多以地震、洪水、泥石流等自然灾害为主，对于突发公共卫生事件下的应急物流研究有待深入。本节将在分析该类事件对应急物流的影响基础上，结合当前我国应急物流体系建设的重点，归纳总结出我国面向突发公共卫生事件的应急物流存在的主要问题。

一、突发公共卫生事件对应急物流的影响

在以新冠疫情为代表的重大突发公共卫生事件中，应急物流网络

在空间上呈现出多供应点、多需求点、范围广等特点，应急物流作业面临需求紧迫、持续时间长等特点，加之疫情防控导致的运力不足，使得应急物流任务繁重而复杂。

（一）需求多点发生、短时增长迅速

自新冠疫情发生以来，我国疫情呈现多点发生、局部暴发的态势，疫情防控形势严峻复杂。而从疫情演变阶段来看，进入事件暴发期后，确诊病例数短时快速增长、波及范围扩大，多点防疫、多点救治的需求快速产生。这就需要快速判断需求点位置和应急物资需求类型与数量，从而调动运输力量源源不断地向涉疫地区供应物资。

2022 年 11 月 12 日至 27 日，受省外输入关联疫情和武汉市本土疫情影响，湖北省疫情防控形势复杂严峻。一是疫情上升速度快，全省有 8 个市州报告病例数超 100 例。二是波及范围广，连续 5 天 17 个市州均有本土病例报告。三是省外输入疫情风险高，全国共有 26 个省的疫情输入湖北省，波及全省 17 个市州，为常态化防控以来输入病例最多、范围最广、速度最快的一次，并引发部分地区局部聚集性疫情。

（二）物资来源繁杂、供应时限紧迫

疫情期间应急物资的来源多样，包括国家储备、应急生产、海外采购、社会捐赠、国际援助等多种渠道，呈现多品种、多标准、多主体、多供应点的特征。同时，应急物资的供应时限要求紧迫，根据交通运输部、国家发展改革委联合印发的《国家区域性公路交通应急装备物资储备中心布局方案》，到 2025 年东部、中部地区应急装备物资到达时间不超过 8 小时，西部地区应急装备物资到达时间不超过 10 小时、特殊情况不超过 12 小时。这就需要多种运输方式、多方物流服务主体发挥各自优势、协同参与，快速、准确地将应急物资送到需求点。

（三）运力资源短缺、运输通道不畅

重点疫区在启动重大突发公共卫生事件Ⅰ级响应后，普遍会采取"封城"措施，大批货车驾驶员、配送人员处于被隔离状态，外地的运力资源也无法进入疫区。以某快递公司湖北分公司为例，武汉疫情暴发后，公司由于武汉封城没有正式复工，平时一个分拨中心的员工数量有 500~600 人，而当初在岗人员仅有 30 人左右，包括管理人员、分拣工、装卸工以及运输司机，造成大量缺口。而随着疫情的持续发展，各地政府出于疫情防控的需要进行道路管制，在高速路口设置防疫站、关闭收费站、关闭服务区等，从而导致运输通道不畅，造成了全国性的物流堵点。

（四）干支衔接不畅、运输组织困难

多来源、不定时、大批量的应急物资通过干线运输运抵疫区后，需要能力充足的接续干线运输与末端配送的中转物流节点，也称为应急物资中转站。而各地对应急物资中转站缺乏统一的规划布局，应急物资中转所需的场地、设施设备的缺乏，导致干支衔接不畅，应急物资不能及时进入配送环节。

自 2022 年 3 月 28 日起，上海浦东浦西相继进入封控管理阶段，如何确保这座城市 2500 万人口的粮食物资供应显得尤为重要。虽然来自全国各地的物资源源不断地运往上海，然而沿途防疫检查使得车辆通行时间成本显著增加，外地车辆即使顺利抵达上海周边，若无法联系上具有通行证的本地车辆，物资也很难运进上海。

二、突发公共卫生事件下应急物流的工作重点

考虑突发公共卫生事件特点及其对应急物流的影响，要求应急物流做好以下工作，以便在事件发生时实现快速响应，将应急物资及时有效、快速安全地送达事发地。

（一）应急需求预测

应急需求预测是指依据历史事件的数据记录，对物资、人员等应急需求进行准确预测，以便顺利开展救援工作。面对突发公共卫生事件的未知性，需要对突发公共卫生事件历史数据进行分析，合理预测应急响应规模，这是合理动员社会资源和配置卫生资源的基础。

（二）供需精准匹配

供需精准匹配是指利用技术手段收集供需双方信息，并精准匹配应急物流中人员、物资等供需信息。突发公共卫生事件的突发性，增强了供需双方之间应急信息的不对称性，要求应急物流通过供需精准匹配来提高应急物流效率、解决供需矛盾。否则，将导致应急供需严重失衡。

如新冠疫情初期，疫情严重地区"一罩难求"和微信朋友圈口罩现货售卖的对比，部分慈善机构接收各方捐赠的医疗物资堆积仓库和医院医疗物资全面告急的问题，社会各界物资捐赠大批送往疫区却因不达标而导致资源浪费的现象，都凸显了供需双方信息不匹配带来的物资供需矛盾。

（三）物资快速流通

物资快速流通是指突发公共卫生事件发生后，应急物资应在第一时间被送达疫区。突发公共卫生事件的传染性特征，往往会出现应急物资需求量激增、需求地增多的局面，要求加快应急物资的流通。但防止疫情扩散采取的隔离手段，往往会导致应急物流运力不足，制约应急物资的快速流通。

如新冠疫情暴发后，为抑制疫情扩散，国内乃至国际上众多铁路和航线暂停，地区之间也设置了形形色色的道路关卡，给应急物资输送造成了直接阻碍。因此，为确保疫区能在第一时间获得救援物资，物资快速流通是应急物流的工作重点。

（四）信息实时监督

信息实时监督是指对应急物资的采购、运输、仓储、配送及使用整个流程进行实时监督，确保来源可信、保管可靠和去向可查，并借助互联网平台及时向公众发布应急信息。为促进社会和谐稳定及保证公开公正，应急物流需要具备信息实时监督功能。否则，网络谣言可能会造成民众抱怨、恐慌和政府形象受损的不良反应。

（五）规避传染风险

规避传染风险是指在完成所有应急物流任务的同时，也要确保应急工作人员的生命安全。突发公共卫生事件往往涉及传染病或具有传染性的疾病，应急工作人员时刻面临着被病毒感染的风险。

如携带病毒的患者、带有病毒的废弃物、疫区产生的逆向物流等，都有可能使应急工作人员被感染或会成为潜在传染源。因此，为防止传染扩散和二次传染，应急物流需要具备规避传染风险的功能。

综上所述，要实现对突发公共卫生事件的快速响应，首先需要利用技术手段对应急物资的需求进行预测，其次进行供需信息的匹配，而物资的快速流通、规避传染风险等，则对物资的储备和运输的策略、政策、路径和防控等方面提出了更高要求。

三、突发公共卫生事件下的应急物流体系建设

结合我国抗击新冠疫情的经验，建立健全常态化的应急物流体系迫在眉睫。

（一）应急物流体系建设的政策要求

应急物流体系是我国现代物流体系的重要组成部分，是国家和社会应对多种安全威胁的重要物质支撑，政府层面对应急物流的发展有着持续性的关注。2007 年开始实施的《中华人民共和国突发事件应对法》强调要完善重要应急物资的监管、生产、采购、储备、调拨和紧急配送体系。2009 年发布的《物流业调整和振兴规划》和 2014 年发布的《物流业发展中长期规划（2014—2020 年）》均将"应急物

流"纳入国家战略规划。2017年发布的《国家突发事件应急体系建设"十三五"规划》将建立健全应急物流体系列为主要任务，并将国家应急资源保障信息服务系统列为重点建设项目。2020年，习近平总书记强调，要健全统一的应急物资保障体系，把应急物资保障作为国家应急管理体系建设的重要内容。2021年，《中华人民共和国国民经济和社会发展第十四个五年规划和2035年远景目标纲要》明确要求，加快建立储备充足、反应迅速、抗冲击能力强的应急物流体系。在2022年发布的《"十四五"国家应急体系规划》中，对应急物资保障体系、应急物资储备模式、应急运输网络等方面的建设提出要求。近年来政策层面的关注点已经从对应急物流具体环节的强化向体系化的建设转变。

（二）突发公共卫生事件下应急物流体系的主要构成

应急物流是一项复杂的系统工程，涉及应急物资的采购、储备、调度、运输、配送等系列活动，以及完成这些活动的组织协调机构与机制。应急物流体系是指突发事件下保障应急物资供应、生产生活运转的物流体系。结合政策要求和行业实践，常态化应急物流体系应该包括应急指挥、物资准备、紧急运输、专业力量、法规标准和信息化建设等关键内容。面向突发公共卫生事件的应急物流体系架构如图1-2所示。

应急指挥主要发挥应急预案准备、启动应急响应、统一调度指挥、压实管理责任等作用，是应急物流体系的决策中枢。它主要依托国家应急指挥总部，以及省、市、县本级应急指挥部形成的上下联动应急指挥部体系进行应急指挥，同时应该注重提升面向突发公共卫生

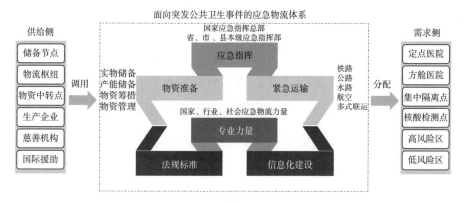

图 1-2　面向突发公共卫生事件的应急物流体系架构示意

事件的专业化综合指挥能力。

物资准备主要包括实物储备、产能储备、物资筹措、物资管理等内容，是开展应急物流的源头。要常态化构建体系完备、结构合理、布局优化、规模适度的应急物资储备体系，以便在突发公共卫生事件发生时实现快速的物资准备。

紧急运输主要从运输资源综合调用、运输绿色通道建设等方面，实现应急资源快速高效投送。必须通过综合运输及多式联运实现应急物资的干、支、仓、配一体化调运，发挥紧急运输在应急救援、双保双稳中的重要作用。

专业力量主要包括国家综合性消防救援队伍、行业救援力量、社会应急力量等。在短时间内高效调拨应急物资是一项高度复杂的专业性工作，涉及产供销、上下游、内外贸、集疏运、仓干配、人财物等诸多领域，需要专业型队伍、人才的配备与配合。

此外，在应急物流体系建设的过程中，还需要法规标准和信息化建设的保驾护航。法规标准主要从完善应急相关法律法规架构、推进标准化建设等方面，培育良法善治的应急物流生态；信息化建设主要体现在风险防控、信息发布、通信保障、智慧应急等方面，为各类突发公共卫生事件下的应急物流提供支撑、保障。

通过应急物流体系的建设，向上对接供应网络，实现对应急物资的平时储备、急时筹措、快速调用；向下服务需求网络，实现对医疗机构、隔离点和居民区等场景的物资分配和送达，从而达到保障应急物资供应、生产生活运转的目的。

四、突发公共卫生事件下我国应急物流存在的问题

在抗击新冠疫情的过程中，我国应急物流主要暴露了以下问题。

（一）调度指挥统筹性不足

突发公共卫生事件需要建立一套专业高效的应急物流响应体制和机制。虽然我国基本建成了中央、省、市、县、乡五级救灾物资储备体系，并大多制定了突发公共事件应急预案，但预案执行责任主体不够明确，启动条件不够清晰，运行机制不够健全，各部门、各系统不能实现资源的统筹安排。根据有关媒体报道，部分城市在疫情防控前期阶段，许多职能部门均在等待政府调度安排。此外，在短时间内高效调拨应急物资是一项高度复杂的专业性工作，疫情初期就暴露出了湖北省红十字会应急物资管理水平不足等问题。需要深入研究突发公共卫生事件引致的应急需求和物资筹措、资源调度、运输指挥等处置规律，统筹规划、系统布局。

（二）物资储备结构不合理

构建体系完备、结构合理、布局优化、规模适度的应急物资储备

体系是开展应急物流活动的源头。经过多年的经济发展，我国物资短缺问题已根本解决。近年有关突发事件和此次疫情防控中的物资保障问题突出表现在品种结构不尽合理、供需错配、供应不及时等方面，究其原因是缺乏顶层设计和统筹安排，物流节点布局不尽合理，难以组织有效的动态调整。面对我国人民对美好生活的向往及由此产生的应急物流高质量运行需求，应着力在供给侧的空间结构、品类结构、主体结构等方面进行优化。

（三）全程运输组织不协调

货畅其流、合理调拨、有效投送是高效开展应急物流的基础措施和直接成效表现。从新冠疫情防控初期的武汉保卫战到后来的大上海保卫战，国务院办公厅、交通运输部、有关省市等多个部门多次发文，要求确保货运物流交通保通保畅、方便应急运输车辆通行证办理、应急运输保障人员不实行隔离等，但总还是出现运输梗阻、货物难达、投送低效甚至失效的情况。面对我国现代化新阶段对应急物流高质量发展与运行的新要求，应急运输保障已经成为制约应急物流保障的主要瓶颈。需要深入研究如何发挥综合运输和多式联运优势，做好干支配一体的全程运输保障。

第四节　本章小结

新冠疫情的暴发客观上促使面向突发公共卫生事件的应急物流研究快速发展。有别于目前研究较多的自然灾害领域，需要在分析突发公共卫生事件本身的特点、类型和应急响应要求等基础上，深入研究如何构建适配的应急物流体系。

在面向突发公共卫生事件的应急物流体系建设中，物资储备和运输保障是源头也是基础。近年有关突发事件和此次疫情防控中的物资保障问题突出表现在品种结构不尽合理、供需错配、运输梗阻、投送低效甚至失效等方面，也表明储备和运输是当前我国应急物流体系建设的重点、难点问题。本书将针对突发公共卫生事件下的仓储管理和全程运输组织进行深入研究，以助力应急物流体系的构建和保通保畅作用的实现。

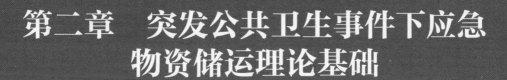

第二章　突发公共卫生事件下应急物资储运理论基础

近年来，各类突发公共卫生事件频发，新冠疫情加之我国在疫情防控中数次暴露应急物流短板，敲响了应急物资保障问题的警钟。仓储管理和全程运输保障是应急物流体系的核心内容，也是保障应急物资及时有效供给的关键环节，研究相关理论与关键技术对于提高应急物资保障能力具有重要意义。现有研究在应急物资仓储管理和运输组织两方面均取得了较多成果，本章在综述相关研究的基础上，结合突发公共卫生事件特征与要求，提出突发公共卫生事件下应急物资储运的技术框架。

第一节　突发公共卫生事件下应急物资储运的内涵

应急物资储运在突发公共卫生事件的应急救援中发挥着不可替代的作用，增强应急物资储备与管理，提供全程运输保障，是支撑应急物资高效率、高质量供应的重要手段。因此，深入研究其内涵对于设计应急物资储运技术框架至关重要。

一、应急物资的概念

在应对突发公共卫生事件的过程中，有诸多难题需要解决，而物资供应是其中最为重要、最需要解决的问题。以新冠疫情为例，医疗救护需要大量、专业的物资保障。2020 年年初，社交媒体上频频出现武汉医院医疗物资缺乏的信息，口罩、防护服、呼吸机等关键物资都存在巨大缺口。在确诊人数快速上升的情况下，医务人员和患者处在防护物资缺乏的易感染环境，面临巨大风险。居民生活的物资保障也频频出现问题。2022 年 4 月，"上海缺菜""上海疫情下的抢菜焦虑""上海抢菜攻略"等话题引起热议，疫情下生活物资的极度匮乏给上海居民带来了巨大影响。此外，为了对人群进行管理，切断传播链而进行的社区管理、交通管控等工作也需要大量物资。可见物资供应在应对突发公共卫生事件中非常重要。根据国家标准《应急物资分类及编码》（GB/T 38565—2020）的定义，应急物资是为应对严重自然灾害、事故灾难、公共卫生事件和社会安全事件等突发公共事件应急全过程中所必需的物资保障。应急物资的供给对于突发公共卫生事件中人民群众生命的抢救、医务人员的生命健康、疫情的控制和社会的平稳等都极为重要。

二、应急物资储运的主要内容

应急物资储运主要包括应急物资仓储管理和全程运输保障两方面内容，是应急物流顺畅运行的重要支撑。

仓储管理是指对仓储及相关作业进行的计划、组织、协调与控制。应急物资仓储管理就是利用仓库及相关设施设备对应急物资进行出入库、储存、保管等活动的总称，其目的是在适宜的时间和地点获得适当数量的物资，以满足突发公共卫生事件应急处置需求。根据《"十四五"国家应急体系规划》，我国现有 20 个中央生活类救灾物资储备库和 35 个综合仓库，未来将在交通枢纽城市、人口密集区域、易发生重特大自然灾害区域建设 7 个综合性国家储备基地。应急物资仓储管理既包括微观层面的各类物流节点的应急物资储备和仓储活动管理，也包括宏观层面的应急物资仓储网络布局规划。

应急物资全程运输是指在突发公共卫生事件下应急物资从供应地到接收地的空间位置移动的活动，需要利用特定的设备、工具和人力资源。全程运输不仅有赖于稳定畅通的干线运输和精准高效的末端配送，干支顺畅中转也是影响应急物资投送效率的关键环节。因此，应急物资全程运输保障，既包括对干线运输、中转和配送各环节的具体作业组织，也包括对全环节一体化的调度优化。

> 2022 年上海抗击新冠疫情的过程中，为了解决物资短缺的问题，铁路在干线运输中发挥了重要作用，据统计 2022 年 3 月 30 日至 4 月 13 日，通过铁路运抵上海的各类保供物资达到 1497 车、47386 吨；其中生活保障物资 1400 车、46327 吨，防疫物资 97 车、1059 吨。为了解决车辆无法入沪的问题，顺丰在上海市内及周边设立 6 个应急物资中转站，通过换司机、甩挂等模式，加速援沪物资进城；为了解决配送运力不足的问题，社会物流企业奔赴末端配送一线，京东召集 3000 多名运输小哥，分为 14 批次，每天 200 多人携带京东物资进入上海配送，把货物分发完毕后，该批次人员就地隔离 14 天，持续接龙循环。

突发公共卫生事件下应急物资储运需综合考虑应急物资仓储管理和全程运输组织优化，如图 2-1 所示。在事件发生前，基于突发公共卫生事件特点及需求分析，预测应急物资的种类、规模等，并进行储备布局和日常仓储管理。在事件发生后，快速组织应急物资的储备量释放，并运送至指定需求点处。运输过程中考虑到疫情防控等特殊情况，需要选择合适的中转点完成物资中转、畅通全程运输活动。

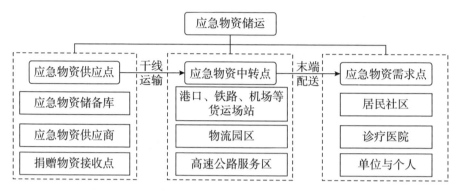

图 2-1　突发公共卫生事件下应急物资储运流程

三、突发公共卫生事件下应急物资储运的特点

突发公共卫生事件与其他突发事件及一般物流作业环境相比，其应急物资储运作业具有一定的共性，但表现出更高的要求，又与其他场景下的作业存在明显差异。以新冠疫情为例，突发公共卫生事件下应急物资储运具有以下特点。

一是需求的紧迫性没变，但复杂性更高了。不同突发事件中应急物资的需求普遍具有紧迫性，但由于受灾主体较为固定，所以种类和要求并不复杂。而新冠疫情暴发前期，受灾地区亟需口罩等医疗物资，以尽快切断病毒传播途径、救治感染人员并防护医疗工作者，但不同人群对口罩类型与型号、酒精浓度等需求均不同，使得应急物资储运工作的复杂程度更高了。

二是需求的阶段性没变，但质量要求更高了。疫情同自然灾害一样，其发生、演变与结束都是一个连续过程。此次新冠疫情中，随着疫情逐步稳定，人民群众在"非常态"的环境中恢复了"常态化"的生活，应急物资需求也由"非常态"下的以防控为主，转向"常态化"下的以保供为主。但不同需求阶段下，人民群众对物资需求的种类体现出个性化、多样化、高端化的特点，相应也对应急物资储运的质量提出更高要求。

三是应急物资仓储布局的格局没变，但对结构与层次的要求更高了。因突发公共卫生事件难以预判发生地点，但具有传染性等特点，面向突发公共卫生事件的应急物资仓库多设在大型城市、交通节点上；自然灾害应急物资仓库设在靠近自然灾害多发地带；一般物流的仓库多设在供给点和需求点附近。合理的突发公共卫生应急物资仓储设施布局，要求形成"以近求快、以快应急"的保障格局，根据不同类型医疗设备、耗材物资的功用，科学确定储存地点，尽可能减少大范围的调拨和远距离的输送。此外，我国基本形成了中央、省、市、县、乡五级救灾物资储备体系，也正在推进完成 120 个左右国家物流枢纽、100 个左右国家骨干冷链物流基地布局建设。突发公共卫生事件的仓储布局体系需要充分与现有体系相融合。此外，此次疫情下，医院、社区诊所以及京东等电商平台企业纷纷参与应急救援，起到了应急物资储备与调拨的作用，因此亟须结合新形势建立更符合突发公共卫生事件特性的结构完善、层次丰富的应急仓储体系。

四是应急物资仓储管理活动没变，但对精细化运作的要求更高了。各类应急物资储备库是新冠疫情期间所需物资的"神经中枢"。而此次疫情期间，部分机构在物资管理、分发等仓储管理方面短板明显，导致储备库物资积压和抗疫前线物资严重不足等问题的出现，也反映出突发公共卫生事件对应急物资的专业管理、及时响应、快速送达等精细化仓储管理需求。在物资管理方面，应急物流的物资来源主要包括政府储备、紧急采购和社会捐赠。紧急采购需要做好组织商务谈判、签订合同、协调应急生产、检查产品质量、进行出厂验收、办理结算手续等工作；社会捐赠需要建立和完善社会捐助的动员机制、运行机制、监督管理机制，规范应急物流社会捐助工作。同时，突发公共卫生事件影响范围更为广泛，影响人群包括直接受灾人员和封控管理等易感风险人员，对物资的持续供应能力要求高，须满足事件影响下各类人群的日常物资需求。因此，需要合理确定各应急物资储备节点中各类应急物资存储种类、数量以及存储模式，对各类应急物资的需求量，以及根据各类物资的金额、库存条件、属性等因素进行区分主次的分类管理，并确定合理、经济的库存组合模式及库存周转策略。

五是应急物流中运输组织的基本流程没变，但对风险管理的要求更高了。突发公共卫生事件应急物流特别是突发急性传染病（疫情）事件应急物流需要考虑运输带来的疫情传播，需要在运输环节中进行消毒，相关人员需要佩戴口罩、测量体温等。而突发公共卫生事件应急物流也会出现封城、交通管制的情况，需要设置应急中转设施和开通应急绿色运输通道，确保应急物资快速抵达需求点。此外，为降低疫情传播的可能性，仓库机器人、无人机配送等新技术，无接触配送等新模式崭露头角，对新技术、新模式的需求更高了。

第二节　应急物资仓储管理相关理论研究

目前，应急物资仓储管理的理论研究主要围绕仓库空间布局、物资储备、库存策略、物资分配等方面展开。

一、应急物资仓储节点布局研究

应急物资仓储节点布局是指各类应急物资储备节点在空间的位置安排，该问题本质是物流节点空间布局规划，包括对其空间结构问题和设施选址问题的研究。本书研究的应急物流节点以应急物资储备库为主，其对于整个应急物流网络的构成起决定性的作用。根据应急物流特性布置满足一定覆盖面的节点，属于应急物流网络规划中的前期规划，是应急物流活动正常开展的必要保证。

（一）应急物资仓储设施选址技术

在应急物资仓储设施选址技术方面，国内外的相关研究可分为连续型、离散型、综合评价型三类。

连续型选址技术假定物流节点可以在平面上任意取点，待选区域是一个平面且不考虑其他结构，且可能的选址位置数量也是无限的，该技术适用于单个企业物流节点的初步选址，典型方法有重心法和物流位图法等。针对连续型的应急物流节点，Vladimir 等提出了随机性集合覆盖模型，以解决应急设施服务状态变化的情况。Adenso 提出了最大覆盖模型，以解决在资源有限的约束下，如何使最大数量的人口被应急设施覆盖的问题，并将该模型应用到西班牙 Leon 省的救护车基地选址的实际问题中。朱宝进分别建立了面向单点的双目标网络连续选址模型和面向多点的双目标网络连续选址模型，保证应急服务点尽量靠近权重大的需求点，追求应急服务水平的最大化；并以上海崇明内河危险品码头为背景，通过内河应急服务点单个和多个布局实例，验证方法的可行性。刘向铮进行了基于加权 Voronoi 图的连续型应急物流设施选址优化研究，主要包括以下四步：采用整数规划确定应急物流设施的数量和类型配置；应用系统聚类—重心法和 Voronoi 图进行新建应急物流设施的初选址；利用 Voronoi 图结合交替定位分配算法进行新建应急物流设施的选址优化；利用加权 Voronoi 图进行设施空间服务范围划分。这些方法通常考虑的是路线最短、流量合理等因素。该方法虽然节约了点到点之间的运输成本，但由于这种节约没有考虑可实现性及对收益的影响，所以有时候会影响系统整体效果。

离散型选址技术一般用于目标选址区域是一个离散的候选位置的集合，候选位置的数量是有限而且不多的情况，主要方法有灵活配置法（CFLP）、保莫尔—沃尔夫法（Baumol-Wolfe）、P-中值方法（P-median problem）和混合整数规划法等。针对离散型的应急物流节点，Masood 在考虑消防站地址的选择涉及一系列相互冲突的目标的基础上，建立了消防站选址的多目标数学模型，该模型不但考虑了传统选址模型的时间和距离目标，而且考虑了与费用相关的目标。魏宝红等将应急系统选址的问题归结为多目标决策问题，追求应急设施完成任务的时间和成本的最小化和可靠性的最大化，并提出了自适应的遗传求解算法。许可等针对应急物资储备库与物资调度问题特点，以储备库建设成本、维护成本与物资运输成本之和最小为目标函数，考虑物资供应约束以及转运平衡约束构建多目标优化模型，并设计了带惯性权重的离散二进制粒子群求解算法。这种方法往往对所有的候选位置集合采用同样的目标函数进行判断，而忽视了候选位置本身的经济社会因素。同时，该方法和连续型选址一样，往往假设在选址前该地区尚无其他节点，在实际应用上存在一定的局限性。

综合评价型选址技术是一种在全面考虑各种影响因素及各因素重要性的不同，并对各备选方案进行评价和打分的基础上，选择最优选址方案的方法。综合选址评定方法主要包括德尔菲法、层次分析法（AHP）、模糊综合评价法（Fuzzy Judge）、人工神经网络（Artificial Neural Network）、数据包络分析法（Data Envelopment Analysis）等。该方法在选址时往往通过定性的方式选取一定数量的备选点作为最终方案，数量的合理性和覆盖范围缺乏定量的论证。因此，有选址技术的相关研究开始拓展综合评价+目标规划模型相结合的方法，方磊介绍了不同条件下应急系统选址的模型和算法，在满足时效性的前提下，兼顾成本，并利用 AHP 考虑了应急系统选址规划的其他因素后建立了目标规划模型。李江宁建立了针对超大城市特点的应急药品储备选址评价指标体系，综合考虑定性因素、定量因素以及因素间的关联关系，提出了基于网络分析法（Analytic Network Process，ANP）的选址模型。这类方法通过评定方法给出备选集评分后，再结合目标规划确定合适的数量和选址，以综合考虑经济社会因素和交通物流因素。

（二）应急物流节点空间结构研究

国内在应急物流空间结构问题方面的研究较少。王菡等考虑了传染病危机下城际多 HUB 应急物流网络协同的场景，通过若干个一级 HUB 节点和二级 HUB 节点之间的协同，实现应急物资的合理调度和优化控制，但这些节点是以信息功能为主，主要是协同控制应急物资储备库。王佼从应急救援需求和供给环境两个方面综合考虑，构建了由三层七大类共 14 项指标组成的布局规划指标体系，计算提出了建设乌鲁木齐、喀什 2 个一级铁路应急救援基地，阿克苏、奎屯、库尔勒、伊宁、塔城等 9 个二级铁路应急救援基地的布局方案，但研究主要是针对铁路应急救援系统。郭晓光分析了应急物资储备节点空间布局结构，构建了四大类 10 项的应急物资储备节点载体城市发展条件综合评价指标体系，运用了模糊数学理论和混合整数规划理论，设计了基于熵值法—模糊综合评判的载体城市布局模型和多层次应急物资储备节点选址布局模型，并以四川省为例，对四川省自然灾害应急物资储备节点选址布局方案进行了详细设计，得出了规划 6 个一级、32 个二级、66 个三级的多层应急物资储备节点选址布局建议方案，但研究本身是针对自然灾害，对突发公共事件的特征适应性不足。李阳设计了基于节点中心度的多级防疫物资储备库协同选址模型，提出了山东半岛城市群的三级应急储备库架构，但研究是基于各地 2021 年疫情期间信息联系数据和交通协作数据，对山东半岛城市群已有的应急储备网络考虑不足。

总的来看，目前国内外学者对不同情况下的应急物流节点选址技术已有较为深入的研究，具有丰富的研究成果。但是考虑空间结构的多层级节点选址问题研究不足，针对突发公共卫生事件的相关研究较少，对综合评价型选址技术和目标规划模型相结合的方法应用不足。新冠疫情下，面向突发公共卫生事件的应急物资储备库选址问题需要考虑到传染病流行学特征、突发公共卫生事件级别等因素，同时需要面向全国提出应急仓储节点空间结构，以对应急物资进行分层分类的储备、分配和管理。

二、应急物资储备模式研究

当突发公共事件发生时，短时间需要大量应急物资，实物储备就成为最直接的应急物资供给来源。目前主要的实物储备方式包括政府储备、协议企业储备、政企联合储备等。国内外学者针对应急物资储备的研究主要围绕储备管理、储备方式两方面展开。

应急物资储备管理方面，张红通过分析民政救灾物资和防汛物资储备制度的现状，提出在各级政府应急委员会下增设应急物资储备领导小组、保障应急物资储备的资金来源、明确应急物资储备活动中各类主体的权限与关系、建立多元化的应急物资储备方式等完善措施。张永领从社会、政府和储备方式三个层面阐述了我国应急物资储备体系的构成，指出我国应急物资储备体系存在的问题，并提出了完善政府—家庭应急物资储备体系、大力发展社会应急物资储备、合理选择应急物资的储备模式、建立完善的应急物资管理体系、优化应急物资储备体系等策略，以完善我国应急物资储备体系。冯璟玥等讨论了我国目前实物储备为主、协议储备进展缓慢的问题，指出仅仅依靠政府实物储备难以应对不可预测的突发事件，需要推动实物储备与协议储备形成梯度配置和协同耦合。

应急物资储备方式方面，目前主要围绕两方面展开。一方面是针对多种应急物资储备方式，结合突发公共事件下储备方式特点和应急物资特点，决策与应急物资相匹配的储备方式。张永领采用层次分析法对应急物资的储备方式进行研究，结果表明，不同类型应急物资的储备方式有较大差别：食品药品类物资应以合同储备和生产能力储备为主；应急救援类物资应以实物储备为主；灾民安置类物资应以实物储备和生产能力储备为主；基础保障类物资应以实物储备和合同储备为主；大型设备类物资主要采用合同储备。丁斌等建立了企业和政府分别储备应急物资的成本函数，在物资报废收益、物资动态更新费用、突发事件发生频率等变量变动的情况下寻找节省应急物资存储成本的储备方式。张思洁构建了基于实物期权契约的长质物资多主体联合储备优化模型以及基于生产能力期权契约的短质物资多主体联合储备优化模型，并对比政府单独储备模式下相关变量的求解结果，从而优化应急物资联合储备模式，并以山东省为例进行实例分析，应用研究发现：相比单一政府储备模式，多主体联合储备模式能够大幅降低政府的应急物资储备成本。另一方面是针对给定的应急物资储备方式，提出不同的利益分配或成本分担的方式，决策最佳合作方式。李晟等提出由政府与两个异质型供应商联合储备应急物资的供应系统，并在构建政企委托代理关系的基础上，为两个供应商设计储备成本分担契约及含收益分成的双边成本分担契约，借助微分博弈的方法，推导出了政企最优决策策略。李瓔珂等研究了基于 Stackelberg 博弈的应急物资政企协同储备决策模型，面向洪涝灾害，对政府实物储备、企业实物储备和企业生产能力储备的最优储备量进行决策，敏感性分析结果表明，随着灾害发生概率变大，需要更多的实物储备量，而灾害前物资单价越高，越需要依赖企业实物储备。

新冠疫情多点、多频、大规模的暴发，导致应急物资空间、时间、数量等都存在巨大的不可预测性，给我国应急物资储备带来了巨大挑战。从抗击疫情的经历来看，在应急物资极度紧缺的情况下，政府、企业、非政府组织、个人等多主体都在应急物资储备中发挥作用，应急物资储备方式呈现多元化，已然突破了较为传统的政府、企业实物储备为主的应急物资储备方式。因此，需结合突发公共卫生事件下应急物资需求特点，为各类应急物资匹配最佳储备方式，实现高效率、低成本、零缺口的应急物资保障。

三、应急物资库存管理研究

在突发公共卫生事件中，应急需求面临更高的不确定性，而应急物资通常需要储备在相对确定的地方，预先设定的储备规模和位置与不确定的需求时空节点之间存在直接矛盾。因此需要应急物资库存量保持在一个合理的区间范围内，避免因为库存量不足而导致资源短缺，以及因为库存量过高而导致资源浪费。从目前的研究现状来看，有关确定应急物资库存量的研究视角众多。

一是仓配一体视角。这种方法将应急库存量与运输配送模型结合在一起进行了研究，通过分析物资从储备到分配的全程总成本，来确定合理的库存规模。秦军昌等构建了单周期物资的运输与库存集成决策的随机规划模型，综合考虑了运输成本和库存成本，决策了应急仓库的最优订货批量。张有恒等将应急物资库存和运输两个环节相结合，运用机会约束规划模型，以两个环节的运行总费用最小为目标，决策应急物资储备中心的最佳订货量。魏占祥等采用库存—运输非线性混合规划模型，以储备量和调用量为决策变量对协同区乡镇公共应急物资储备量和运输总成本进行研究，并根据房山区 1958 年的乡镇水灾数据分情景验证公共应急物资需求量。

二是物资分类管理视角。谢欢等根据物资采购难易程度、需求重要程度等因素构建指标体系，评价各类物资重要度，进而以成本最低为目标决定物资的存储数量；谢青凌从应急物资需求和储备模式供给两个视角出发，构建了应急物资的分类矩阵，并研究了各类应急物资与储备模式的耦合关系，最后建立了政府实物储备、企业实物储备和企业产能储备三个储备模式下的最优储备量模型。

三是多节点协同视角。王沛提出了联合库存理念下应急物资在不同储备库间的静态分配公式，并结合各省市应急物资需求量及中央救灾储备库服务范围，计算了我国各中央储备库典型物资的存储数量。郭晓光和张晓东以经济成本和社会效益损失最小化为目标，分析了自然灾害所引起的应急物资需求的随机性特征，构建了区域应急物资库存总量的确定模型，以及各等级应急物资储备节点库存量的分配方法。

上述研究为本书的研究提供了借鉴参考，面对应急物资的多样性和紧缺性，如何建立一套科学的应急物资库存管理体系也是本书研究的重点。

四、应急物资分配研究

应急物资仓储网络的物资分配问题，是应急响应的关键性决策之一，决定了应急物流网络能否最大化发挥作用。现阶段国内外学者对于应急物资分配问题的研究相对成熟，部分学者关注应急物资分配对于应急需求的满足程度；部分学者围绕应急物资分配的效率性、公平性等目标进行了大量研究；也有部分学者关注应急设施运行状态的稳定性，考虑了应急响应过程中的设施中断情景对于应急物资分配的影响。

在应急物资分配决策对应急需求的满足程度方面的研究中，李双琳等考虑应急需求的不确定性，以最大化应急物资的满足程度为目标研究设施选址和物资分配的问题。Rivera 等考虑了需求点的紧急程度差异，构建以最小化物资未满足率为目标的物资分配动态优化模型。Ghasemi 等提出了以最小化总成本和物资短缺量为目标的不确定多类物资多周期多车型的选址分配模型，支持灾后临时护理中心选址及物资分配等决策。朱建明等考虑民众对于所得到的应急物资数量的公平满意度，构建基于灾民心理感知的应急物资多阶段调度模型。

在应急物资分配的效率性方面的研究中，Najafi 等针对震后物资短缺的情况，提出多周期、多运输方式、多类物资的多目标鲁棒优化模型，解决震后物资分配问题。在应急物资分配的公平性方面的研究中，陈莹珍等研究了灾区的各个地区基于相互救援的应急物资分配问题，基于地区间物资分配的公平性，建立了以物资满足程度最高和物资运送时间最短的双目标优化模型。Rahafrooz 等构建了以物资分配公平最大化、救济风险最小化和总物流成本最小化为目标的应急物资分配模型。此外，也有学者兼顾考虑公平性与效率性的目标对应急物资分配问题进行了研究。刘长石等基于公平与效率兼顾的视角，构建了应急物资分配及运输协同的双层优化模型，顶层模型以所有需求点的损失攀比效应总和最小为目标，保障应急物资分配的公平性；底层模型以应急物资运达需求点的时间攀比效应总和最小及总运输时间最短为目标，保障应急物资分配的效率性。陈刚构建以总加权嫉妒值最小为公平目标、以总物流成本最小为效率目标、以比例公平为约束条件的多目标数学优化模型解决物资分配问题，使得决策在追求效率的同时兼顾公平。庄媛媛基于物资分配的效率性，以应急物资需求未满足所导致的损失最小及物资分配总距离最短为目标，构建了针对重大公共卫生事件的应急物资动态分配优化模型；并基于物资分配的公平性，考虑了需求点对应急物资需求的紧迫性及需求量与供给能力随疫情发展趋势变化的波动因素，分别建立了应急物资分配初期属地供应一次分配模型，与中前期多外埠供应点、多配送中心、多需求点、多周期的三级供应量动态物资分配模型。

在应急设施中断对应急物资分配的影响方面的研究中，Rahmani等为应对地震灾害后应急设施中断的风险，通过提供备用供应点提高物资分配网络的可靠性，构建了一个以预期成本最小为目标的物资分配模型。Mohamadi 等提出了灾后在供应中断情景下提供备用服务的应急设施的双目标物资分配模型。牛真真考虑了运输道路损毁对运输时间的影响，提出以总运输时间最小化与灾民损失最小化为目标的应急物资分配优化模型，并运用第二代非支配排序遗传算法对模型进行求解。

在现阶段应急物资分配的相关研究中，大多数研究都是从应急物资满足程度最大化的目标出发，或者对应急物资分配的效率性以及公平性进行研究。但是较少有研究考虑到在面对突发事件的复杂并且高度不确定的环境时，这种最优化的应急分配决策可能会因为应急物流网络中应急设施状态的变化而受到影响，甚至导致其无法发挥作用。因此，本书同样考虑了应急物流响应过程中应急物资仓储节点失效情景下动态调整应急物资分配关系，以期丰富相关研究并且更好地开展应急工作。

第三节　应急物资全程运输保障
相关理论研究

应急物资全程运输保障的关键问题是选择从物资储备节点到物资需求点的最短路径，既有研究主要从车辆路径、联运路径和选址—路径三个角度进行考虑，主要以时间窗、路网容量等为约束，以时间最短、成本最小为目标对应急物资运输方案进行研究。

一、应急物资车辆路径规划研究

应急物资的车辆路径规划是经典车辆路径问题的拓展，可以借鉴该问题的分析思路、方法以及算法来研究应急物资运输路径规划与优化问题。车辆路径问题（Vehicle Routing Problem，VRP）最早由 Dantzig 和 Ramser 在 1959 年提出，他们研究了亚特兰大炼油厂向各加油站发送汽油的车辆运输路径优化问题，并提出了基于线性规划的求解过程，VRP 问题迅速成为运筹学、组合数学、图论等学科的研究热点。经典的 VRP 问题可以定义为：已知一个发货点和若干个收货点的地理位置和需求，在满足各种约束的条件下，组织合适的行车路线，使 N 辆相同的车有序地通过各收货点，最后返回发货点，实现路程最短、费用最小、时间最少或车辆最少等目标，如图 2-2 所示。

根据约束条件、车辆类型或目标函数等的不同，VRP 问题产生了多种多样的变形。常见的 8 种 VRP 变形如下。

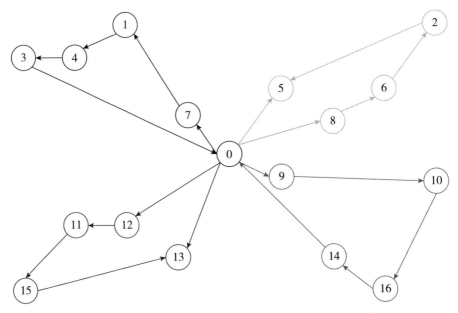

图 2-2　VRP 问题示意

（1）有能力约束的车辆路径规划问题（Capacitied Vehicle Routing Problem，CVRP）是在经典 VRP 的基础上，要求任意车辆路径的总重量不能超过该车辆的能力负荷。

（2）带时间窗的车辆路径规划问题（Vehicle Routing Problem with Time Windows，VRPTW）是在经典 VRP 的基础上，为每个收货点增加了一个时间窗，车辆对于该收货点的服务只能在特定时间窗内完成，可分为：硬时间窗（如果超出时间窗约束，该解不可行）和软时间窗（如果超出时间窗约束，赋予目标函数一定惩罚）。

（3）多车型车辆路径规划问题（Mixed/Heterogeneous Fleet Vehicle Routing Problem，MFVRP/HFVRP）是在经典 VRP 的基础上，车辆的装载、速度、运输费用等有所差异。

（4）多车场车辆路径规划问题（Multi-Depot Vehicle Routing

Problem，MDVRP）是指拥有多个发货点，收货点的需求可以由任一发货点的车辆满足。

（5）可分割车辆路径规划问题（Split Deliveries Vehicle Routing Problem，SDVRP）最早由 Dror 和 Trudeau 在 1990 年提出，主要突破了标准 VRP 中每个收货点只能被经过一次的约束，收货点的需求被分割后可以由多车辆服务。

（6）开放式车辆路径规划问题（Open Vehicle Routing Problem，OVRP）由 Schrage 于 1981 年在其论文中首次提出，标准 VRP 中的闭合路线在 OVRP 中被打破，在 OVRP 中，车辆不强制要求需要回到发货点，如果它们被要求回到车场，则必须沿原路返回。

（7）多目标车辆路径规划问题（Multi-Objective Vehicle Routing Problem，MOVRP）在经典 VRP 单一目标的基础上，统筹考虑了多个目标，更加符合现实情况的复杂性。

（8）回程运输车辆路径规划问题（Vehicle Routing Problem with Backhauls，VRPB）在经典 VRP 完成送货后返回的基础上，要求车辆能够同时完成从收货点取货回到发货点的任务。

聚焦到应急物资的车辆路径规划问题也有较多研究，且随着应急物资运输问题关注的目标不同，其相应的模型构建也会有较大的差别。Ray 等研究了在不同约束条件下以运输费用最小化为目标的应急物资运输问题。Ozdamar 讨论了应急物资运输的各种限制条件，包括供应物资有限，使用运输方式与工具种类较多，车辆数、物资供应量、车场等各种条件随时变化等，最终提出了以运输时间最小化为目标的应急物资运输模型，但并未考虑运输成本最小化的问题。吴凡等结合城市内涝和道路受损等因素，构建了车辆调度成本、时间惩罚成本和风险成本同时最小化的多目标优化调度模型。张立等针对应急物资配送的多周期性与不确定性，建立不确定条件下多周期车辆路径问题的多目标优化模型，并提出三步式求解方法：基于三角模糊数对不确定性进行消解；基于层次分析法将多目标函数转化为单目标函数；设计改进蚁群算法对优化问题进行启发式求解。这些研究成果为多种约束条件下多目标应急运输车辆路径规划研究提供了较好的思路和方法。

二、应急物资联运路径规划研究

随着应急物流技术的不断发展，为实现高效应急物资运输，单纯依靠公路进行应急物资运输的方式正在发生改变，多种运输方式相结合的应急物资运输模式逐渐成为研究焦点之一。缪成等提出了应急运输的每种物资都可能有多个供应点与需求点，并且经常会用到多种运输方式，据此设计了多模式分层网络，并利用延期费用和划分时段的方法，构建了大规模应急救援物资运输的多目标数学规划模型。缪成等总结了突发事件环境下应急物资运输问题的限制条件，据此设计并解决了应急物资运输与车辆调度模型与可靠路径选择模型。李孟良等针对灾后应急物资多式联运优化问题，考虑物资需求量、需求优先级、路网交通状况等不确定因素，在满足灾区最低服务水平的基础上兼顾物资分配的公平性，以应急救援总费用最小、响应时间最短和应急物资未满足灾区需求的惩罚费用最小为目标，结合公路、铁路和航空运输方式特点，基于鲁棒优化理论，建立多情景下应急物资多式联运调配策略模型。刘松等针对各种运输方式的发班时刻限制，构建了不确定环境下带班期限制的应急物资多式联运鲁棒路径优化模型。卢九一综合考虑班期限制和转运能力限制，进行了确定环境的应急物资多式联运路径优化和不确定环境的应急物资多式联运可靠路径优化研究。刘长石等综合考虑疫区风险级别、无人机容量、飞行距离、卡车容量等因素，以应急物资总配送时间最短为目标，构建了卡车—无人机动态协同配送路径规划模型。目前的研究已经讨论了多运输方式和不确定性场景，但对疫情影响下的路径风险考虑不足，需要建立考虑疫情风险的联运路径规划方法，以保证运输方案的实效。

三、应急物资选址—路径规划研究

应急物资全程运输保障中的选址—路径规划问题（Location Routing Problem，LRP）主要是指对应急物资中转点的选址和中转前后运输方案的规划。LRP 经过一段较长的发展历程，涌现了一大批优秀的成果。这些成果从模型和算法两方面对 LRP 的理论和方法不断进行改进和完善，极大地推动了 LRP 在现实中的应用。

在 LRP 模型方面，早期研究多建立以成本最小化为目标的单目标优化模型，如 Watson 和 Dohrn，Perl 和 Daskin，Lin 和 Kwok，章海峰等。随后，学者们开始对多目标 LRP 进行研究，鲍秀麟等分别从政府、公众和处理中心承包商角度出发，构建了以运营成本、风险成本以及运输成本最小化的多目标选址路径模型。张玲等以应急物资总配送时间最小化、系统总成本最小化以及车辆行驶路线的总连通可靠性最大化三者为目标函数，采用随机机会约束规划方法，建立了一个震后应急物资配送的多目标选址—路径问题优化模型。李双琳针对震后初期应急物资配送系统优化问题，考虑应急物资需求模糊情况下应急物资配送中心选址和应急物资多式联运安排的集成决策，以应急物资配送总时间最短和受灾点应急物资未满足的总损失最小为目标，建立了一个震后应急物资配送的多目标选址—多式联运问题优化模型。也有学者研究了参数不确定情况下的 LRP 模型。孙华丽等针对应急物流中需求和运输时间的不确定性，以总救援时间和系统总成本最小为目标，建立了多物资多运输车辆的应急物流定位—路径问题模型。李自若采用 K-Means 聚类法进行京津冀高速公路网应急物资储备库选址，并在此基础上，以物资运输总时间最小、运输费用和储备库使用费用最小为目标，构建了模糊环境下的应急物资优化调度模型。

上述 LRP 模型都是单级的，随着研究的深入，基于两级甚至更多级物流网络的 LRP 问题开始受到关注。陆玲玲等以系统配送总成本最小为目标，建立了海岛无人配送中继站的选址—路径优化的双层规划模型，一体化决策无人机中继站选址和两级配送路径优化问题，由无人机和卡车联合完成两级配送。杨恩缘等以汶川地震为例，设计了极重灾区、较重灾区、一般灾区三级配送网络，构建了考虑管理者决策偏好的规划模型。随着研究的深入，有学者通过在模型中加入一些可能影响配送系统决策的因素对模型进行修正。闫森将道路受损和配送点受损作为影响应急物资配送的重要因素，以救援时间最小为目标，以救援成本最小为次要目标，建立选址—路径问题模型，使应急物流配送网络更加稳定。

在求解算法方面，精确算法多出现在有关 LRP 的早期文献中，主要有整数规划法、动态规划法、分支定界法等。考虑到 LRP 是 NP-hard 问题，启发式算法逐渐成为求解 LRP 问题的主流方法。主要有以下几类：①与禁忌搜索算法相结合。Tuzun Sambola 和 Burke 首先提出两阶段禁忌搜索算法解决 LRP，即把 LRP 分成两个阶段，第一个阶段为选址，第二个阶段为路线安排。两个阶段都与禁忌搜索算法相结合。②与模拟退火算法相结合。Wu 等把 LRP 分成了 LAP 和车辆路径两个子问题，分别应用模拟退火算法进行子问题的求解。③与综合禁忌搜索和模拟退火的混合算法、聚类分析相结合，Yan 等设计了一种基于两级路由站和中转站耦合协作的混合遗传算法，通过随机生成的测试验证了模型和算法的有效性和可行性。

国内多用启发式算法求解 LRP。其中又以把分阶段启发式算法和新型算法（遗传算法、禁忌搜索算法）相结合的混合算法最为常见。马祖军等针对带中转点的两级应急物资配送网络，从中转设施布局和上下级联运问题集成优化的角度，以应急物资送达各需求点的总时间最短为目标，构建了应急物资配送中转设施选址联运问题优化模型，并设计了一种结合启发式规则和采用两阶段编码的混合遗传算法。魏孝文开发了一种引入全局搜索策略的蚁群优化算法，对包含选址定位和路径规划两个决策子问题的整合模型进行了求解，并证明该算法在求解带时间窗的震后应急物资中转配送问题中表现良好。路世昌等设计了 K-means 聚类+量子遗传算法的两阶段启发式算法，破解了配送中心选址与多车型车辆路径优化组合的决策问题，实现了在低碳排放量情况下有效降低综合物流成本的目标。

从研究内容来看，目前研究关于震后应急响应的内容较多，因此在附加因素上多考虑了设施受损和路径受损，关于重大传染病疫情相关的 LRP 研究有待深化。从求解方法来看，启发式算法得到了普遍采用，特别是将问题分解后按顺序解决的方法，不失为一种能够解决实际问题的高效算法，但这样的处理方式显然未能体现 LRP 统筹考虑选址和车辆路径问题的优势。研究需要从单设施、单层级、分阶段求解走向多设施、多层级和集成化求解，促进选址和路径两个紧密关联的决策切实的一体化。

第四节　突发公共卫生事件下应急物资储运技术框架设计

本书研究突发公共卫生事件下应急物资储运技术的基本框架由需求分析、储运一体化、保障体系三部分构成，如图 2-3 所示。

需求分析部分结合疫情传播规律和特点，分析突发公共卫生事件下应急物资的需求特征，提出包含应急物资需求种类划分标准和数量预测的需求分析技术方法，为储运技术提供目标引领。

储运一体化主要围绕应急物资储运的具体内容展开，通过提出应急物资仓储空间布局、仓储管理、干线运输组织、末端配送组织、全程运输组织的相关技术方法，形成突发公共卫生事件下应急物资储运系统优化的技术体系，是应急物资储运技术的核心内容。

保障体系主要由平时组织管理、急时调度指挥、跨区域合作等保障措施组成，以确保突发公共卫生事件下应急物资储运作用的有效发挥。

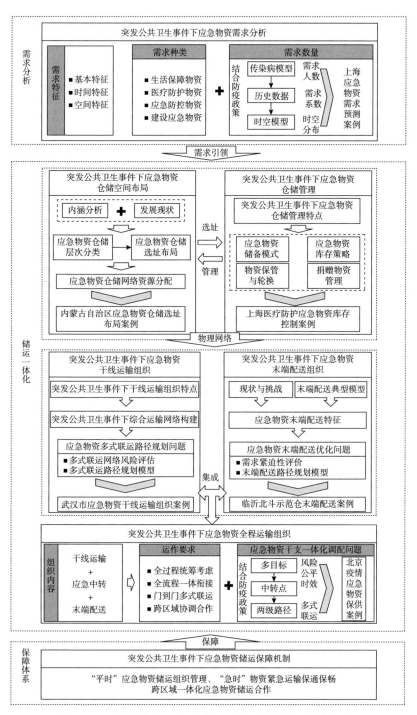

图 2-3　突发公共卫生事件下应急物资储运技术框架

第三章　突发公共卫生事件下
应急物资需求分析

应对突发公共卫生事件时，应急物资供应对于人民群众生命的抢救、医务人员的生命健康、疫情的控制、社会的平稳都极为重要。本章将结合突发公共卫生事件特点，从需求内涵、需求特征、需求种类、需求预测等方面，提出突发公共卫生事件下应急物资需求分析的基本方法，为构建科学高效的应急物资储运体系奠定基础。

第一节　应急物资需求的内涵

应急物资需求是指为了有效应对突发事件对受灾群众的损害而产生的最低物资要求。简单来说，即为了尽可能降低突发事件对社会、人民造成的损害而需要在什么时间、什么地点向谁提供什么种类、什么数量的应急物资。可以发现，应急物资需求是由需求的主体和客体共同构成。

一、需求主体

需求主体是指提出应急物资需求的个体或集体，是应急物资的需求者、使用者。需求主体受到事件类型、职能属性、政策环境、地域差异等因素影响，会对应急物资的种类、数量、质量等有不同要求。具体的应急物资需求分析应基于需求主体及其特征分析展开。

1. 事件类型

根据突发公共事件类型不同，需求主体可以被分为自然灾害、事故灾难、公共卫生事件和社会安全事件中的个体或集体，其需要的应急物资种类差异较大。如自然灾害对抢险救灾的应急救援类物资有更高需求，而公共卫生事件则对预防、治疗等医疗防护类物资有更高需求。

2. 职能属性

根据主体职能属性不同，其需要的应急物资种类也会有所不同。如抢险人员需求重点在应急救援物资的保障，而医护人员需求重点在医疗物资的供应。

3. 政策环境

根据主体所处政策环境不同，会对应急物资需求量和需求特征产生较大影响。例如，新冠疫情下，处在不同级别防控政策下的各类人群，对核酸检测试剂的需求量和需求周期会存在较大差异。

根据《新型冠状病毒肺炎防控方案（第九版）》规定，密切接触者采取"7天集中隔离医学观察+3天居家健康监测"管理措施。集中隔离医学观察第1、2、3、5、7天各开展一次核酸检测，居家健康监测第3天开展一次核酸检测。密接的密接采取7天居家隔离医学观察，第1、4、7天各开展一次核酸检测。此后发布《关于进一步优化新冠肺炎疫情防控措施 科学精准做好防控工作的通知》更改了相关规定，对密切接触者，将"7天集中隔离+3天居家健康监测"管理措施调整为"5天集中隔离+3天居家隔离"，其间赋码管理、不得外出。集中隔离医学观察的第1、2、3、5天各开展一次核酸检测，居家隔离医学观察第1、3天各开展一次核酸检测，且不再判定密接的密接。

4. 地域差异

地域差异主要表现在生活物资方面。随着新冠疫情的常态化管控，隔离管控人员对生活物资质量的要求逐渐趋于正常生活水平，而不同地域居民的饮食结构和消费偏好差异较大，物资供给也需要贴合地域特色，从而更好满足居民的物资需求。

> 以应急食品为例，美国应急食品储备以量大为特色，2018 年，为了预防地震、洪水等自然灾害和核武器的袭击，美国第二大零售商 Costco 推出了"末日罐头套餐"，分别可以满足 1 个月、3 个月甚至 1 年的食物需求；日本的应急食品储备以精细化为主，应急食品品牌东京备食（Tokyo Bishoku）专门推出了"三餐套餐"，套餐里包含米饭、主菜、辅菜、汤和甜点，充分考虑了营养搭配问题；法国的应急食品以多样化为特色，其推出的 24 小时单兵口粮套餐一共有 14 款，经常被评价"味道好""品种多"。

5. 特殊情况

考虑应急物资的需求种类、数量、质量等时，往往还需要考虑需求主体的特殊情况带来的额外物资需求。例如，新冠疫情中高风险区的慢性病、基础病患者，孕妇等日常配药需求需要被保障，典型情况包括糖尿病患者所需的胰岛素、高血压患者所需的降压药、孕妇所需的叶酸等。

二、需求客体

需求客体是指应急物资本身，主要包括种类需求、数量需求、结构需求和质量需求四方面内容。

1. 种类需求

应急物资的种类需求是指当突发公共事件发生后，所需要的保障性物资的类别。应急物资分类是研究其需求量、储备方案、筹措方式等的前提，也是进行需求分析的基本依据。不同事件对应急物资需求的种类有所不同，例如，自然灾害类事件中的需求主体对应急救援设备、生活物资有较强需求；突发公共卫生事件中的需求主体则对医疗设备，特别是生命救助和防护类用品等有较强需求。

2. 数量需求

应急物资的数量需求是指有效应对突发公共事件所必需的最小物资数量。突发公共事件的类型、影响范围、持续时间不同，对物资的数量需求也不同。突发公共事件的危害程度越大、影响范围越大、持续时间越长，对应急物资的数量需求越大。

3. 结构需求

应急物资的结构需求是指某些相关联的应急物资数量具有比例关系。例如，新冠疫情中高风险区需要一定量的核酸试剂，那么就需要同时考虑核酸试剂和采样棉签的比例关系，从而配套供应一定数量的采样棉签。

4. 质量需求

一方面是指应急物资本身的质量要足以应对突发公共事件，如果存在过期、老化、质量标准达不到要求等问题，应急物资就起不到应有的作用。另一方面是指应急物资的供应要在时间上准时、空间上准点，如果应急物资不能在最需要的时间、地点供应，会对突发公共卫生事件的应急处理造成严重影响。

第二节　突发公共卫生事件下
应急物资需求种类

本节解决"需要什么应急物资"的问题。由于突发公共卫生事件下应急物资种类繁多，目前关于突发公共卫生事件下应急物资需求种类的研究较少，缺乏针对突发公共卫生事件下应急物资官方分类标准，给应急物资储备和配送等带来了挑战。因此，本节基于我国应急物资需求分类现状，结合突发公共卫生事件应急物资需求的特征，梳理突发公共卫生事件下应急物资需求类目。

一、我国应急物资需求分类现状

《应急物资分类及产品目录》中，将应急物资按照用途分为 13 个大类，即防护用品、生命救助、生命支持、救援运载、临时食宿、污染清理、动力燃料、工程设备、器材工具、照明设备、通信广播、交通运输、工程材料。

但随着应急物资的内涵在实践中不断丰富，新的应急产品与装备不断涌现，应急物资的分类和目录也在不断完善。《应急保障重点物资分类目录（2015 年）》将应急保障重点物资划分为 4 个层级。第一层级是按照应急保障工作的重点分为现场管理与保障、生命救援与生活救助、工程抢险与专业处置 3 个大类，第二层级是按照不同的应急任务进一步分解为 16 个中类，第三层级是按照主要作业方式或物资功能细分为 65 个小类，第四层级是若干重点应急物资名称。具体分类情况如表 3-1 所示。

2020 年 10 月实施的国家标准《应急物资分类及编码》（GB/T 38565—2020）同样将应急物资划分为 4 个层级。其中，依据应急物资的性质划分为基本生活保障物资、应急装备及配套物资、工程材料与机械加工设备 3 大类；每一大类按照其功能用途划分为中类；每一中类按照相互之间的种属关系和内在联系划分为小类；细类隶属于小类，为构成种类的基本类别。根据应急物资的用途及使用场景，不是所有的中类及小类都需要进行细分。该标准对应急物资的分类较为全面，涵盖范围广，大、中、小类的应急物资分类如表 3-2 所示。

二、突发公共卫生事件下应急物资需求类目

结合重大传染病疫情的传播演变过程，可对突发公共卫生事件的应急物资需求类目进行推断。重大传染病疫情的传播演变包括以下过程：①初始携带者引起传染病在小范围内传播；②随着人口流动，疫情传染范围逐渐扩大，但大多数为潜伏期患者；③潜伏期患者转化为发病患者，患病人数快速增长，成为疫情扩散的主要动力，并且大量涌入医院，对医疗物资提出高需求；④为了控制疫情的进一步扩散，政府必须采取及时的措施进行干预，例如，封控、管控、佩戴口罩等，对警戒线、路障、广播等防控物资，食物等生活物资，口罩等防护物资提出高需求；⑤患病人数不断增长，可能会超出医院的收治能力，需要通过建立方舱医院等方式扩大区域医疗救助能力，对建设物资提出高需求；⑥待疫情逐渐得到控制，感染人数度过拐点后，应急工作重心将以复产、复工、复学为主，需要进行大量的检测工作，对医学检测试剂等医疗物资提出高需求。

表3-1 应急保障重点物资分类目录（2015年）

应急保障类别（大类）	现场任务类型（中类）	主要作业方式或物资功能（小类）	重点应急物资名称
1. 现场管理与保障	1.1 现场监测	1.1.1 气象监测	自动气象站；气象雷达；气象探空仪器；气象移动观测设备等
		1.1.2 地震监测	余震监测设备；地球物理场观测设备；短临前兆监测设备；现场地震预警设备等
		1.1.3 地质灾害监测	卫星定位测量仪；泥石流泥位仪；泥石流警报传感器；地声传感器；裂缝报警器；裂缝伸缩仪；滑坡监测雷达等
		1.1.4 水文监测	雨量自动监测仪；水情自动测报设备；土壤墒情监测设备等
		1.1.5 环境监测	温度（热量）测量仪表；土壤分析仪；水质分析仪；有毒有害气体检测仪；化学品检测仪；爆炸物监测仪；重金属监测仪等
		1.1.6 疫病监测	电子测温仪；现场采样仪（器、箱）；动物疫病监测仪器；生物快速侦检仪；红外线监测仪；病原体微生物检测车等
		1.1.7 观察测量	工业内窥镜；测绘仪器；探测机器人；探测设备；低空探测飞行器；现场监测图传感器；卫星遥感接收设备等
	1.2 现场安全	1.2.1 现场照明	手电筒；防风灯；防水灯；探照灯；应急灯；移动式升降照明灯组；抢险照明车；帐篷灯；蜡烛；荧光棒；头灯等
		1.2.2 现场警戒	移动式交通信号装置；警戒标志杆（柱、牌）；安全警戒带；警示灯；紧急疏散标志灯；警报器（电动、手动）；照明弹；信号弹；烟雾弹；发（反）光标记等

续表

应急保障类别（大类）	现场任务类型（中类）	主要作业方式或物资功能（小类）	重点应急物资名称
1. 现场管理与保障	1.3 应急通信和指挥	1.3.1 有线通信	电话交换机；通信调度机；电话机；传真机；光通信设备；载波通信设备等
		1.3.2 无线通信	蜂窝移动通信系统（移动电话）；集群通信系统（手持台、车载台）；微波通信设备；无线电台；对讲机；卫星通信系统（卫星电话）等
		1.3.3 网络通信	网络通信设备；网络安全设备；计算机网络设备；移动指挥车；移动应急平台等
		1.3.4 广播电视	应急广播系统；收音机；电动喇叭；手持扩音器；电视信号接收设备；大屏幕信息显示设备；电视机等
	1.4 紧急运输保障	1.4.1 陆地运输	大、中、小型客车；平板运输车；越野车；沙漠车；摩托雪橇；全地形运输车；水陆两栖运输车；危化品运输车等
		1.4.2 铁路运输	客运列车；货运列车；专业作业列车；电气机车；内燃机车等
		1.4.3 水上运输	大、中、小型客船；滚装客船；应急驳船；应急拖轮；气垫船；冲锋舟；救生船；橡皮艇；沼泽水橇；汽车轮渡等
		1.4.4 空中运输	客运飞机；货运飞机；专用作业飞机；直升机；空投器材与吊挂装置等
	1.5 能源动力保障	1.5.1 应急动力	汽柴油发动机；燃油发电机组；应急发电车（轮式、轨式）；应急电源车等
		1.5.2 燃料供应	汽油、柴油、煤油、天然气、液化气、固体酒精等燃料；干电池、蓄电池（配充电设备）、燃料电池等；应急运油车；应急加油车等
		1.5.3 气液压动力	空气压缩机；液压动力站；乙炔发生器；工业氧气瓶等

续表

应急保障类别（大类）	现场任务类型（中类）	主要作业方式或物资功能（小类）	重点应急物资名称
2. 生命救援与生活救助	2.1 人员安全防护	2.1.1 卫生防疫	防护服；防护口罩；防护鞋帽；防护眼镜；乳胶手套或橡胶手套等
		2.1.2 消防防护	消防头盔；消防手套；消防靴；避火服（防火服）；隔热服等
		2.1.3 化学与放射	防毒面具；防化服；防化手套；防化靴；防化护目镜；防辐射服；碘片等
		2.1.4 防高空坠落	保护气垫；防护网；安全带；安全钩；救生绳等
		2.1.5 通用防护	安全帽（头盔）；手套；安全鞋；工作服；安全警示背心；垫肩；护膝；护肘；防护镜；雨衣；水靴；呼吸面具；氧气（空气）呼吸器；呼吸器充填泵等
	2.2 生命搜索与营救	2.2.1 生命搜索	生命探测仪（声学、电磁、化学、红外线、视频）；搜索机器人；生物传感器；搜救犬；搜救雷达；求救信号发送机；接收机等
		2.2.2 攀登营救	上升（下降）器；救生滑轮组；高层缓降器；救生软梯；救生滑道；充气消梯；抛绳器；救生吊篮等
		2.2.3 破拆起重	切割工具；扩张工具；破碎工具；牵拉、液压和气动顶撑；吊车、叉车；葫芦、绞盘，千斤顶等
		2.2.4 水下营救	潜水服；水下照明灯；水下通信设备；水下呼吸设备；救生衣；漂浮绳；水下探测设备；水下切割工具；水下工程设备等
		2.2.5 通用工具	普通五金工具；铁锹（铲）；铲；铁（钢）钎；斧子；十字镐；大锤；挠钩；撬棍、滚杠；绳索；电钻；电锯；无齿锯；链锯等

应急物资仓储管理与全程运输保障技术

应急保障类别（大类）	现场任务类型（中类）	主要作业方式或物资功能（小类）	重点应急物资名称
2. 生命救援与生活救助	2.3 紧急医疗救护	2.3.1 伤员固定与转运	颈托；躯肢体固定托架（气囊）；关节夹板；担架；隔离担架；急救车；直升机救生吊具（索具、网）等
		2.3.2 院前急救	急救箱或背囊；除颤起搏器；移动ICU；心肺复苏机；简易呼吸器；多人吸氧器；便携呼吸机；氧气机（瓶、袋）；高效轻便制氧设备；软体高压氧舱；手术床；麻醉机；监护仪；小型移动手术车；洗眼器；重伤员皮肤洗消装置；脱脂纱布；敷料；输液袋等
		2.3.3 药品疫苗	抗生素；解热镇痛、麻醉、解毒、抗过敏、抗寄生虫等各类常用药；血浆；人用疫苗；抗毒血清等
	2.4 人员庇护	2.4.1 临时住宿	帐篷（单帐篷、棉帐篷、功能性帐篷）；宿营车（轮式、轨式）；移动房屋（组装、集装箱式、轨道式、轮式）；蚊帐；棉被；睡袋；火炉；折叠床；桌椅等
		2.4.2 保暖衣物	棉大衣；防寒服；棉鞋；棉袜；棉被；毛毯等
		2.4.3 卫生保障	沐浴车；简易厕所（移动、固定）；垃圾箱；真空吸污车；垃圾袋；医用污物塑料袋；消毒液；洗洁用品；个人卫生用品；殓尸袋；殡葬车等
	2.5 饮食保障	2.5.1 食品加工	炊事车（轮式、轨式）；主副食半成品加工车；移动厨房；野外灶具；炊具；餐具等
		2.5.2 饮用水净化	应急净水车；过滤净化机（器）；海水淡化机；水箱；水袋等

续表

应急保障类别 （大类）	现场任务类型 （中类）	主要作业方式或 物资功能（小类）	重点应急物资名称
2. 生命救援与 生活救助	2.5 饮食保障	2.5.3 粮油食品供应	面粉；大米；小包装成品粮；方便食品（罐头、压缩食品、真空包装食品）；小包装成品油等
		2.5.4 其他食品供应	肉禽、蛋品、蔬菜；食用盐；其他调味品等
		2.5.5 生活用水供应	应急运水车；瓶装水；桶装水等
3. 工程抢险与 专业处置	3.1 交通与岩土 工程抢修	3.1.1 岩土工程施工	推土机、挖掘机；铲运机；工程钻机；凿岩机；碎石机；装载机；打桩机；压挖桩机；平整机；翻土机；液压抛石机；液压岩石钻；水泥切割锯；电镐；风镐等
		3.1.2 抗雪除冰作业	扫雪机；吹雪车；铲雪机；抛雪机；热风式除雪机；融雪剂撒播机、铲雪锯；除冰车；破冰船；灭蚕高射炮；融雪剂；防滑链等
		3.1.3 公路桥梁抢修	稳定土摊铺机；碎石撒布机；平地机；铣刨机；压路机；夯实机；软地面铺设车；应急路面材料等
		3.1.4 应急桥梁搭建	舟桥；吊桥；浮箱；钢梁桥；吊索桥；应急机动舟桥；应急装配式钢桥；应急机械化桥等
	3.2 电力工程抢修	3.2.1 电网抢修作业	电力设备检测车；电网输变电设备；电网应急抢修工器具；电网应急装配式钢材料等；电网抢修

续表

应急保障类别（大类）	现场任务类型（中类）	主要作业方式或物资功能（小类）	重点应急物资名称
3. 工程抢险与专业处置	3.2 电力工程抢修	3.2.2 配电设备抢修	配电箱（开关）；电线杆；防爆电缆；防水电缆；铜芯铝绞线；合成绝缘子；玻璃绝缘子等
		3.2.3 融冰抢险作业	高压线路融冰装置；车载直流融冰装置；交流融冰变压器；移动式融冰设备等
	3.3 通信工程抢修	3.3.1 通信抢修恢复	应急通信车；光纤熔接设备；应急通信抢修工器具等
		3.3.2 通信设施抢修	通信基站设备；通信杆（塔）；通信光缆；通信线缆等
	3.4 污染清理	3.4.1 堵漏作业装备与材料	金属堵漏套管；管道密封套；堵漏枪；堵漏工具（注入式、粘贴式、电磁式、柔性施压式、气动吸盘式）；堵漏密封胶；木制堵漏楔；管道粘结剂；下水道阻流袋等
		3.4.2 污染物收集	抽吸泵；排污泵；移动拦截工具；移动存储设施；有毒物质密封桶；污水袋；吸附袋；活性炭等
		3.4.3 污染物处理	水处理设施；空气污染处理设施；中和剂；絮凝剂；氧化还原剂；曝气机等污洗消材料与装备
		3.4.4 防疫消杀作业	防疫车；检水检毒箱；高压消毒器；垃圾焚烧炉；喷雾（粉、烟）机；杀菌灯；预防性消毒、杀菌、杀虫、灭鼠等药剂；空气清源剂；气雾剂等
	3.5 防讯抗旱	3.5.1 防水防雨作业	帆布；苫布；彩条布；防水卷材；防雨布料；防水材料等

续表

应急保障类别 （大类）	现场任务类型 （中类）	主要作业方式或 物资功能（小类）	重点应急物资名称
3. 工程抢险与专业处置	3.5 防汛抗旱	3.5.2 防洪排涝作业	防洪挡水板；编织袋；麻袋；复膜编织布；防管涌土工滤垫；雨井雨板；快速膨胀堵漏袋；防洪子堤；钢丝网兜；铅丝网片；排水管管件等
		3.5.3 抗旱打井浇灌	找水仪器；打井机；洗井机；移动浇灌、喷滴灌设备器材；储水罐等
		3.5.4 水工工程作业	移动排水抢险车；潜水泵；深水泵；大功率供排水装置；排水管材等
	3.6 其他专业处置	3.6.1 火灾处置	消防车（船、飞机）；大功率泵车；灭火器；泡沫供应车；风力灭火机；移动式排烟机；灭火拖把；油锯；森林草原灭火器材等
		3.6.2 溢油应急处置	应急溢油清污船；溢油回收装备（收油机）；消油剂喷洒装置；油污土壤清洗车；含油废弃物焚烧装置；含油泥沙油分离装置；阻燃型围油栏；吸油毡；隔油索；凝油剂；消油网；收油网；储油罐等
		3.6.3 核应急响应	辐射监测仪；辐射剂量计（仪）；能谱仪；移动式辐射检测车；放射性去污染处置装置；放射性去污洗消装置；核设施应急补水装置等
		3.6.4 生物灾害应对	动植物样本采集装置；有害生物诱捕器；有害生物消杀药械；杀虫灯；灾区有毒有害气体消杀药剂（剂）等
		3.6.5 矿山救援	矿用风机；矿用风筒；井下轻型救灾钻机；大口径救生钻机；井下快速抢险掘进机；井下快速成套支护装备；钻机随钻测斜仪；井下快速密闭设备；井下灭火装置；矿区有害气体排放系统；矿井排水救灾装备；矿用排沙潜水泵等

续表

应急保障类别（大类）	现场任务类型（中类）	主要作业方式或物资功能（小类）	重点应急物资名称
3. 工程抢险与专业处置	3.6 其他专业处置	3.6.6 危险化学品处置	强酸、碱洗消器（剂）；洗消喷淋器（剂）；洗消液均混罐；移动式高压洗消泵；高压清洗机；洗消帐篷；生化细菌洗消器（剂）等
		3.6.7 水（海）上救捞	救助船；抢险打捞起重船；潜水工作母船；半潜驳船；打捞装备；救生艇（筏）；减压舱等

表 3-2 　《应急物资分类及编码》大、中、小类的应急物资分类

大类	中类	小类
基本生活保障物资	粮食	面粉、大米、玉米、大豆、其他粮食
	蔬菜	新鲜蔬菜、冷冻蔬菜、腌渍菜、脱水蔬菜、其他蔬菜
	水果	新鲜水果、冷冻水果、干制水果、其他水果
	坚果	花生、其他坚果
	禽蛋	鸡蛋、其他禽蛋
	食用盐	加碘盐、其他食用盐
	食用油	食用植物油、食用动物油脂、其他食用油
	食糖	成品糖、加工糖、其他食糖
	肉类	家畜肉、家禽肉、其他肉类
	加工食品	方便食品、乳制品、婴幼儿食品、饮料、水产加工品、其他加工食品
	纺织产品	服装类、床上用织物制品、安全用织物制品、其他纺织产品
	救灾帐篷	单帐篷，棉帐篷，高原、高寒帐篷，厕所帐篷，其他材质帐篷
	日用品	烹调和加热装置、家用制冷电器具、温度调节用品、生活热水设备、简易床、储水用具、雨具、卫生清洁用品、桌椅、缝纫材料及用品、废弃物清扫及收集工具、防蚊虫用品、多功能刀具、救生包、婴幼儿用品、其他日用品
	简易厕所	移动式简易厕所、固定式简易厕所、其他简易厕所
	其他基本生活保障物资	—

大类	中类	小类
应急装备及配套物资	个人防护装备	呼吸防护装备、躯体防护装备、头部防护装备、眼面部防护装备、耳部防护装备、手部防护装备、足部防护装备、坠落防护装备、个人防护套件装备、其他个人防护装备
	搜救设备	生命探测设备、破拆工具、降落与登乘/登高设备、救捞设备、其他搜救类设备
	医疗及防疫设备及常用应急药品	医疗携行急救设备、手术器械、诊断设备、消毒供应设备、检验设备、防疫卫生设备及药品、医用耗材、常用应急药品、医疗模块化装备、兽医器械及兽用药、其他医疗装备与药品
	应急运输与专用作业交通设备	托盘、应急机动车辆、应急船舶设备、应急航空设备、非机动车辆、应急通行辅助装备、其他应急运输与专业作业交通设备
	工程机械设备	冲锋舟、破冰除雪设备及器材、挖掘推铲类设备、起重机械、桩工堵口设备、喷灌设备、机器人成套系统、疏堵清淤类设备、其他大型机械设备
	能源动力设备及物资	电池、应急发电设备、柴/汽油发动机、电动机、液压/气压动力设备、燃料及气源、其他能源动力设备及物资
	应急照明设备及用品	佩戴式照明设备、手持式照明设备、移动式照明设备、车载/船载照明设备、非电照明用品、灯具及配件、其他应急照明设备及用品
	洗消器材及设备	人员洗消器材及设备、环境/设施类洗消器材及设备、洗消剂/粉类、其他洗消器材及设备
	后勤支援装备	办公设备和用品、水处理系统及设备、燃料储存设备、物料搬运装备、其他后勤支援装备

续表

大类	中类	小类
应急装备及配套物资	非动力手工工具	通用手工工具、特种工具、其他非动力手工工具
	灭火及爆炸物处置设备	灭火类设备、爆炸物处置设备、其他灭火及爆炸物处置设备
	拦污封堵器材装备	堵漏类器材、拦污收集器材装备、危化泄漏处理组套、其他拦污封堵器材装备
	泵类及通风排烟设备	排水泵类、排污泵类、通风排烟设备、其他泵类及通风排烟类设备
	安防及反恐防暴装备	安全检查设备、安防系统与监控设备、非致命性反恐武器及实体防护设备、其他反恐防暴装备
	分析检测类设备	生物检测设备、生物取样设备、化学/物理检测设备、化学/物理取样套件、放射性检测设备、放射性样品取样设备、电工仪器仪表、工业过程测量仪器、标准物质、其他分析检测类仪器仪表
	监测预警仪器和装置	气象观测仪器、水文仪器、地震设备、海洋仪器、岩土工程仪器、光谱遥感仪器、大地测量仪器、摄影测量用仪器及装置、噪声监测仪器及相关环境监测仪器、绘图工具/量具、观察测量设备、监测预警集成系统、消防物联网监测设备、地下管网可燃气体检测设备、其他监测预警仪器和装置
	通信设备	通信传输设备、通信终端设备、移动通信设备、通信接入设备、其他通信设备

大类	中类	小类
应急装备及配套物资	雷达、无线电导航及无线电遥控设备	雷达设备，无线电导航设备，无线电遥控设备，其他雷达、无线电导航及无线电遥控设备
	广播电视设备	广播电视节目制作及播控设备、广播电视发射及传输设备、特殊环境应用广播电视设备、其他广播电视设备
	信号标识类器材	警戒信号类器材、指示信号类器材、求救信号类器材、其他信号标识类器材
	信息技术设备	应用软件、计算机整套设备及其他硬件设备、计算机网络设备、信息安全设备、其他信息技术设备
	其他应急装备与配套物资	—
工程材料与机械加工设备	工程材料	水泥，砂石料，沥青，砌筑块材，预制构件，木材、竹材及其制品，袋类，金属丝及其制品，绳类，布/膜/滤垫类，建筑门窗、玻璃及五金配件，管材、管件与扣件，轻质墙板，保温材料，防水、防潮及密封材料，其他工程材料
	机械加工设备	一般切削加工设备，加工中心及组合机床，压力加工设备，铸造设备，焊接设备，热处理、表面处理设备，特种加工设备，加工设备附件及辅料，其他机械加工设备
	其他工程材料与机械加工设备	—

结合重大传染病疫情传播演变过程，突发公共卫生事件中需要的应急物资可分为四类，分别为生活保障物资、医疗防护物资、应急防控物资、建设应急物资。

（一）生活保障物资

生活保障物资是突发公共卫生事件中普通群众、医务人员、隔离人员、患者等所需的生活必需品。生活保障物资供应在稳定物价与社会舆论方面起着重要作用。严重的突发公共卫生事件发生时，会采用封闭管理、隔离管控、限流限行等防控措施，导致物流受阻，进而引起物资哄抢、物价上涨等问题。为了保供稳价，稳定社会预期、维护流通秩序，在突发公共卫生事件期间需要加强对生活物资的供应保障。为了社会稳定，疫区的生活保障物资供应甚至需要高于平均水平，给予被封锁地区人民战胜疫情的信心。生活保障物资主要包含保供物资和救灾物资两类。

1. 保供物资

保供物资包括粮食、蔬菜、水果、坚果、禽蛋、食用盐、食用油、食糖、肉类、加工食品等，主要用于保障普通群众、医务人员、隔离人员、患者等的饮食需求。从新冠疫情防控过程中的保供物资供应经验来看，随着居民生活质量提高和疫情周期变长，除保障生活的米面油、肉蛋奶、蔬菜、方便食品和饮用水等外，居民的保供物资需求出现高端化、定制化趋势。如上海疫情期间，京东到家于2022年4月8日起上线"保供生鲜套餐"；郑州疫情期间，郑州太古可口可乐饮料有限公司作为郑州市民生保供企业之一，组成近200人的保供团队紧急返厂，全力保障可口可乐系列饮品生产和供应。

2. 救灾物资

救灾物资包括纺织产品、救灾帐篷、日用品、简易厕所等，主要用于保障普通群众、医务人员、隔离人员、患者等的住宿需求。以新冠疫情防控为例，通过搭建临时方舱医院的形式，有效扩大了区域的医疗救助能力。而方舱医院在投入使用过程中，救灾物资需求较大，如西藏阿里地区改则县通过调拨救灾储备物资帐篷99顶、折叠床300张、棉被600床，建设了276张床位的"帐篷方舱医院"。

（二）医疗防护物资

医疗防护物资是突发公共卫生事件中用于患者救治、人员防护的物资。由于突发公共卫生事件首要造成的损害是人民群众的生命健康，因此在突发公共卫生事件的全过程中，患者的救助治疗、医务人员的防护以及易感者的防护都是非常重要的工作，需要充足的医疗防护物资来支撑相应的医疗体系。医疗防护物资主要包含个人防护类物资、医疗携行急救设备、检验设备、医用耗材、常用应急药品、防疫卫生设备及药品、医疗模块化装备7类，具体类目如下。

1. 个人防护类物资

个人防护类物资包括医用防护口罩、全密封（封闭）防护服、医用防护服（隔离衣、手术衣等）、医用头套、医用护目镜、乳胶手套、防护鞋套等，主要用于易感者的日常防护、患者和医护人员的医学防护。在新冠疫情防控中，口罩就作为最重要的个人防护物资成为医务人员和人民群众抗击疫情的武器与保障。

2. 医疗携行急救设备

医疗携行急救设备包括伤员鉴别标签、急救背囊（箱）、复苏背囊（箱）、输注药供背囊、心脏除颤器、头部固定器、便携式氧气和复苏箱、患者运送装备和用品、止血器和螺丝钳等，主要用于患者的紧急救援。

3. 检验设备

检验设备包括采样设备，医用检验与生化分析仪器（核酸检测设备、核酸检测试剂等），医用低温、冷疗设备等，主要用于检测人群中是否有患者，该类物资在传染病防控过程中尤为重要，往往存在大批量需求。

4. 医用耗材

医用耗材包括卫生材料及辅料、医用缝合材料及凝固材料、医用高分子制品、医用橡胶制品、中医材料等，主要用于患者的医疗救助。

5. 常用应急药品

常用应急药品包括抗微生物药、抗寄生虫病药、麻醉药、心血管系统用药、呼吸系统用药、免疫系统用药、维生素类药、解毒药、妇产科用药、儿科用药、人用疫苗等，主要用于疫情防控人群的日常配药和患者的医疗救助。如封控区和管控区的居民若存在高血压、糖尿病、哮喘等患者和孕妇，需要提供相应的药物。

6. 防疫卫生设备及药品

防疫卫生设备及药品包括喷雾器、垃圾处理设备（垃圾箱、垃圾焚烧炉等）、高压消毒器、消毒及消杀药品（消毒剂、漂白剂、杀菌药等）等，主要用于疫情关联区域的消毒消杀。在新冠疫情防控中，各地通过消杀队等形式对重点场所、重点区域进行全面消杀。

7. 医疗模块化装备

医疗模块化装备包括组合式医疗单元（医疗方舱、组合医疗帐篷等）、医疗箱组等，主要用于临时扩大医疗救助能力。在新冠疫情防控中，"方舱医院"发挥了巨大作用，武汉疫情期间，16 家方舱医院共收治患者 1.2 万余人，实现了"零感染、零死亡、零回头"。

（三）应急防控物资

应急防控物资是为了控制疫情的进一步扩散，政府需要采取划定控制区域、疫情控制措施、流动人口管理、实施交通卫生检疫等防控工作所需要的应急物资。应急防控物资包括现场警戒设备和通信广播设备两类。

1. 现场警戒设备

现场警戒设备包括移动式交通信号装置、警戒标志杆（柱、牌）、安全警戒带、警示灯、紧急疏散标志灯、警报器（电动、手动）、照明弹、信号弹、烟雾弹、发（反）光标记等。

2. 通信广播设备

通信广播设备包括防控工作中所需的对讲机、办公电脑、移动通信设备（手机）、医院网络提速所需设备材料等。

（四）建设应急物资

建设应急物资是指在突发公共卫生事件患病人数超出医院承载能

力时，建设临时医院所需的应急物资。当传染病传染能力较强，潜伏期患者转化为确诊患者后，患病人数会大幅增长，可能会超出医院的收治能力。此时为了减少患病死亡人数，需要扩大区域医院收治能力。在新冠疫情期间，武汉通过两种方式增加了收治能力，分别是改造、扩容既有医院设施和搭建临时医院。这是我国应对重大突发公共卫生事件的特色做法，典型案例包括北京的小汤山医院、武汉的火神山医院和雷神山医院等。收治能力的扩大也使得武汉新冠疫情中期能够做到"应收尽收"，尽可能减少患病死亡人数。因此建设应急物资是我国突发公共卫生事件的应急物资重要类目，目前已在非典和新冠疫情两次重大突发公共卫生事件中应用。建设应急物资包括工程设备和工程材料。

1. 工程设备

工程设备包括建设临时医院需要的土地平整机、挖掘机、推土机等机械设备。

2. 工程材料

工程材料包括水泥，砂石料，沥青，砌筑块材，预制构件，木材、竹材及其制品，袋类，金属丝及其制品，绳类，布/膜/滤垫类，建筑门窗、玻璃及五金配件，管材、管件与扣件，轻质墙板，保温材料，防水、防潮及密封材料，其他工程材料。

以上突发公共卫生事件下应急物资需求分类及类目如表 3-3 所示。

表3-3 突发公共卫生事件下应急物资分类及类目

一级分类	二级分类	物资名称
生活保障物资	保供物资	粮食；蔬菜；水果；坚果；禽蛋；食用盐；食用油；食糖；肉类；加工食品等
	救灾物资	纺织产品；救灾帐篷；日用品；简易厕所等
医疗防护物资	个人防护类物资	医用防护口罩；全密封（封闭）防护服；医用防护服（隔离衣；手术衣等）；医用头套；医用防护目镜；乳胶手套；防护鞋套等
	医疗携行急救设备	伤员鉴别标签；急救背囊（箱）；复苏背囊（箱）；输注药供背囊；心脏除颤器；头部固定器；便携式氧气和复苏箱；患者运送装备和用品；止血器和螺丝钳等
	检验设备	采样设备；医用检验与生化分析仪器（核酸检测设备、核酸检测试剂等）；医用低温、冷疗设备等
	医用耗材	卫生材料及辅料；医用缝合材料及凝固材料；医用高分子制品；医用橡胶制品；中医材料等
	常用应急药品	抗微生物药；抗寄生虫病药；麻醉药；心血管系统用药；呼吸系统用药；免疫系统用药；维生素类药；解毒药；妇产科用药；儿科用药；人用疫苗等
	防疫卫生设备及药品	喷雾器；垃圾处理设备（垃圾箱、垃圾焚烧炉等）；高压消毒器；消毒及消杀药品（消毒剂、漂白剂、杀菌药等）等
	医疗模块化装备	组合式医疗单元（医疗方舱、组合医疗帐篷等）；医疗箱组等

续表

一级分类	二级分类	物资名称
应急防控物资	现场警戒设备	移动式交通信号装置；警戒标志杆（柱、牌）；安全警戒带；警示灯；紧急疏散标志灯；警报器（电动、手动）；照明弹；信号弹；烟雾弹；发（反）光标记等
	通信广播设备	防控工作中所需的对讲机；办公电脑；移动通信设备（手机）；医院网络提速所需设备备材料等
建设应急物资	工程设备	建设临时医院需要的土地平整机；挖掘机；推土机等机械设备
	工程材料	水泥；砂石料；沥青；砌筑块材；预制构件；木材、竹材及其制品；袋类；金属丝及其制品；绳类；布/膜/滤垫类；建筑门窗；玻璃及五金配件；管材；管件与扣件；轻质墙板；保温材料；防水、防潮及密封材料；其他工程材料

第三节　突发公共卫生事件下应急物资需求特征

突发公共卫生事件下应急物资需求与事件的特征紧密关联。从突发公共卫生事件的特征入手，能够提炼出突发公共卫生事件下应急物资的需求特征，为应急物资需求数量预测提供有效指引。

一、突发公共卫生事件下应急物资需求影响因素

影响突发公共卫生事件下应急物资需求的因素主要包括事件的类型、影响范围、发展阶段、持续时间等。

（一）突发公共卫生事件的类型

不同类型突发公共卫生事件所需的应急物资种类有所不同。例如食品中毒事件，主要应急工作在于救治患者、调查中毒原因，因此重点需要便携式急救设备、检验设备等物资。而传染病的应急工作重点在于救治患者、阻断传播链，因此传染病对个人防护、防疫卫生设备及药品的需求比较大，并且有一定持续性。

（二）突发公共卫生事件的影响范围

突发公共卫生事件的影响范围是空间因素。事件的影响范围越大，受影响的人数越多。当受影响人数增加时，意味着病患、医护人

员的增加，以及社区管控的增强，事件所产生的应急物资需求数量也就越大。

以非典疫情和新冠疫情对比为例。截至 2005 年 7 月 31 日，非典在中国内地累计报告临床诊断病例 5327 例，已治愈出院 4948 例，死亡 349 例，共有 24 个省（区、市）报告确诊病例。而新冠病毒传染能力更强，截至 2022 年 8 月 10 日，在我国报告确诊患者累计 232109 人（不含港澳台地区），所有省（区、市）均有报告确诊病例，在全球范围内波及了上百个国家，确诊患者累计达到 5.8 亿人。两次突发公共卫生事件都属于特别重大等级，但影响人数差异较大，新冠疫情的应急物资需求数量更大。

（三）突发公共卫生事件的发展阶段

随着突发公共卫生事件发展到不同阶段，应急工作的重点不同，所需的主要应急物资种类和数量也会发生变化。以新冠疫情暴发初期为例，人们对事件类型了解较少，主要需求物资为个人防护、诊断设备、应急药物等；经过一段时间的发展，人们对病毒的潜伏期、传染力已有了解，主要工作为排查密切接触者和严格管控，因此需要大量的检验设备、防疫卫生设备及药品、现场管理、现场检测等物资。在不同发展阶段，应急物资的数量需求也有较大差异，以新冠病毒感染的筛查为例，在城市疫情出现扩散趋势时，需要开展大规模的全域核酸筛查，当疫情得以控制后，核酸筛查范围收缩，因此核酸试剂在不同阶段表现出显著数量差异。

> 2022 年 4 月，上海暴发大规模的新冠疫情。4 月 4 日，上海启动全市核酸筛查，截至 4 月 5 日 8 时，全市共采样 2566.5 万人。4 月 12 日，上海市核酸筛查工作共采样 905 万人。上海市两日核酸采样人数约有 1600 万人的差异，需求的核酸试剂盒、采样棉签等检测设备数量出现显著差异。

（四）突发公共卫生事件的持续时间

突发公共卫生事件的持续时间决定了应急物资需求在时间上的跨度，持续时间越长，应急物资的累计需求数量越大。

> 以食物中毒事件和传染病疫情作为对比，食物中毒事件在查明中毒原因、切断中毒途径后可在较短时间内结束，此后不会产生新的应急物资需求；由于人口流动等原因较难控制，如新冠疫情等疫情从开始到完全结束的时间跨度甚至可达数年，其间一直产生应急物资需求，应急物资累计需求数量较大。

二、突发公共卫生事件下应急物资需求基本特征

突发公共卫生事件本身的突发性、危害的传染性、发展的阶段性、原因的多样性等特征，使得突发公共卫生事件中的应急物资需求具有不确定性、紧缺性、时效性、专业性四个基本特征。

（一）不确定性

由于突发公共卫生事件发生的突发性，其存在大量不可控因素，突发公共卫生事件的发生时间、事件强度、发生地点等信息都具有较

强的不可预测性，事件的发展趋势较难预测，从而导致应急物资需求呈现不确定性。主要体现在两个方面：一是传染病可能会由于传染能力强，形成大规模传染，导致应急物资需求暴涨，对应急物资的筹措、运输来说是巨大难题；二是可能由于病毒原因不明等情况，导致突发公共卫生事件具有一定的持续性，对社会的影响在一定时间范围内持续存在，应急物资需求时间跨度变长。如在新冠疫情初期，新冠病毒的类型、传染性、存活能力、潜伏期等因素都不确定，因此在初期有"可防可控"论断，但后期发现该病传染能力非常强，大规模流行，从而导致武汉及全国各地医疗应急物资紧缺。

（二）紧缺性

由于突发公共卫生事件危害的传染性，突发公共卫生事件往往涉及面较广，引起大规模应急物资需求，导致应急物资呈现紧缺性。为了应对此类事件下的应急物资需求增长，社会一般会提前建立起应急物资储备体系。但需求的迅猛增长往往会造成应急物资在短期出现大量缺口，随着政府的物资调拨才会逐渐平衡。如非典疫情和新冠疫情期间，口罩一度出现供需失衡，甚至哄抬涨价的现象。

> 2020年1月24日，武汉市新型冠状病毒感染的肺炎疫情防控指挥部发布公告采购紧缺医疗物资。自武汉市新冠疫情发生后，口罩、防护服、护目镜、消毒液等防疫物品用量激增，供需严重失衡，无法满足收治病人的医疗机构一线医护人员防护需要。此时，武汉市物资需求缺口均已达到百万量级，其中各类物资需求分别为N95口罩179万只，一次性外科口罩335万只，防护服132万套等。

（三）时效性

由于突发公共卫生事件发展的阶段性，需要快速有效地控制突发公共卫生事件向下一阶段发展，而应急物资需求的及时满足可以直接减少突发公共卫生事件造成的人民生命健康损失和社会经济损失。此外，应急物资是否能在第一时间供应，对引导社会舆论、稳定人民群众情绪也有重要意义。因此要求应急物资以尽可能快的速度、准确地送达需求地。

> 2020 年 1 月 25 日，根据湖北之声官方微博发布的消息，武汉各大医院物资告急，相继发出公告紧急求援，向社会各界征集护目镜、N95 口罩、外科口罩、医用帽、防护服、防冲击眼罩等物资，此时多家医院物资可能只够维持 3~5 天。应急物资送达时效性不可控，使得武汉市各大医院的医务人员工作风险上升，结果也表明应急物资的严重匮乏影响了武汉市医务人员的健康和工作，根据中国疾控中心 2020 年 2 月发布的调查报告，截至 2 月 11 日共有 3019 名医务人员感染了新型冠状病毒（包括确诊病例、疑似病例、临床诊断病例及无症状感染者）。

（四）专业性

由于突发公共卫生事件原因的多样性，针对不同类型的事件，治疗手段差异较大，从而使应急物资需求具有专业性。主要体现在以下两方面：一方面是应急物资本身特征。突发公共卫生事件中最重要的工作是救治患者和检测感染者，这些工作都必须由医务人员完成，涉及的许多应急物资的医学专业性比较强。一是大量检测材料、检测仪器、生命支持类的医疗仪器都需要专业人士进行操作；二是突发公共卫生事件对医疗应急物资的需求不同，可能需要专业人士完成按种类、标准筛查物资等工作；三是突发公共卫生事件有时面临针对性医疗物资的研发，如新冠疫苗等。另一方面是应急物资储运过程。突发公共卫生事件涉及药品等需要冷链储运的物资，对冷链物流等提出专业性要求。

在 2020 年 1 月 24 日武汉多家医院发布的紧急求援公告中，均要求医用防护口罩、医用外科口罩、防护服需符合或高于对应国家标准，这是医疗应急物资的基本要求。在《中国青年报》相关新闻报道中提到，1 月 24 日左右医院收到的许多社会捐赠物资无法满足医学防护要求，在抗疫工作中无法使用，武汉很多医院防护物资依然紧缺，甚至只能将普通外科口罩叠两层使用。此外，根据现有运输经验，疫苗运输需要全程冷链，要求储存、运输全过程温度恒定在 2~8℃，并进行定时监测，对冷链仓库、冷链车、冷链管理软件等都提出了较高的专业要求。

三、突发公共卫生事件下应急物资需求时空特征

自然灾害、事故灾难和社会安全事件等其他突发公共事件通常集中在一定地点、时间爆发和处理，而突发公共卫生事件不可预测性较强，在时间和空间的分布上更为复杂。本节以新冠疫情的扩散过程为例，分析突发公共卫生事件下应急物资需求的时空特征。

（一）时间特征

1. 时间随机性

2019 年年底，湖北省武汉市成为首个新冠疫情集中暴发区域。随后，全国新冠疫情新增确诊人数在时间上具有随机性（见图 3-1），应急物资需求也因此在时间上表现出随机性。

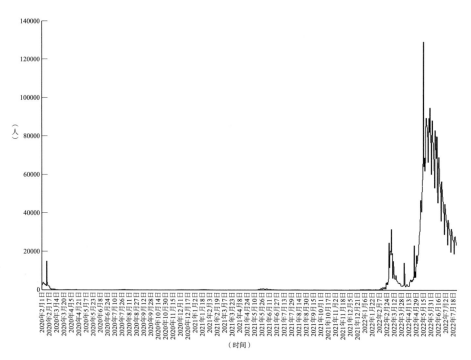

图 3-1　2020 年 2 月 1 日至 2022 年 7 月 18 日全国新冠疫情新增确诊人数

2. 时间延续性

新冠疫情突发公共卫生事件不同于其他突发公共事件具有短、平、快的需求特点，而是具有时间延续性。例如，从 2019 年年底暴发新冠疫情，到 2023 年 5 月 5 日，世界卫生组织宣布新冠疫情不再构成"国际关注的突发公共卫生事件"，新冠疫情持续了 3 年多的时间。

3. 时间阶段性

应急物资需求在时间上具有阶段性。以新冠疫情为例，从我国几个地区疫情大规模暴发的情况来看，疫情随时间变化有阶段性变化的特征，应急物资需求和感染人数保持一致，如图 3-2、图 3-3 和图 3-4 所示。武汉市、上海市、吉林省三地的疫情暴发表现出相同趋势，即潜伏期→暴发期→扩散期→减缓期→恢复期，新增确诊人数由猛增转向波动减少，若防控不当则事件周期会产生子循环。因此，应急物资需求的数量在每波次疫情暴发中应该表现出与事件发展相同的趋势，在需求量上大致表现为"少→多→少"，在需求种类上则会根据不同阶段的应急处置重点而有一定差异。

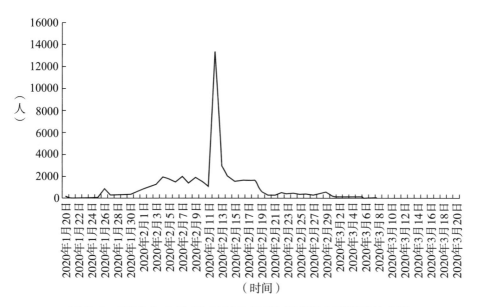

图 3-2　2020 年 1 月 20 日至 3 月 20 日武汉市新增确诊人数

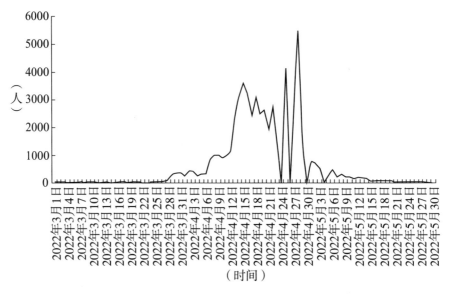

图 3-3　2022 年 3 月 1 日至 5 月 30 日上海市新增确诊人数

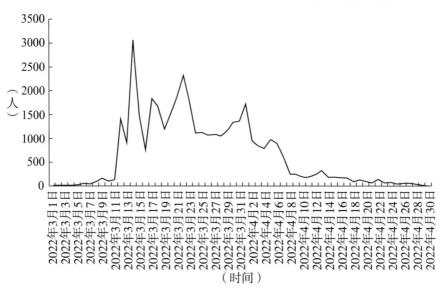

图 3-4　2022 年 3 月 1 日至 4 月 30 日吉林省新增确诊人数

（二）空间特征

1. 空间广泛性和不均衡性

以新冠疫情为例，全国 31 个省（区、市）均有病例报告，说明疫情无明显地域性，如图 3-5 所示。因此，应急物资需求在空间上具有广泛性、不均衡性的特点。

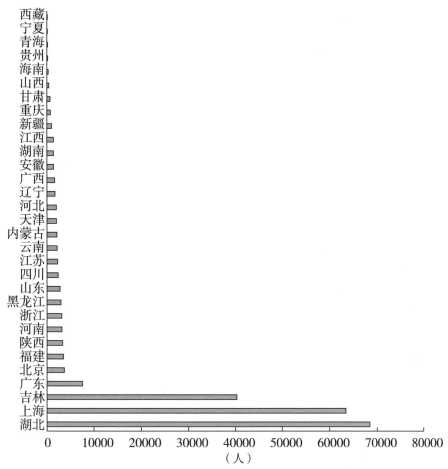

图 3-5　2022 年 8 月 22 日新冠病毒感染累计确诊病例情况发布

2. 空间短期向局部扩散、长期向中心集聚

疫情传播表现出一定的空间扩散性，然后随着防疫政策的实施，向外扩散的情况会被遏制。本书使用局部莫兰指数说明空间集聚现象，体现相邻地区指标的空间正相关性或负相关性。用于新冠疫情空间集聚性分析的局部莫兰指数计算公式如式（3-1）至式（3-3）所示。

$$I_i = \frac{Z_i}{S^2} \sum_{j \neq i}^{n} w_{ij} Z_j \qquad (3-1)$$

$$Z_i = y_i - \overline{y} \qquad (3-2)$$

$$S^2 = \frac{1}{n} \sum \left(y_i - \overline{y} \right)^2 \qquad (3-3)$$

其中：

I_i——第 i 个地区的确诊病例数的局部莫兰指数；

n——研究区域内所有地区的确诊病例数；

Z_i——第 i 个地区的确诊病例数与该地区确诊病例数的平均值的水平差异；

S——第 i 个地区的确诊病例数的方差；

w_{ij}——空间权重值，根据各地区的空间关系取值，相邻取 1，否则取 0；

y_i——第 i 个地区的确诊病例数；

$\overline{y}$——第 i 个地区的确诊病例数的平均值。

根据 Z_i、$\sum_{j \neq i}^{n} w_{ij} Z_j$、$I_i$ 的正负关系，新冠疫情空间集聚性可以分为 4 种情况，如表 3-4 所示。

表 3-4　　　基于局部莫兰指数的新冠疫情空间集聚性

Z_i	$\sum_{j \neq i}^{n} w_{ij} Z_j$	I_i	含义
> 0	> 0	> 0	高—高集聚，某地区确诊病例数高于地区平均水平，周边地区确诊病例数高于地区平均水平
< 0	< 0	> 0	低—低集聚，某地区确诊病例数低于地区平均水平，周边地区确诊病例数低于地区平均水平

续表

Z_i	$\sum_{j \neq i}^{n} w_{ij} Z_j$	I_i	含义
< 0	> 0	< 0	低—高集聚，某地区确诊病例数低于地区平均水平，周边地区确诊病例数高于地区平均水平
> 0	< 0	< 0	高—低集聚，某地区确诊病例数高于地区平均水平，周边地区确诊病例数低于地区平均水平

以湖北省 2020 年年初的新冠疫情演变过程为例，对 4 个时段的确诊病例空间分布进行分析。1 月 25 日，武汉市出现高—低集聚，周边地区出现低—高集聚，表示武汉市成为早期的疫情暴发点，确诊人数高于全省平均确诊人数，而周边地区确诊人数低于全省平均确诊人数；1 月 30 日，武汉市周边的孝感市和黄冈市出现高—高集聚，说明武汉市疫情向周边两个城市扩散，导致两个城市的确诊人数同样高于全省平均确诊人数；2 月 15 日和 2 月 29 日空间集聚情况趋于稳定，且武汉市始终处于高—低集聚，武汉周边城市始终保持低—高集聚，说明已较好地将疫情控制在武汉市内，周边城市低于全省平均确诊人数。

第四节 突发公共卫生事件下应急物资需求数量预测方法

本节解决"需要多少应急物资"的问题。按照获得较高的应急物资使用效率的原则，最优的应急物资数量为满足应急救援需求的最小数量。预测需求数量时，既要考虑事件影响范围、事件严重程度等因素，确定物资数量不会出现供不应求的情况，又要避免供过于求、供非所需等造成的人、财、物浪费。因此，要根据不同突发公共卫生事件类型、不同物资种类、不同阶段等情况，合理确定应急物资需求数量。

一、应急物资需求数量预测思路

既有文献对于应急物资需求数量预测大致采用两种方法：一是案例推理法，二是数学模型法。

（一）案例推理法

案例推理法（Case-Based Reasoning，CBR）最早由美国耶鲁大学教授 Roger Schank 在其 1982 年的著作 *Dynamic Memory* 中提出。CBR的核心思想是利用相似性原理，通过建立数据库统计历史案例的基本信息和解决方案，在求解新案例时，根据案例特征从数据库中检索出与其较为相似的历史案例，参考历史案例求解经验，得出新案例的解决方案，并将新案例导入数据库，以此类推。

基于案例推理法的应急物资需求数量预测，目前研究成果较为丰富，但主要聚焦于地震灾害领域，将其应用于突发公共卫生事件下应急物资的需求数量预测时，可以借鉴基于案例推理法的地震灾害应急物资需求预测思路。通过建立一个包含历史突发公共卫生事件基本信息、应急物资需求种类及数量等的历史数据库，利用相似度计算的相关原理，将突发公共卫生事件的相关信息与历史数据进行匹配，确定最佳相似案例，从而推断出各类应急物资的需求数量。基本流程可以分为四步。一是依托经验和数据可得性，确定目标案例和历史案例的特征属性，如突发公共卫生事件级别、突发公共卫生事件持续时间、突发公共卫生事件波及范围、突发公共卫生事件感染人数等。二是利用案例相似度计算方法，计算确定最佳相似案例，常见方法有欧氏距离法、贴近度法、直觉模糊集等。三是确定应急物资需求的关键因素及需求数量计算公式，以生活保障类物资为例，生活保障类物资与疫情影响人口数量息息相关，则预测生活保障类物资需求数量的关键因素为疫情影响人口数量；需求数量计算公式与关键因素直接关联，即：目标案例生活保障类物资需求数量＝目标案例疫情影响人口数量×（最相似案例生活保障类物资需求数量÷最相似案例疫情影响人口数量）。四是确定应急物资需求数量，通过收集目标案例的关键因素，代入需求数量计算公式获得应急物资需求数量。案例推理法应急物资需求预测思路如图3-6所示。

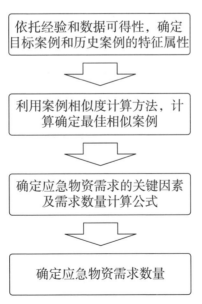

图3-6　案例推理法应急物资需求预测思路

（二）数学模型法

数学模型法是指通过构建数学模型，基于预测对象的现有数据对未来数据进行预测。数学模型法在应急物资需求预测中也有较多研究，主要包括 BP 神经网络、灰色预测模型、SEIR 模型等预测方法。

BP 神经网络主要用于研究地震、洪涝等自然灾害应急物资需求；灰色预测模型同样多用于地震、洪涝等自然灾害应急物资需求预测，但是在突发公共卫生事件中也有所应用，如王英辉等将未来实时更新的情报信息纳入预测模型原始数据集中，将灰色 GM（1，1）模型和灰色增量模型组合起来进行疫区确诊人数的预测，再结合人均口罩消耗量确定应急物资需求数量。

SEIR 模型则主要用于疫情等突发公共卫生事件应急物资需求预测，主要基于突发公共卫生事件发生时的感染者、潜伏者等数据，构建疫情影响人数预测模型，对疫情影响人数进行动态预测，再结合疫情影响人数与各类应急物资需求量的系数关系表达式，确定相关物资的需求数量。李清等考虑新冠疫情的隔离措施和潜伏期感染者转阴特征建立 SEIR 模型，预测每日患病感染人数，再分别在假设患病感染者传染概率保持不变和不断更新的前提下，建立医疗物资时变需求模型和贝叶斯序贯决策模型预测每日物资需求量。燕杨、崔景安等也结合新冠疫情实际情况对 SEIR 模型进行优化，实现了对新冠疫情感染病例的预测。

两种应急物资需求预测的主要方法各有优劣。案例推理法能够依据历史案例的成功经验，对应急物资需求满足具有良好指导作用；但是在实际应用中，突发公共卫生事件发生后短时间往往较难获取疫区的相关信息，特别是与需求数量预测直接关联的"目标案例疫情影响人口数量"这一指标难以判断，信息获取的延迟性必然导致决策的延迟，不适合指导应急物流的运作。数学模型法对于目标事件的既有数据有较好应用，从而对疫情影响人口数量有较好的预测效果，但是一般通过主观判断确定人均物资消耗量这一指标。因此，在突发公共卫生事件下进行应急物资需求预测，可以将数学模型构建与防控政策、历史经验分析相结合。基本思路为：结合新冠疫情传播机理，构建应急物资需求人数预测模型；再综合分析防控政策、历史经验，分析应急物资的人均物资消耗量（需求系数），最后结合需求人数和人均物资消耗量预测突发公共卫生事件下应急物资需求数量，如图 3-7 所示。

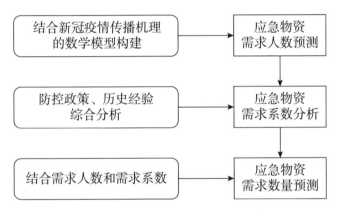

图 3-7　突发公共卫生事件下应急物资需求预测思路

二、应急物资需求人数预测方法

突发公共卫生事件下应急物资需求人数是指，受到突发公共卫生事件影响，对应急物资提出需求的人群数量。而根据突发公共卫生事件传播过程和防疫政策，应急物资的需求人群可以分为两类：一是确诊人群，是指疫情的感染者，数量主要与确诊数量、接触人数量、病毒感染率等相关；二是管控人群，是指与确诊者具有时空交集而被管理的人群，数量主要与确诊病例的时空运行轨迹、防疫政策等相关。由于感染人群和管控人群的定义、管理方式、物资需求种类等都有所不同，应急物资需求人数预测需要同时考虑到两类人群。

在新冠疫情中，确诊人群是指新冠病毒的感染者，其数量预测可以参考常见的传染病感染者人数预测。而管控人群则在现有研究中较少考虑，需要改进常见的预测方法。SEIR 模型主要是研究传染病的动力学原理、传播方式、空间范围、传播速度等问题，在新冠疫情确诊人数的预测中已有应用。因此，可以结合新冠疫情传播的特殊情况，对传统SEIR 模型进行改进，实现对新冠疫情中应急物资需求人群的准确预测。

（一）传统 SEIR 模型

传统 SEIR 模型在假设系统封闭的情况下进行（不考虑人口自然出生、自然死亡、进出系统等），主要将人群分为易感者 S（Susceptible）、潜伏者 E（Exposed）、感染者 I（Infective）和移除者 R（Removed）四类。易感者是指未感染病毒的人群；潜伏者是指已经感染病毒但是不具有感染力的人群；感染者是指已经感染病毒且具有感染力的人群；移除者是指康复或死亡的人群。各类人群关系如图 3-8 所示。

$$易感者 S \xrightarrow{\frac{\beta SI}{N}} 潜伏者 E \xrightarrow{\delta E} 感染者 I \xrightarrow{\gamma I} 移除者 R$$

注：箭头上的字母表示两类人群间的换算关系。

β——接触率，指感染者接触易感者后，将病毒传播给其他易感者导致其变为潜伏者的概率；

δ——转换率，指潜伏者具有传染病的概率，它可以表示为平均潜伏期 Y 的倒数，即 $\delta = 1/Y$；

γ——恢复率，指感染者康复和死亡的概率，它可以表示为平均免疫时间 D 的倒数，即 $\gamma = 1/D$；

N——总人口数量，是四类人群数量的总和，即 $N = S + E + I + R$。

图 3-8 传统 SEIR 模型的四类人群关系

SEIR 模型对应的微分表达式如式（3-4）至式（3-8）所示。

$$\frac{\mathrm{d}S}{\mathrm{d}t} = -\frac{\beta \times S \times I}{N} \qquad (3\text{-}4)$$

$$\frac{\mathrm{d}E}{\mathrm{d}t} = \frac{\beta \times S \times I}{N} - \delta \times E \qquad (3\text{-}5)$$

$$\frac{\mathrm{d}I}{\mathrm{d}t} = \delta \times E - \gamma \times I \qquad (3\text{-}6)$$

$$\frac{\mathrm{d}R}{\mathrm{d}t} = \gamma \times I \qquad (3\text{-}7)$$

$$\beta \text{、} \delta \text{、} \gamma > 0 \qquad (3\text{-}8)$$

其中：

t ——时间；

$\frac{\mathrm{d}S}{\mathrm{d}t}$、$\frac{\mathrm{d}E}{\mathrm{d}t}$、$\frac{\mathrm{d}I}{\mathrm{d}t}$、$\frac{\mathrm{d}R}{\mathrm{d}t}$ 分别是易感者、潜伏者、感染者、移除者相对于时间 t 的数量变化。

设单位时间为 t，将上述公式进行变形，得到易感者、潜伏者、感染者、移除者随时间变化的函数如式（3-9）至式（3-12）所示，若将 Δt 取 1 天，就可以得到四类人群的预测数量变化情况。

$$S(t + \Delta t) = S(t) - \frac{\beta \times S(t) \times I(t)}{N}\Delta t \qquad (3\text{-}9)$$

$$E(t + \Delta t) = E(t) + \frac{\beta \times S(t) \times I(t)}{N}\Delta t - \delta \times E(t) \times \Delta t \qquad (3\text{-}10)$$

$$I(t + \Delta t) = I(t) + \delta \times E(t) \times \Delta t - \gamma \times I(t) \times \Delta t \qquad (3\text{-}11)$$

$$R(t + \Delta t) = R(t) + \gamma \times I(t) \times \Delta t \qquad (3\text{-}12)$$

（二）SQIARD 模型

结合新冠疫情存在无症状感染者和医学隔离、居家隔离等防疫政策，可以通过完善人群种类对传统 SEIR 模型进行优化，使之更加适用于新冠疫情确诊人数的预测。新冠病毒的传染病模型主要由 6 类人群构成，即易感者 S（Susceptible）、隔离者 Q（Quarantined Susceptible）、确诊病例 I（Infective）、无症状感染者 A（Asymptomatic Patient）、痊愈者 R（Recovered）、死亡者 D（Dead），其人群关系如图 3-9 所示。

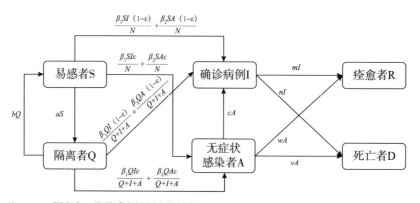

注：a——隔离率，指易感者被隔离的概率；

b——隔离解除率，指隔离者解除集中隔离的概率；

β_1——确诊病例接触率，指确诊病例将病毒传染给易感者的概率；

β_2——无症状感染者接触率，指无症状感染者将病毒传染给易感者的概率；

ε——无症状比例，指无症状感染者占感染者（确诊病例和无症状感染者）的比例；

c——转阳率，指无症状感染者转换为确诊病例的概率；

m——确诊病例痊愈率，指确诊病例康复概率；

n——确诊病例死亡率，指确诊病例死亡概率；

w——无症状感染者痊愈率，指无症状感染者解除医学观察概率；

v——无症状感染者死亡率，指无症状感染者死亡概率；

N——总人口，$N = S + Q + I + A + R + D$。

图 3-9 基于新冠疫情的改进传染病模型（SQIARD）的人群关系

新冠疫情 SQIARD 模型对应的微分表达式如式（3-13）至式（3-18）所示。

$$\frac{\mathrm{d}S}{\mathrm{d}t} = -\frac{S(\beta_1 I + \beta_2 A)}{N} - aS + bQ \tag{3-13}$$

$$\frac{\mathrm{d}Q}{\mathrm{d}t} = -\frac{Q(\beta_1 I + \beta_2 A)}{Q + I + A} + aS - bQ \tag{3-14}$$

$$\frac{\mathrm{d}I}{\mathrm{d}t} = \frac{S(1-\varepsilon)(\beta_1 I + \beta_2 A)}{N} + \frac{Q(1-\varepsilon)(\beta_1 I + \beta_2 A)}{Q + I + A} + cA - mI - nI$$

$$\tag{3-15}$$

$$\frac{\mathrm{d}A}{\mathrm{d}t} = \frac{S\varepsilon(\beta_1 I + \beta_2 A)}{N} + \frac{Q\varepsilon(\beta_1 I + \beta_2 A)}{Q + I + A} - cA - wA - vA \tag{3-16}$$

$$\frac{\mathrm{d}R}{\mathrm{d}t} = mI + wA \tag{3-17}$$

$$\frac{\mathrm{d}D}{\mathrm{d}t} = nI + vA \tag{3-18}$$

其中：

t ——时间；

$\frac{\mathrm{d}S}{\mathrm{d}t}$、$\frac{\mathrm{d}Q}{\mathrm{d}t}$、$\frac{\mathrm{d}I}{\mathrm{d}t}$、$\frac{\mathrm{d}A}{\mathrm{d}t}$、$\frac{\mathrm{d}R}{\mathrm{d}t}$、$\frac{\mathrm{d}D}{\mathrm{d}t}$ 分别是易感者、隔离者、确诊病例、无症状感染者、痊愈者、死亡者相对于时间 t 的数量变化。

将上述公式进行变形，即得到易感者、隔离者、确诊病例、无症状感染者、痊愈者、死亡者随时间变化的函数如式（3-19）至式（3-24）所示，若将 Δt 取 1 天，就可以得到 6 类人群的预测数量变化情况。

$$S(t + \Delta t) = S(t) - \frac{S(t)[\beta_1 I(t) + \beta_2 A(t)]}{N}\Delta t - aS(t)\Delta t + bQ(t)\Delta t$$

$$\tag{3-19}$$

$$Q(t + \Delta t) = Q(t) - \frac{Q(t)[\beta_1 I(t) + \beta_2 A(t)]}{Q(t) + I(t) + A(t)}\Delta t + aS(t)\Delta t - bQ(t)\Delta t$$

$$(3-20)$$

$$I(t + \Delta t) = I(t) + \frac{S(t)(1 - \varepsilon)[\beta_1 I(t) + \beta_2 A(t)]}{N}\Delta t +$$

$$\frac{Q(t)(1 - \varepsilon)[\beta_1 I(t) + \beta_2 A(t)]}{Q(t) + I(t) + A(t)}\Delta t + cA(t)\Delta t - mI(t)\Delta t - nI(t)\Delta t$$

$$(3-21)$$

$$A(t + \Delta t) = A(t) + \frac{S(t)\varepsilon[\beta_1 I(t) + \beta_2 A(t)]}{N}\Delta t +$$

$$\frac{Q(t)\varepsilon[\beta_1 I(t) + \beta_2 A(t)]}{Q(t) + I(t) + A(t)}\Delta t - cA(t)\Delta t - wA(t)\Delta t - vA(t)\Delta t$$

$$(3-22)$$

$$R(t + \Delta t) = R(t) + mI(t)\Delta t + wA(t)\Delta t \qquad (3-23)$$

$$D(t + \Delta t) = D(t) + nI(t)\Delta t + vA(t)\Delta t \qquad (3-24)$$

三、应急物资需求系数分析

突发公共卫生事件发生后，由于疫情种类的不同、疫情发展阶段的不同、防疫政策的不同，对应急物资需求的种类与数量也有所不同。有些物资一次性投入后即可持续使用较长时间，通常不会出现明显的需求数量缺口，如现场警戒设备、分析检测设备、工程设备等；有些物资则需要随着疫情影响人口的日常消耗而不断加以补充，通常是应急物资需求预测的重点、难点，如食品、药品等。为较好测算随疫情影响人数动态变化的应急物资需求量，把单位人口在单位时间内对某一类应急物资的需求数量称为该类应急物资的需求系数，通过将预测的应急物资需求人数和应急物资需求系数结合，可以实现随疫情影响人数动态变化的应急物资需求预测。应急物资需求系数分析可以从历史经验和实际消耗两个角度出发，两者相互印证，得到最接近实际需求的需求系数。

（一）历史经验

从历史经验的角度来看，中国具有丰富的应对突发公共卫生事件的成功经验。因此，可以结合案例推理法能够对历史案例进行对比匹配，从中选取最佳相似案例，对其疫情影响人数（M）、各类应急物资需求量（N），得到各类物资的需求系数如式（3-25）所示。

$$K = \frac{N}{M} \tag{3-25}$$

尤其在应对新冠疫情这类反复性较强的疫情，多轮疫情防控经验能够作为历史案例为下次疫情防控提供参考。考虑到新冠疫情防控政策的特点，疫情防控周期差异可能带来不同的物资需求，如高风险区和中风险区对生活保障类物资的需求可能集中在第 1 天爆发。

（二）实际消耗

从实际消耗的角度来看，主要进行突发公共卫生事件的针对性分析，如防疫政策等，再结合生存需求，推算出应急物资需求系数。以生活保障类物资和医疗防护类物资为例，来说明应急物资需求系数的确定方法。

生活保障类物资主要是人类每日维持生命所必需的生活物资，数量需要满足人类生存的最低需求。以食物为例，根据相关研究，2020

年全国人均粮食消费量为 141.19kg，人均蔬菜及食用菌消费量为 103.7kg，人均肉类消耗量为 24.79kg，人均奶类消费量为 12.99kg，正常人每日饮用水需求量为 1.5~2L。在新冠疫情防控常态化的情况下，应当尽量高质量满足居民对食物的需求。因此，以平均水平为标准衡量食物类物资的需求系数，粮食、蔬菜及食用菌、肉类、奶类、饮用水的需求系数分别为 0.39kg/人·日、0.28kg/人·日、0.07kg/人·日、0.04kg/人·日、1.5L/人·日。考虑人均食物消耗量时，地域、性别、年龄等因素均需要被纳入考虑，例如，2020 年内蒙古自治区人均肉类消耗量为 31.9kg，较全国水平高 7.11kg；山西省人均肉类消耗量为 14.7kg，较全国水平低 10.09kg。因此，需求系数需要结合预测对象实际情况进行参数调整。

医疗防护类物资主要是阻止疫情扩散和救助感染人群所必需的医疗物资，数量需要满足防疫政策和医疗救护最低需求。以高风险区核酸检测为例，根据《新型冠状病毒肺炎防控方案（第九版）》，高风险区连续 7 天无新增感染者，且第 7 天风险区域内所有人员完成一轮核酸筛查均为阴性，降为中风险区；连续 3 天无新增感染者降为低风险区。在实施中高风险区封控后，要求第 1 天和第 3 天完成两次全员核酸检测，第 2 天开展一次抗原检测，后续检测频次可根据检测结果确定；解除管控前 24 小时内，应完成一次区域内全员核酸检测。因此，假设高风险区全程无新增完成解封至少需要 10 天，且在第 1、第 3、第 7、第 8、第 10 天进行全员核酸检测，第 2、第 9 天进行全员抗原检测。以 10 天为周期考虑平均值则核酸检测试剂盒的需求系数为 0.05 盒/人·日（10∶1 混检）、核酸检测抗原试剂盒的需求系数为 0.2 盒/人·日。此外，由于孕妇、糖尿病、高血压等特殊情况的存在，需要结合实际人数等给予特殊医疗物资的需求供给。典型应急物资需求系数取值可参考表 3-5。

表 3-5　　　突发公共卫生事件典型应急物资需求系数

物资名称	需求系数
粮食（全国平均水平）	0.39kg/人·日
蔬菜及食用菌（全国平均水平）	0.28kg/人·日
肉类（全国平均水平）	0.07kg/人·日
奶类（全国平均水平）	0.04kg/人·日
饮用水（全国平均水平）	1.5L/人·日
核酸检测试剂盒（高风险区）	0.05盒/人·日
核酸检测抗原试剂盒（高风险区）	0.2盒/人·日

四、应急物资需求数量时空预测

突发公共卫生事件下应急物资需求预测主要是对生活保障物资、医疗防护物资、应急防控物资、建设应急物资四类物资的预测。根据应急物资的细分类目，大致又可以分为耐用品和消耗品两类物资。耐用品与应急物资需求人数无直接函数关系，可以依据专家经验大致估计；消耗品与疫情影响人数、持续天数等有较大关系，各类应急物资每日需求量可以按照式（3-26）估算。

$$M_{it} = \alpha_{it} \times P_{it} = \alpha_{it} \times (Q_{it} + I_{it} + A_{it}) \qquad (3-26)$$

其中：

M_{it}——i 类应急物资每日需求量；

α_{it}——i 类应急物资在第 t 天的需求系数；

P_{it}——i 类应急物资在第 t 天的需求人数；

Q_{it}——i 类应急物资在第 t 天的需求隔离者人数；

I_{it} ——i 类应急物资在第 t 天的需求确诊病例人数；

A_{it} ——i 类应急物资在第 t 天的需求无症状感染者人数。

根据公开信息，新冠病毒感染者被分为确诊病例和无症状感染者，确诊病例又包括轻型、普通型、重型和危重型患者；隔离管控分为集中隔离与居家隔离，集中隔离对象主要为密切接触者。考虑空间分布关系，普通型、重型和危重型患者分布在定点医院，轻型患者和无症状感染者分布在方舱医院，密切接触者分布在集中隔离点，其他隔离者分布在居民区，各地点主要人群不同会导致需求种类和数量上的差异。因此，定点医院（H）、方舱医院（F）、集中隔离点（J）和居民区（L）的 i 类应急物资每日需求量如式（3-27）至式（3-30）所示。

$$M_{it}^{H} = \alpha_{it} \times (1 - k_1) \times A_{it} \tag{3-27}$$

$$M_{it}^{F} = \alpha_{it} \times (k_1 \times A_{it} + I_{it}) \tag{3-28}$$

$$M_{it}^{J} = \alpha_{it} \times k_2 \times Q_{it} \tag{3-29}$$

$$M_{it}^{L} = \alpha_{it} \times (1 - k_2) \times Q_{it} \tag{3-30}$$

其中：

k_1 ——确诊病例的轻型比例；

k_2 ——隔离者的密切接触者比例。

第五节　上海市疫情期间蔬菜需求预测实例分析

本节以上海市新冠疫情期间蔬菜需求量为例，验证本章模型在突发公共卫生事件应急物资需求预测中的适用性。

一、案例背景介绍

2022 年 3 月，上海市新冠疫情开始蔓延，随着城市管控手段逐渐升级，上海市应急物资需求大幅度上升，其中蔬菜供应问题成为上海市政府、市民关注重点。本案例将通过 2022 年 4 月 28 日上海市疫情相关人群数据，并结合上海市蔬菜需求系数，预测 2022 年 4 月 29 日至 2022 年 5 月 28 日上海市新冠疫情定点医院、方舱医院、集中隔离点、居家隔离区蔬菜数量的需求。

二、数据处理

为体现模型预测结果的合理性，收集实际数据作为预测结果的对比组。收集上海市卫生健康委员会在 2022 年 4 月 28 日至 2022 年 5 月 28 日发布的疫情数据，包括每日新增本土新冠病毒感染确诊病例和无症状感染者、新增本土死亡病例、本土确诊病例出院、无症状感染者解除集中隔离医学观察、在沪密切接触者等，处理得到现存确诊病例、无症状感染者、痊愈者、死亡者、隔离者、易感者。

查询相关文献资料，并结合上海市新冠疫情实际数据进行训练仿真，确定上海市应急物资需求人数预测相关参数如表 3-6 所示。

表 3-6　　　　上海市应急物资需求人数预测相关参数

参数及定义	取值
a 为隔离率	0.0008
b 为隔离解除率	0.07
β_1 为阳性感染者接触率	0.063

续表

参数及定义	取值
β_2 为无症状感染者接触率	0.041
ε 为无症状感染者比例	0.94
c 为转阳率	0.001
m 为阳性感染者痊愈率	0.14
n 为阳性感染者死亡率	0.0015
w 为无症状感染者痊愈率	0.14
v 为无症状感染者死亡率	0
N 为总人口数（人）	24894300
t 为蔬菜需求系数（kg/人·日）	0.29

三、结论分析

在相关参数取值确定的情况下，通过解 SQIARD 的微分方程，可得到 6 类人群关于时间 t 的函数，从而做出对各类人数的趋势估计，并与实际确诊人数进行对比，计算其误差情况。在 MATLAB 程序中输入相关参数以及初始值（2022 年 4 月 28 日上海市新冠疫情 6 类人群数量实际值），得到 2022 年 4 月 29 日至 2022 年 5 月 28 日的上海市新冠疫情定点医院、方舱医院、集中隔离点、居家隔离区蔬菜数量的预测值，并与实际值［以实际人数为标准代入空间分布式（3-27）、式（3-28）、式（3-29）和式（3-30）得到］进行对比，结果如图 3-10 所示。并将 4 个区域应急物资需求数量预测值与实际值进行误差对比，如表 3-7 所示，相关系数均大于 0.95，误差均在合理范围内。总的看来，本节所构建的模型能够在突发公共卫生事件（新冠疫情）应急物资需求预测中有较好表现。

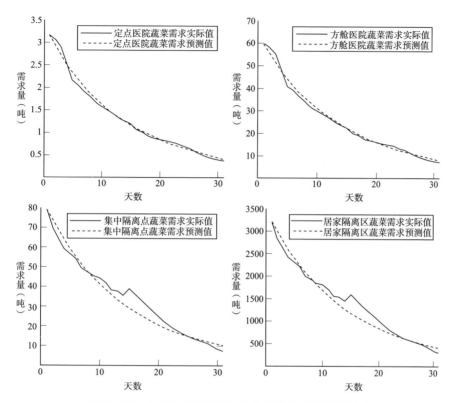

图 3-10 上海市新冠疫情应急物资需求预测结果

表 3-7 上海市新冠疫情应急物资预测结果误差分析

区域	均方根误差（RMSE）	平均绝对百分比误差（MAPE）	规划周期预测量相对百分比误差（x）	相关系数（r）
定点医院	0.0397	4.52%	-0.94%	0.9961
方舱医院	0.7534	4.52%	-0.94%	0.9961
集中隔离点	2.2063	10.65%	3.75%	0.9826
居家隔离区	89.7248	10.65%	3.75%	0.9826

第四章　突发公共卫生事件下应急物资仓储空间布局

应急物资仓储是应急物资储存、分类整理、包装、分拨及信息处理等活动开展的环节，科学合理地规划仓储节点的空间布局将极大地提高应急物流网络运行效率。本章聚焦突发公共卫生事件下应急物资仓储空间布局问题，分析了我国应急物资仓储体系的建设发展状况，提出了突发公共卫生事件下面向多灾情的应急物资储备库层级结构及评价方法，构建了满足应急需求的成本最小化选址布局模型，并探讨了应急物资仓储网络变化情景下的物资分配方案，使得应急物资仓储空间布局兼顾物资调配需求和可靠性。

第一节　应急物资仓储空间布局的主要内容

一、应急物资仓储节点

应急物资仓储节点是应急物资仓储功能实现的场所，是为了快速响应突发事件造成的物资短缺而预先进行规划和设置的仓库，能够满足突发性物资短缺需求、供应必要的应急物资、减少重大的经济财产损失、保障人民群众的基本生活稳定。简言之，应急物资仓储节点是为了应对突发事件，保障人员的医疗救治及基本生活需求，在平时有计划建设的一定数量的存储应急物资的仓库。

应急物资仓储节点布局的规划水平和建设质量直接影响应急效率，高水平的应急物资仓储选址布局和建设，不仅能够促进应急物资的快速调配，还能够确保应急物资的高效补给，大幅度提高应对突发事件的能力，降低对正常生产、生活以及经济发展的负面影响。

应急物资仓储节点类型众多，包括中央及地方的各级应急物资储备库、临时征用的社会仓库、组织单位后勤储备点、应急物资社会捐助点，以及所有与应急物资有关的生产供应点等，其中仓储是核心功能。应急物资储备库是储备有覆盖应急准备、紧急事件预防、应急响应和灾后恢复等全过程的应急物资的仓库，能够有效支持国家应对各种灾难、保护各种设施，减少人员伤亡和财产损失，在应急物资仓储节点体系中具有突出核心地位。本章后续的选址布局和动态调整方案也是以应急物资储备库作为重点研究对象。此外，在遇到大规模突发公共卫生事件时，临时征用的社会仓库、组织单位后勤储备点、应急物资社会捐助点以及应急物资的供应商仓库等均可作为应急物资供应点。这些节点具有社会性，物资来源广泛，能够在尽可能短的时间内补充应急物资，保障受灾地区的应急物资供应。

二、应急物资仓储布局规划的特点及目标

（一）应急物资仓储布局的含义

应急物资仓储布局是指对各个仓储节点在空间的位置安排，是一种计划性、指导性和预见性的安排，受到需求分布、交通条件、

配套环境等因素的影响，重点解决应急物资仓储节点选址和彼此间的功能协调问题。应急物资仓储节点的布局对空间有选择性，只有当节点对空间的特殊要求与特定空间所提供的软硬环境相适应时，应急物资仓储布局才达到理想的状态，才能促进应急物流网络的健康发展。

应急物资仓储布局规划既要充分考虑应急需求，也要充分考虑经济发展、交通基础设施等软硬环境状况，通过建立全国以及各区域应急物资仓储层次分类、选址布局方案，形成规模适当、相互配合、响应迅速的应急物资仓储网络，为高效、有序应对各类突发事件提供可靠保障。

（二）应急物资仓储布局规划的特点

1. 预测性

由于应急需求的突发性和不确定性，应急物资仓储是基于对应急需求的预测做出的有计划、有目的的应急物资存储活动，具有预测性的特点。通过收集与突发公共卫生事件发生概率及应急需求规模等具有相关性的指标数据，可以判断应急需求的可能分布情况，据此规划应急物资仓储布局，以实现应急需求的最大覆盖，提高应急资源规划的有效性。

2. 系统性

从全国范围来看，应急物资仓储节点具有不同的层级划分，承担不同的功能，并且服务于不同的区域，分布广泛，数量众多。为了在保障应急响应可靠性的同时尽量压缩应急物资仓储设置的成本，需要系统性规划不同区域的应急物资仓储层级和数量，实现各个应急物资仓储节点的分工协同、高效配合。

3. 集约性

应急物资仓储布局规划时应考虑到集约性的特点。一方面集约性意味着规模效应，应急物资仓储集约设置，便于在应急响应过程中的规模化运输和集中配送，能够提高应急物流的效率、降低成本；另一方面，集约性意味着仓库管理的便捷化，有利于实现对各类应急物资的统筹分配和统一调度，可以在减少应急物资仓储节点数量的同时提高应急物资仓储质量。

4. 动态性

突发公共卫生事件发生后，随着时间推移影响的区域可能发生改变，在应急响应过程中新的需求将不断产生。突发公共卫生事件的发生可能产生无法预知的破坏，包括仓储设施关停、运输线路堵塞等，导致部分应急物资仓储设施和运输线路失效。因此，应急物资仓储布局规划过程中需要考虑到区域、设施、人员在应急活动中的可能变化，能够根据事件可能产生的次生影响调整布局，从而能够动态优化应急物资仓储资源配置，使应急物资仓储布局结果更具可靠性。

（三）应急物资仓储布局规划的目标

应急物资仓储布局规划的目标在于形成一个需求覆盖全、响应速度快、响应物资足、总体成本低的应急物资仓储布局网络，如图 4-1 所示。

1. 需求覆盖全

应急物资仓储布局规划最根本的目标是在突发公共卫生事件发生

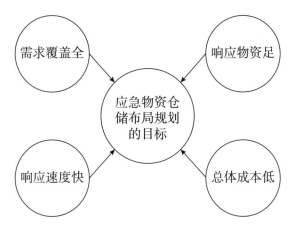

图 4-1　应急物资仓储布局规划的目标

时，保障居民的救治、生活需求。为此，我国所有具有常住人口居住的地区均需要在应急物资储备库的覆盖范围内。其中突发公共卫生事件发生风险较高的地区应在多个应急物资仓库的覆盖范围内，以确保突发公共卫生事件发生时应急物资供应的可靠性。此外，需求覆盖范围还需要考虑到一定的时空要求，根据《"十四五"国家综合防灾减灾规划》相关要求，灾害发生 12 小时内受灾人员基本生活得到有效保障。因此，每个救灾物资储备库的覆盖范围就是 12 小时内能够响应需求并将应急物资送达的区域。

2. 响应速度快

除有效覆盖所有具有常住人口居住的地区外，应急物资仓库应尽可能设置在突发公共卫生事件发生风险较高的地区，如人口密集城市附近、人流量大的旅游城市等，以实现对于突发公共卫生事件的快速响应，争分夺秒启动应急措施，实现突发公共卫生事件造成的总损失最少。

3. 响应物资足

对于重点地区，除了可以布局多个应急物资仓库对其进行重复覆盖之外，为应对出现极端灾害，各个应急物资仓库可以在预计的应急物资储备量的基础上额外储备一定数量的应急物资。除应急物资的数量外，面对不同类型的突发公共事件，其需要的应急储备物资类型区别较大，应科学合理地预测各应急物资仓库覆盖范围内可能发生的突发公共事件种类，进而储备对应类型的应急物资，实现不同应急物资仓库的分工协同。

4. 总体成本低

尽管应急活动具有弱经济性特征，但在进行计划性布局规划时，依然需要尽可能优化成本、提高资金利用率。因此应充分利用好现有存量物流资源，对于需要新建的应急物资仓库要从全局出发，科学合理地进行选址，并设计新建库的等级与储备物资的数量。库与库之间要协同运作，科学分工，最终使得应急物资仓库建设及日常维护的总成本尽可能低。

三、应急物资仓储布局规划的研究内容

应急物资仓储布局规划旨在形成一套层级结构完整、内部分工科学合理、应急处理能力可靠的应急物资仓储布局体系。为此，应当从全局谋划，实现整体应急物资供给能力与布局范围内各地区突发公共卫生事件应急物资需求期望间的平衡，其布局规划主要包括以下几个方面的研究内容。

（一）应急物资仓储层次分类

应急物资仓储层次分类主要是确定应急物资仓储网络的层级结构及其特征。具体包括层级划分，各层级应急物资仓库的比例以及

各层级间仓库的协同合作关系等。通过这样的方式，使得网络中各应急物资仓库的分工更为合理，且对于突发公共卫生事件应急物资需求期望较大、自身发展基础较好的地区承担更多的应急物资储备责任。

（二）应急物资仓储选址布局条件综合评价

应急物资仓储选址布局条件评价主要包括分析应急物资仓库的理想空间位置所需的外部软硬环境条件，构建应急物资仓储选址综合评价指标体系，设计综合评价方法计算不同地区综合能力评价得分，从而结合各地区实际情况计算出各层级应急物资仓库承载地区的备选集。

（三）应急物资仓储布局体系方案设计

应急物资仓储布局体系方案设计是根据已经设计出的应急物资仓库层级划分情况以及各层级的选址布局条件，结合各地区之间的通达条件、突发公共卫生事件应急物资的需求情况以及各层级应急物资仓库的覆盖范围，综合设计应急物资仓储布局方案。该方案符合前文提出的研究目标，其中具体应包括各个层级应急物资仓库的数量、位置，以及各应急物资仓库间的分工协同情况。

四、应急物资仓储布局规划的技术路线

按照上述主要研究内容，本章采用定量与定性相结合的分析方法对突发公共卫生事件下应急物资仓储布局规划的技术路线进行分析研究，如图4-2所示。

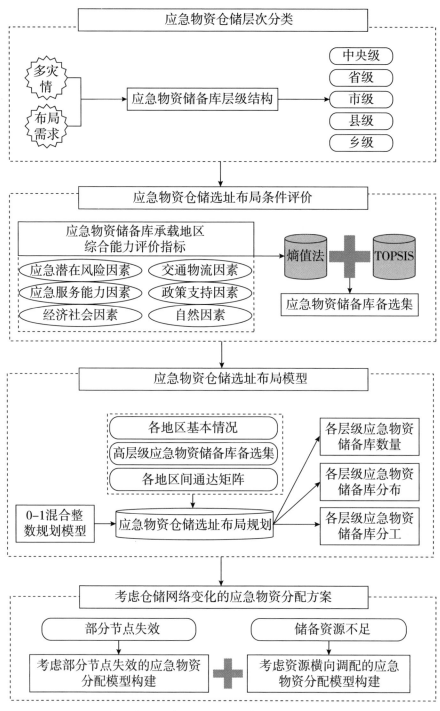

图 4-2 突发公共卫生事件下应急物资仓储布局规划的技术路线

第二节　我国应急物资仓储体系的
建设发展状况

新冠疫情对经济发展、社会运行和人民生活产生了众多影响，也对我国应急物资仓储体系建设提出了新挑战新要求。本节回顾了我国应急物资仓储体系的发展历程，介绍了各地应急物资储备仓库的布局及规模现状，并分析了我国应急物资仓储体系存在的问题。

一、我国应急物资仓储体系的发展历程

我国应急物资仓储体系主要体现为应急物资储备的形式。应急物资储备是国家储备的重要组成部分，是国家应急管理体系建设的重要内容，是有效应对突发事件、防范化解重大风险的重要支撑。目前，我国已经建立了救灾储备物资管理制度，在全国构建了救灾储备仓储网络。根据我国物资储备体系管理机构的调整变化，可以将我国应急物资仓储体系的发展历程主要划分为体系初建、品类拓展、分级布局、体系完善四个阶段。

（一）体系初建阶段：20世纪50年代初

20世纪50年代初是我国应急物资仓储体系的初建阶段，国家战略物资储备体系雏形初现。1951年，原政务院财政经济委员会和财政部首次提出建立国家物资储备的建议。1952年，陈云等在向中央作的《一九五二年财经工作的方针和任务》的报告中提出"城市人

口将逐年增加，政府还须有粮食储备（备荒及必需的对外贸易）"，明确提出粮食储备的必要性。1953年，原国家物资储备局作为政务院的一个独立局正式挂牌成立，下设有5大区（东北、西北、中南、西南、华东）分局，受国家物资储备局和大区财政经济委员会（或计划委员会）双重领导，自此我国有了专门的国家战略物资储备机构。

（二）品类拓展阶段：20世纪50年代中至20世纪70年代末

20世纪50年代中至20世纪70年代末是我国应急物资仓储体系的品类拓展阶段，物资储备仓库建设快速推进，物资储备的种类和数量不断丰富。20世纪50年代中期起，我国参照苏联的模式开始建立国家物资储备体系，陆续建立了粮食、药品、救灾物资、外汇、土地、石油等储备制度。原国家物资储备局设立之后，国家从年度财政预算中调拨专款资金用于建设储备仓库、充实物资储备，从而在短时间内提高了我国物资储备的种类和数量。我国传统物资储备种类从最初的轮胎、橡胶、钢材、棉布等几种物资，拓展到包含金属制品、铁合金、有色金属、火炸药、油料、麻袋、纸浆、煤炭、食盐等数十种储备物资，数量规模也由建立初期的几万吨发展到上百万吨。

（三）分级布局阶段：20世纪80年代初至20世纪末

20世纪80年代初至20世纪末是我国应急物资仓储体系的分级布局阶段，经历了改革开放，我国战略物资储备管理体系逐渐趋稳，应急物资储备制度正式建立。1980年以来，我国确立了自上而下较为集中的国家物资储备局、各省储备物资管理局（办事处）及基层储备仓库的三级结构，初步形成以重要生产原材料、军民通用物资为主，垂直领导紧密联系的国家战略储备仓库网络。1998 年张北地震后，民政部、财政部颁布了《关于建立中央级救灾物资储备制度的通知》（以下简称《通知》），标志着我国应急物资储备制度的正式建立。根据《通知》要求并结合我国区域灾害特征和救灾工作的需要，在沈阳、天津、郑州、武汉、长沙、广州、成都、西安等地设立了 8 个中央级应急物资储备仓库。通过中央级应急物资储备库，中央及时安排了大量物资帮助各地紧急转移安置受灾群众，在应对新疆巴楚—伽师地震、淮河渭河水灾救灾工作中发挥了重要作用。然而当时的应急物资储备库的布局主要依据灾害发生分布情况进行，而且受资金等因素的限制，储备库数量不足，规模和能力也相对较小。

（四）体系完善阶段：21 世纪至今

进入 21 世纪，我国应急物资仓储体系进一步完善，各级应急物资储备库的建设也得到进一步加强。2015 年 8 月 31 日，民政部等 9 部委（局）联合印发《关于加强自然灾害救助物资储备体系建设的指导意见》，其中明确指出，要推动建立符合我国国情的"中央—省—市—县—乡"五级救灾物资储备体系。2018 年，中共中央印发了《深化党和国家机构改革方案》，国家粮食和物资储备局组建成立，整合集中了原国家粮食局、国家发展和改革委员会、民政部等部门的储备管理职责，根据国家储备总体发展规划和品种目录，组织实施国家战略和应急储备物资的收储、轮换、管理等，进一步加强了国家储备的统筹规划，构建了统一的国家物资储备体系，提升了国家物资储备应对突发事件的能力。

截至目前，我国应急物资仓储体系建设取得了一系列成就，主要包含五个方面：一是中央应急物资储备布局逐步优化，中央应急物资储备库增加到113个，实现31个省区市全覆盖。二是中央应急物资储备品种不断丰富，共增加到165种，新增采购了家庭应急包、冲锋舟、隔离带挖掘机、侦察无人机等储备物资。三是中央应急物资储备数量大幅增加，中央应急物资储备规模增加到44.58亿元。四是地方应急物资保障能力明显增强，从2020年开始开展了全国应急物资储备清查工作，全国各省、市、县不断推进应急物资储备库建设，储备了大量的地方应急物资。五是应急物资保障信息化水平显著提升，应急管理部开发建设了应急资源管理平台，并且在全国推广应用，可以实现全国各级应急物资的实时查询和在线调度，为动态掌握应急物资信息、科学快速调拨，提供了技术支撑。2020年新采购的中央应急物资全部实行"一物一码"，可以实现应急物资生产、储备、调拨、发放各个环节的动态监控与全程追溯。

未来规划方面，2022年6月19日，国家减灾委员会印发《"十四五"国家综合防灾减灾规划》，提出"在中央层面，改扩建现有12座中央生活类救灾物资储备库和提升35座通用储备仓库，建设华北、东北、华东、华中、华南、西南、西北综合性国家储备基地，保持30大类440余个品种的中央应急物资储备规模。在地方层面，结合实际需求和建设条件，改扩建现有应急物资储备库，解决应急物资保障紧迫需求，重点完善中西部经济欠发达灾害高风险地区应急物资储备体系"，为完善我国应急物资储备体系进一步提出了具体要求和发展目标。

二、我国应急物资储备库的建设现状

(一) 空间分布现状

我国目前有多种类型的储备库，其中网络规模最大的应急储备库体系是救灾物资储备库体系。自 1998 年我国正式建立中央级救灾物资储备制度以来，经过 20 多年的努力，目前我国基本建成中央、省、市、县、乡五级救灾物资储备体系。同时，国家出台了一系列的储备库建设标准，各级救灾物资储备库建设一直在不断推进和完善。目前建设完成的 20 个中央级救灾物资储备库分布在北京、天津、沈阳、哈尔滨、合肥、福州、郑州、武汉、长沙、南宁、成都、昆明、拉萨、渭南、兰州、格尔木、西宁、乌鲁木齐、喀什和重庆等地。

各中央级救灾物资储备库存储着大量的价值较高、生产周期较长的中央救灾物资，如各种类型的帐篷、照明设备等，同时根据各个地区实际的经济情况和常见的灾害类型特点不断扩充储备物资的品种。中央救灾物资储备有三大类 17 个品种，包括帐篷、棉大衣、棉被、睡袋、折叠床、折叠桌椅、简易厕所、场地照明设备、苫布、炉子和应急灯等救灾物资。

与此同时，各省（自治区、直辖市）、地市和多数多灾、易灾县均响应国家号召设立了救灾物资储备库。相关资料显示，全国已建有省级库和省级分库 60 个，平均每个省份 2.6 个；地级库 240 个，平均每个地级市 0.8 个；县级库 2006 个，平均每个县级 5.2 个，可以基本保障自然灾害发生 12 小时之内受灾群众基本生活得到初步救助，极大地提高了应急物资储备保障能力。

（二）规模现状

2009 年我国出台了《救灾物资储备库建设标准》，该标准对中央级、省级、市级和县级的救灾应急物资储备库规模进行了具体的规定。该标准沿用至今，对统一我国各层级救灾应急物资储备库建设规模起着至关重要的作用，具体情况如表 4-1 所示。其中各层级救灾物资储备库各类用房建筑面积如表 4-2 所示。

表 4-1　　　　　　　救灾物资储备库规模分类

规模分类		紧急转移安置人口数（万人）	总建筑面积（平方米）
中央级 （区域性）	大	72～86	21800～25700
	中	54～65	16700～19800
	小	36～43	11500～13500
省级		12～20	5000～7800
市级		4～6	2900～4100
县级		0.5～0.7	630～800

表 4-2　　　　　　救灾物资储备库各类用房建筑面积　　　　单位：平方米

规模分类		库房	生产辅助用房	管理用房	附属用房
中央级 （区域性）	大	19563～23368	616	1015～1093	563～609
	中	14673～17661	616	856～933	543～552
	小	9781～11684	462	678～750	506～518
省级		3985～6641	308	422～495	292～304
市级		2213～3321	277	228～285	179～192
县级		394～552	77	73～95	85

三、我国应急物资仓储布局存在的问题

我国目前储备库的建设主要针对自然灾害类突发公共事件，从新冠疫情防治的现实情况来看，我国应急物资仓储布局暴露出众多问题。

（一）应急物资储备库分级分布有待优化

尽管在救灾物资储备库建设方面我国基本形成了五级结构，但是总体看来，我国应急物资储备库的层次结构仍不够清晰，具体表现在多种类型的应急物资储备库的统筹规划比较缺乏，对于不同层级仓库在数量、规模、覆盖范围等方面的比例关系缺乏清晰明确的界定，以及对于各层级仓库的数量缺乏科学的判断。根据应对的灾害类型和储备的物资差异，我国建设了储备生活类救灾物资的救灾物资储备库、储备消防救援装备的应急物资储备库、储备地震地质救援装备的地震应急搜救物资储备库、储备防汛抗旱物资的防汛抗旱物资储备库，以及储备森林防火物资的森林防火物资储备库等多种类别的应急物资储备仓库。需要从宏观层面，界定我国应急物资储备库的层次分类，构建评价指标体系，科学评判各级应急物资储备库的选址布局条件。该项工作具有系统性和复杂性，受多种评价因素的综合影响。此外，在空间分布上，我国应急物资储备库较多集中在中东部地区，西部多灾易灾地区的布局不足，这种分布的不合理与不均衡一定程度上影响了快速响应职能的发挥。

（二）缺乏应对新型风险的应急物资储备库

长期以来，我国应急物资储备库的建设聚焦于应对战争、自然

灾害等传统风险，储备物资类型较为单一，且大多是生命保障物资，如粮食、常备药品、饮用水、帐篷等，缺乏对新型风险的考虑，如医疗用品的储备匮乏。此次新冠疫情发生初期，医用防护服、口罩等物资储备存量短缺、应急生产潜力缺乏等现象突出，这些情况表明，我国面向重大传染性公共卫生事件等新型风险的准备明显不足。此外，历史经验表明，多类型突发事件叠加的情形时有发生，例如，洪涝、地震等自然灾害的发生伴随着多类型的次生灾害，突发公共卫生事件暴发的同时面临地区供电紧张问题等，而我国应对该种多灾情叠加场景的应急物资储备库的建设较为薄弱，亟待统筹优化。

（三）应急物资储备库布局网络可靠性不足

目前，我国应急物资储备库布局网络的可靠性不足，即当有储备库由于受到突发事件影响而失效时，及时动态地调整应急物资供需节点的对应关系的能力较差。这将导致如果部分应急物资储备库失效，其原来服务的应急需求点的需求将不能被及时满足，会使得应急服务能力大打折扣，对人们的正常生活造成影响。面向突发公共卫生事件的应急场景，由于疫情导致部分道路通行受限，进一步使得相应地区的应急物资储备库无法发挥作用的情况是可能发生的。为有效应对该种情况，加强对于应急物资储备库布局调整的方案研究，建立动态调整应急物资储备网络中供需节点对应关系的方法论是十分必要的。

宁可备而不用，不可用时无备。应急物资储备是实施预防备用、紧急救助、灾后恢复、安置灾民的基础，应急物资储备既是一种社会性储备，更是系统化工程，事关人民群众生命财产安全。在明确我国应急物资仓储布局现状问题的基础上，针对突发公共卫生事件，同时考虑到多灾情的叠加影响，必须加快完善我国应急物资仓储空间布局网络，补短板、强保障。

第三节　突发公共卫生事件下面向多灾情的应急物资仓储层次分类

从突发公共卫生事件发生的规律看，不同区域、不同规模的事件对应急物资的需求有所不同，在应急处理级别、所需设施设备种类、应急物资数量和物资调运途径等方面均应有所体现，这就要求应急物资仓储应具有层次性，以更好地服务于各类应急需求。

一、突发公共卫生事件下面向多灾情的仓储节点布局需求

本节聚焦于突发公共卫生事件，研究相应的应急物资仓储布局问题。考虑到我国多灾情的现实背景和集约化的布局目标，需要结合各类存量应急储备节点资源，统筹优化突发公共卫生事件下的应急物资储备库空间布局。

（一）多灾情的现实背景

当前人们面对的安全风险日益增加，多类型突发事件叠加的情形时有发生。例如2022年，成都就经历了多灾情叠加的困境，在高温、干旱、疫情、暴雨等多种灾害的肆虐之下，突发公共卫生事件的风险

防控难度猛增。在这种多灾害相互交织叠加放大的情形下，灾害链条不断延长，脆弱性、衍生性、复杂性不断变强，考虑单一风险的节点布局可能会造成资源浪费。

（二）集约化的布局考量

聚焦于突发公共卫生事件，相应的应急物资储备库的建设目标是满足各地区在突发公共卫生事件影响下对于应急物资的需求，使得整个应急物流体系正常运转。而应急物资储备库的建设和日常管理运营都需要成本支出，因此，应急物资储备库的布局也应适当考虑经济性，即在又快又好地完成应急任务的前提下，尽可能节约成本、减少浪费。从集约化布局的角度考虑，研究突发公共卫生事件下应急物资储备库的布局应结合其他类型应急物资储备库的现实基础，在考虑存量设施的基础上，分析突发公共卫生事件下面向多灾情的应急物资需求条件和供给条件，从而设计突发公共卫生事件下面向多灾情的应急物资仓储布局的系统方案。

二、突发公共卫生事件下面向多灾情的应急物资仓储层级

遵循我国救灾物资储备库中央、省、市、县、乡共五级的层级划分方式，本节针对突发公共卫生事件下面向多灾情的应急物资储备需求，建议构建以中央级应急物资储备库为龙头，省级应急物资储备库、市级应急物资储备库为骨干，县级应急物资储备库、乡级应急物资储备库为补充的储备格局，构建协同高效的应急物资仓储层次体系，如图4-3所示。

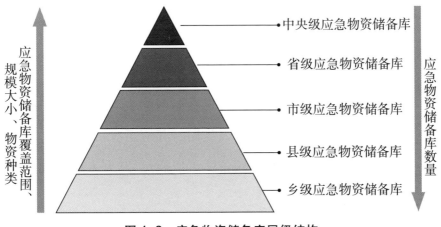

图 4-3　应急物资储备库层级结构

（一）中央级应急物资储备库

中央级应急物资储备库是应急物资仓储网络中等级最高的储备库。参考《救灾物资储备库建设标准》中紧急转移安置人口数规模，在特别严重的突发公共卫生事件发生时，中央级应急物资储备库应至少可以满足 36 万人的应急物资需求，规模较大的储备库可以满足 80 万人以上的应急物资需求（其余层级应急物资储备库的服务人数依据相同）。

在物资储备上，中央级应急物资储备库不仅要求储备的物资数量可以满足较多人的基本需求，同时在物资种类上也应尽可能齐全，能够满足突发公共事件后救援过程中多方面的需求。此外，在外部交通环境上，中央级应急物资储备库选址需要邻近高速公路出入口，如果有条件可设置铁路专用线。场地条件必须满足紧急情况下直升机的起降要求，或直接衔接民用机场，以在突发公共事件救援需求发生时可以迅速以航空投放方式将所需物资调配至突发公共事件发生地区。此外，中央级应急物资储备库对其布局承载地区的经济、物流基本发展情况以及发生突发公共事件的潜在风险水平也有较高的要求。

（二）省级应急物资储备库

省级应急物资储备库是应急物资仓储网络中等级次高的储备库，在较为严重的突发公共卫生事件发生时，其应至少可以满足 12 万人的应急物资需求，规模较大的储备库可以满足 20 万人以上的应急物资需求。

在物资储备上，省级应急物资储备库不仅要求储备的物资数量可以满足较多人的基本需求，同时在物资种类上也应尽可能齐全，能够满足突发公共事件后救援过程中多方面的需求。此外，在外部交通环境上，省级应急物资储备库选址需要靠近高等级公路，如有条件应邻近高速公路出入口或铁路场站。场地条件必须满足紧急情况下直升机的起降要求，或直接衔接民用机场，以在突发公共事件救援需求发生时可以迅速以航空投放方式将所需物资调配至突发公共事件发生地区。此外，省级应急物资储备库对其布局承载地区的经济、物流基本发展情况以及发生突发公共事件的潜在风险水平也应有一定的要求。

（三）市级应急物资储备库

市级应急物资储备库是应急物资仓储网络中的中等层级储备库，在一般等级的突发公共卫生事件发生时，其应至少可以满足 4 万人的应急物资需求，规模较大的储备库可以满足 6 万人以上的应急物资需求。

在物资储备上，市级应急物资储备库要求储备的物资数量可以满足一定人数的基本需求。在外部交通环境上，市级应急物资储备库选址需要保证衔接一定数量的高速公路、国道等较高等级公路，尽量保证可以实现铁路运输的接驳。如有条件，场地条件可建设符合紧急情况下直升机的起降要求，或直接衔接民用机场，以在突发公共事件救援需求发生时可以迅速以航空投放方式将所需物资调配至突发公共事件发生地区。

（四）县级应急物资储备库

县级应急物资储备库主要服务于周围地区内突发公共卫生事件发生时的救援工作，其储备能力可一次性救援 5000 人以上，在重大突发公共卫生事件发生时，该储备库应与高层级应急物资储备库密切配合，保证在高层级应急物资储备库中的应急物资到达本地前物资的供应。在外部交通环境上，县级应急物资储备库应至少与一定数量的省道、乡道连接，以实现应急物资的快速调配。

（五）乡级应急物资储备库

乡级应急物资储备库应保有可以满足数百人需求的应急物资，主要用以应对各类常见的突发公共卫生事件。在重大突发公共事件发生时，该储备库同样应与高层级应急物资储备库密切配合，保证在高层级应急物资储备库中的应急物资到达本地前物资的供应。在外部交通环境上，乡级应急物资储备库必须衔接一定数量的公路，保证在突发公共事件发生时仓库内的应急物资能够迅速集散。

从应急物资仓储网络的整体来看，各层级节点间应当相互配合并明确分工，同时结合其所服务地区实际对于应急物资的需求期望，建设不同等级的应急物资储备库，以实现需求的全覆盖以及成本的最小化。

三、突发公共卫生事件下面向多灾情的应急物流节点备选集评价

为筛选出各层级应急物资储备库承载地区备选集，需要进行 2 项工作：一是设计合适的指标组成综合能力评价指标体系；二是通过适当的综合评价模型对各地区综合承载能力进行评价。

（一）构建应急物资储备库承载地区综合能力评价指标体系

突发公共卫生事件下应急物资仓储布局需考虑的因素主要包括地区灾害潜在发生风险和整体发展水平等。评价指标的选取应考虑各因素的内涵及其相互关系，确保相互独立、代表广泛、数据可得，保证评价效果的科学性和有效性。本书共设置各地区应急潜在风险因素、应急服务能力因素、经济社会因素、交通物流因素、政策支持因素 5 项一级指标，并细化为 22 项二级指标，具体指标设置情况如表 4-3 所示。

表 4-3　　　　面向多灾情叠加的应急物资储备库
承载地区综合能力评价指标

一级指标	二级指标	针对灾害类型	指标类型
应急潜在风险因素	近 5 年突发公共卫生事件发生次数	突发公共卫生事件	正向指标
	单次突发公共卫生事件涉及最多人数	突发公共卫生事件	正向指标
	自然灾害风险评分	自然灾害	逆向指标

一级指标	二级指标	针对灾害类型	指标类型
应急服务能力因素	医疗卫生机构床位数	突发公共卫生事件	正向指标
	医疗卫生机构技术人员数	突发公共卫生事件	正向指标
	一般公共预算支出	综合型	正向指标
	第二产业产值	综合型	正向指标
	规模以上工业企业单位数	综合型	正向指标
	应急预警系统水平评分	综合型	正向指标
	应急预案完善度评分	综合型	正向指标
经济社会因素	地区生产总值	综合型	正向指标
	区域面积	综合型	正向指标
	常住人口密度	综合型	正向指标
	社会消费品零售总额	综合型	正向指标
	移动电话用户数	综合型	正向指标
交通物流因素	公路网密度	综合型	正向指标
	高速公路数	综合型	正向指标
	铁路货运站数	综合型	正向指标
	民用运输机场数量	综合型	正向指标
	A 级物流企业数量	综合型	正向指标
政策支持因素	国家布局规划导向	综合型	正向指标
	地方布局规划导向	综合型	正向指标

根据针对的灾害类型，各指标可以分为针对突发公共卫生事件的指标、针对其他灾情的指标和综合型指标三类；根据指标数值大小与综合能力优劣的关系，各指标可以分为正向指标和逆向指标两类。

1. 应急潜在风险因素

应急潜在风险因素一级指标中包括近5年突发公共卫生事件发生次数和单次突发公共卫生事件涉及最多人数2个针对突发公共卫生事件的二级指标，以及自然灾害风险评分1个针对自然灾害的二级指标。设置近5年突发公共卫生事件发生次数指标，用于衡量地区突发公共卫生事件的发生概率。设置单次突发公共卫生事件涉及最多人数指标，用于衡量地区突发公共卫生事件的风险大小。这前两项指标均是正向指标，其数值越高，表示产生公共卫生事件应急物资需求的可能性越大，该地区越适合布局高层级应急物资储备库。设置自然灾害风险评分指标，用于衡量地区自然灾害潜在的发生概率及风险大小。该指标是逆向指标，其数值越高，表示由于发生自然灾害导致道路封锁、应急物资无法被及时调出的可能性越大，该地区越不适合布局高层级应急物资储备库。

2. 应急服务能力因素

应急服务能力因素一级指标中包括医疗卫生机构床位数和医疗卫生机构技术人员数2个针对突发公共卫生事件的二级指标，包括一般公共预算支出、第二产业产值、规模以上工业企业单位数、应急预警系统水平评分、应急预案完善度评分5个综合型的二级指标。设置医疗卫生机构床位数、医疗卫生机构技术人员数指标，用于衡量地区的医疗水平；设置一般公共预算支出指标，指地方一般公共服务、公共安全、医疗卫生等支出的总和，用于衡量地区在应急服务方面的投入；设置第二产业产值、规模以上工业企业单位数指标，用于衡量地区的生产能力，反映当地应急物资供给能力；设置应急预警系统水平评分、应急预案完善度评分指标，用于衡量地区的应急响应能力。这7项指标均为正向指标，其数值越高表示该地区应急服务能力越强，越适合布局高层级应急物资储备库。

3. 经济社会因素

经济社会因素一级指标中包括地区生产总值、区域面积、常住人口密度、社会消费品零售总额和移动电话用户数共5个综合型的二级指标。对于经济发展情况而言，地区经济水平越发达，可以用于应急物资储备库日常运营、维护的资金越充足；另外，经济发达地区若发生传染性疾病导致停产停工，其产生的经济损失更大，因此应尽快将应急物资送达此地，控制事件发展。设置地区生产总值指标，用于衡量该地区经济发展水平；设置常住人口密度指标，用于衡量地区潜在应急需求的迫切程度；设置区域面积指标，一定程度上影响应急储备库建设可用面积；设置社会消费品零售总额指标，用于衡量地区消费能力，反映物资需求水平；设置移动电话用户数指标，该指标是通信业务发展的综合性总量指标，用于衡量地区信息化活跃程度，反映应急信息公布和传递的便利性。这5项指标均为正向指标，其数值越高表示该地区经济社会发展基础越好，越适合布局高层级应急物资储备库。

4. 交通物流因素

交通物流因素一级指标中包括公路网密度、高速公路数、铁路货运站数、民用运输机场数量和A级物流企业数量5个综合型的二级指标。为保证应急物流网络高效运转，高层级物资储备库承载地区应具备较高水平的交通、物流发展基础。由于应急物资对于时效性要求较高，着重考虑公路、铁路和航空三种运输方式，设置公路网密度、高速公路数、铁路货运站数、民用运输机场数量4个指标体现各运输方式相关基础设施的发展水平，而A级物流企业数量指标则是体现应急物资潜在的物流服务能力。以上5项指标均为正向指标，其数值越高表示该地区交通与物流发展基础状况越好，越适合布局高层级应急物资储备库。

5. 政策支持因素

政策支持因素一级指标中包括国家布局规划导向和地方布局规划导向共2个综合型的二级指标。应急救援工作由政府主导，因此在进行应急物资储备库布局时应充分考虑相关政策。设置国家布局规划导向指标，根据国家规划中是否提及在该地区布局应急物资储备库进行评分，用于体现国家对该地区应急物资储备的重视程度。设置地方布局规划导向指标，根据地方规划中是否提及在该地区布局应急物资储备库进行评分。2个指标均为正向指标，评分越高，表明国家和地方对此地发展应急物资储备的重视程度越高，越有利于布局高层级应急物资储备库。

（二）基于熵权TOPSIS法的应急物资储备库承载地区综合能力评价

为量化各个地区规划建设应急物资储备库的发展条件，本节使用熵值法对评价指标赋予权重，在此基础上，使用TOPSIS方法计算各地区的综合能力分数。

1. 基于熵值法的评价指标权重计算

针对既定的应急物资储备库布局区域发展条件的评价指标，根据基于熵值法赋权的 TOPSIS 法对各项指标综合能力评价得分进行实际计算。熵是物理和信息论中衡量不确定性的量，具有信息量越小、不确定性就越大、熵也越大的规律。熵值法便是根据这一原理确定各个评价指标的权重。

设有 m 个参与评价的备选地区，有 n 项评价指标。目标地区各个县市的集合记为 $\{x_i\}(i = 1, 2, \cdots, m)$，各指标数据的集合记为 $\{x_j\}(j = 1, 2, \cdots, n)$，用 x_{ij} 表示第 i 个县市的第 j 个指标的原始值。

第一步，对 x_{ij} 做正向化处理。由于各指标对结果的作用方向不尽相同，无法直接进行比较和计算，因此在确定评价指标后，需对指标进行正向化处理。

对于正向指标：

$$u_{ij} = x_{ij} \quad (i = 1, 2, \cdots, m) \tag{4-1}$$

对于逆向指标：

$$u_{ij} = \frac{\max(x_{ij}) - x_{ij}}{\max(x_{ij}) - \min(x_{ij})} \quad (i = 1, 2, \cdots, m) \tag{4-2}$$

第二步，标准化正向化矩阵。由于各指标的单位、数量级各不相同，无法直接进行比较和计算，因此对正向化后的矩阵进行标准化处理，计算第 i 个地区的第 j 个指标所占的比重 p_{ij}：

$$p_{ij} = \frac{u_{ij}}{\sum_{i=1}^{m} u_{ij}} \quad (i = 1, 2, \cdots, m; j = 1, 2, \cdots, n) \tag{4-3}$$

第三步，计算第 j 个指标的熵值 e_j：

$$e_j = -\frac{1}{\ln m} \sum_{i=1}^{m} p_{ij} \ln p_{ij} \quad (i = 1, 2, \cdots, m; j = 1, 2, \cdots, n) \tag{4-4}$$

第四步，计算第 j 个指标的差异系数 g_j：

$$g_j = 1 - e_j \quad (j = 1, 2, \cdots, n) \tag{4-5}$$

第五步，计算第 j 个指标的权重 ω_j：

$$\omega_j = \frac{g_j}{\sum\limits_{j=1}^{n} g_j} \quad (j = 1, 2, \cdots, n) \tag{4-6}$$

通过以上五步计算出的结果即为各项评价指标的权重，所有指标的权重之和为 1。

2. 代入 TOPSIS 模型确定各方案综合评价得分

TOPSIS 法为逼近理想解排序法，也常简称为优劣解距离法，是一种常用的综合评价方法，其能充分利用原始数据的信息。TOPSIS 法选择的方案不仅能保证接近正理想方案，同时又能远离负理想方案，评价结果能精确地反映各方案之间的差距，可以较好地适用于地区布局应急物资储备库条件优劣的综合评判。

第一步，构建加权矩阵。将每一个指标的权重与对应的标准化矩阵中的元素相乘，得到加权矩阵 $\boldsymbol{Y}$：

$$\boldsymbol{Y} = \left\{ \omega_j \cdot p_{ij} \right\}_{n \times m} \tag{4-7}$$

第二步，正理想解 H_j^+ 和负理想解 H_j^- 分别如下：

$$H_j^+ = \left[\max(x_{ij}) \right] \quad (i = 1, 2, \cdots, m, \ \forall j) \tag{4-8}$$

$$H_j^- = \left[\min(x_{ij}) \right] \quad (i = 1, 2, \cdots, m, \ \forall j) \tag{4-9}$$

第三步，计算各评价对象到其各自的欧氏空间距离：

$$D_i^+ = \sqrt{\sum_{j=1}^{n} \left(x_{ij} - H_j^+ \right)^2} \quad (i = 1, 2, \cdots, m) \tag{4-10}$$

$$D_i^- = \sqrt{\sum_{j=1}^{n} \left(x_{ij} - H_j^- \right)^2} \quad (i = 1, 2, \cdots, m) \tag{4-11}$$

第四步，计算各指标的综合评价得分：

$$C_{P_i} = \frac{D_i^-}{D_i^+ + D_i^-} \quad (i = 1, 2, \cdots, m) \qquad (4-12)$$

至此可得各指标的综合评价得分，按照由大到小的顺序排列各承载地区。该综合评价得分的数值越大，证明该地区的综合能力越强，越适合布局高层级应急物资储备库。

第四节　突发公共卫生事件下多级应急物资储备库选址布局优化

面对日益升级的突发公共卫生事件应急响应挑战，我国当下的应急储备体系依然无法与之高效匹配，完善应急物资储备网络迫在眉睫。本节设计了突发公共卫生事件下的应急物资储备库选址布局的基本步骤和思路方法，并构建了多级应急物资储备库选址模型，研究应急物资储备库选址布局方案。

一、思路设计

突发公共卫生事件下多级应急物资储备库选址布局可按照目标地区与规划层级确定、各层级应急物资储备库承载地区备选集计算、各地区通达矩阵计算以及模型迭代计算等步骤展开，具体思路如图4-4所示。

（一）目标地区与规划层级确定

应急物资仓储选址布局规划前需先明确规划的目标地区与规划层

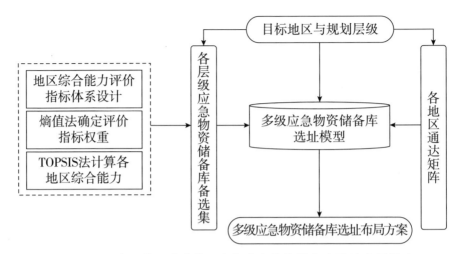

图 4-4 突发公共卫生事件下多级应急物资储备库选址布局思路

级。在地区划分方面，根据我国应急援助工作的实际情况，往往按照行政区划将省级区域划分为若干市级地区或者区县级地区，以地区集合作为应急物资储备库布局的研究对象。在规划层级方面，需要明确规划目标是中央、省、市、县、乡五级储备库节点中的哪些层级，以便后续研究的开展。

（二）各层级应急物资储备库承载地区备选集计算

在明确目标地区与规划层级后，需要对各层级应急物资储备库承载地区备选集进行计算。基于面向多灾情叠加的应急物资储备库承载地区综合能力评价指标体系，运用熵权 TOPSIS 法为各地区综合能力进行打分排序。设定不同层级应急物资储备库承载地区需要达到的综合能力评分下限，在此基础上确定各层级应急物资储备库承载地区备选集。

（三）各地区通达矩阵计算

以各目标地区间两两距离及交通连接情况为输入，按照应急物资储备库实际存储物资的时间约束，对各个地区在规定时间内是否可以彼此通达进行计算，得到各地区间在某时间限制内是否可以两两通达的 0-1 变量矩阵，作为选址模型求解时确定各待选节点覆盖范围的依据。

（四）模型迭代计算

以各层级应急物资储备库承载地区备选集、通达矩阵计算等为输入，建立突发公共卫生事件下多级应急物资储备库选址模型，以完全满足各个目标地区应急需求为前提，以多方面总成本最小为目标，通过迭代优化求解得到各层级应急物资储备库布局方案。

二、问题描述

应急物资仓储体系是由多个应急物资储备库共同构成的，各个应急物资储备库相互配合、分工协作，共同承担突发公共卫生事件下储备、供应应急物资需求的职责。该问题是在明确突发公共卫生事件下的应急物资需求条件和供给条件的基础上，对地区内多级应急物资储备库的位置、数量和类型等一系列选址布局问题进行综合决策，是涉及经济成本、社会效益、社会稳定等多因素的多目标规划问题。

三、模型构建

本节建立了基于 0-1 混合整数规划的数学模型，对多级应急物资储备库进行选址布局方案设计。应急物资储备库被划分为中央级、省级、市级、县级和乡级 5 个级别，在应急物资仓储选址布局模型里也需要有对应体现。各级别应急物资储备库具有相差较大的应急服务能力，同样在建设成本、综合能力评分排名要求等方面均有所差异。此外，由于突发公共卫生事件具有较强的不确定性，且由于各种突发意外事件可能导致应急物资储备库遭到破坏或物资救援通道被阻断的情况。因此，在进行建模时，也需要考虑到提升整体网络的可靠性，主要体现在两个方面：第一是在地区综合能力评价时引入应急潜在风险因素指标，通过该指标提升突发公共卫生事件发生潜在风险较高地区的评分，降低应急物资运输配送过程中传染性疾病传播的风险；同时减少自然灾害发生潜在风险较高地区的评分，以降低布局在此地区高层级应急物资储备库遭到破坏的风险。第二是对于突发公共卫生事件发生潜在风险较高地区应采用重复覆盖的策略，布局多个应急物资储备库覆盖该区域，以尽可能避免部分应急物资储备库遭到破坏或是地区爆发大规模突发公共卫生事件而导致该地区应急物资需求无法被满足的情况。

（一）符号定义

参数变量：

C^0——应急物资储备库的可变建设成本；

C^1、C^2、C^3、C^4、C^5 分别为中央级、省级、市级、县级、乡级应急物资储备库的固定建设成本；

G_i —— i 地的综合能力评分；

ϕ ——预计使用年限；

σ ——预计净残值率；

s ——单位距离和运量下的运价；

x_{ij} ——i 地至 j 地的距离；

W_{ij} ——i 与 j 在规定的时间限制内是否可以通达的 0-1 变量；

V^1、V^2、V^3、V^4、V^5 分别为中央级、省级、市级、县级、乡级应急物资储备库的应急物资储备能力限制；

K_j ——j 地的应急物资覆盖总需求；

M——一个无穷大的正数；

G^1、G^2、G^3、G^4 分别为各地区成为中央级、省级、市级和县级应急物资储备库承载地区需要达到的综合能力评分下限；

k_{ij} ——从 i 地输送到 j 地的应急物资规模（以服务的常住人口数目计算）。

决策变量：

Z_i^1 ——i 地是否选为中央级应急物资储备库承载地区的 0-1 变量，若值为 1 表示 i 地选为中央级应急物资储备库承载地区，若值为 0 表示 i 地不选为中央级应急物资储备库承载地区；

Z_i^2 ——i 地是否选为省级应急物资储备库承载地区的 0-1 变量，若值为 1 表示 i 地选为省级应急物资储备库承载地区，若值为 0 表示 i 地不选为省级应急物资储备库承载地区；

Z_i^3 ——i 地是否选为市级应急物资储备库承载地区的 0-1 变量，若值为 1 表示 i 地选为市级应急物资储备库承载地区，若值为 0 表示 i 地不选为市级应急物资储备库承载地区；

Z_i^4 ——i 地是否选为县级应急物资储备库承载地区的 0-1 变量，若值为 1 表示 i 地选为县级应急物资储备库承载地区，若值为 0 表示 i 地不选为县级应急物资储备库承载地区；

Z_i^5——i 地是否选为乡级应急物资储备库承载地区的 0-1 变量，若值为 1 表示 i 地选为乡级应急物资储备库承载地区，若值为 0 表示 i 地不选为乡级应急物资储备库承载地区。

（二）目标函数

应急物资储备库的选址布局应在满足应急物资储备需求的基础上同时达到建设成本相对最低和运输成本相对最低。其中建设成本包括固定建设成本和可变建设成本，固定建设成本与储备库节点层级有密切关系，可变建设成本与服务规模密切相关。

因此，建立模型的目标函数如式（4-13）所示。

$$\min U = \left[\sum_{i=1}^{m} \sum_{j=1}^{n} (C^0 \cdot k_{ij}) + \sum_{i=1}^{m} \left(C^1 \cdot \frac{Z_i^1}{G_i} + C^2 \cdot \frac{Z_i^2}{G_i} + C^3 \cdot \frac{Z_i^3}{G_i} + C^4 \cdot \frac{Z_i^4}{G_i} + C^5 \cdot \frac{Z_i^5}{G_i} \right) \right] \cdot$$

$$\frac{(1-\sigma)}{\phi} \cdot 100\% + s \cdot \sum_{i=1}^{m} \sum_{j=1}^{n} k_{ij} \cdot x_{ij} \tag{4-13}$$

（三）约束条件

$$M(W_{ij}^1 \cdot Z_i^1 + W_{ij}^2 \cdot Z_i^2 + W_{ij}^3 \cdot Z_i^3 + W_{ij}^4 \cdot Z_i^4 + W_{ij}^5 \cdot Z_i^5) - k_{ij} \geq 0,$$

$$\forall j, \ i = 1, \ 2, \ \cdots, \ m \tag{4-14}$$

$$\sum_{i=1}^{m} k_{ij} \geq K_j, \quad \forall j, \ i = 1, \ 2, \ \cdots, \ m \tag{4-15}$$

$$\sum_{j=1}^{n} k_{ij} \leq V^1 \cdot Z_i^1 + V^2 \cdot Z_i^2 + V^3 \cdot Z_i^3 + V^4 \cdot Z_i^4 + V^5 \cdot Z_i^5, \ \forall j, \ i = 1, \ 2, \ \cdots, \ m$$

$$\tag{4-16}$$

$$M(Z_i^1 + Z_i^2 + Z_i^3 + Z_i^4 + Z_i^5) - \sum_{j=1}^{n} k_{ij} \geq 0, \ \forall i, \ j = 1, \ 2, \ \cdots, \ n$$

$$\tag{4-17}$$

$$G_i - G^1 \cdot Z_i^1 \geq 0, \quad \forall i \tag{4-18}$$

$$G_i - G^2 \cdot Z_i^2 \geq 0, \quad \forall i \tag{4-19}$$

$$G_i - G^3 \cdot Z_i^3 \geq 0, \quad \forall i \tag{4-20}$$

$$G_i - G^4 \cdot Z_i^4 \geq 0, \quad \forall i \tag{4-21}$$

$$Z_i^1 + Z_i^2 + Z_i^3 + Z_i^4 + Z_i^5 - 1 \leq 0, \quad \forall i \tag{4-22}$$

$$Z_i^1, \ Z_i^2, \ Z_i^3, \ Z_i^4, \ Z_i^5 \in \{0, \ 1\}, \quad \forall i \tag{4-23}$$

$$k_{ij} \geq 0, \quad \forall i, \ \forall j \tag{4-24}$$

约束条件含义：

约束式（4-14）确保若 i 地为 j 地供应应急物资，则 j 地必须处于 i 地的覆盖范围内；

约束式（4-15）确保每个地区获得的应急物资必须满足其需求；

约束式（4-16）确保若 i 地被选作某一层级应急物资储备库承载地区，则 i 地提供的应急物资储备总量必须符合其所属层级应急物资储备的能力限制；

约束式（4-17）确保 i 地必须被选为应急物资储备库承载地区，才能够提供应急服务；

约束式（4-18）至式（4-21）确保各级应急物资储备库承载地区必须满足所要求的综合能力评价得分标准；

约束式（4-22）确保被选作应急物资储备库承载区域的地区仅能承担某一层级应急物资储备库的功能而不能兼具其他层级应急物资储备库的功能；

约束式（4-23）和式（4-24）规定了变量的取值范围。

第五节　突发公共卫生事件下考虑仓储网络变化的应急物资分配方案

突发事件的不可预测性使得应急响应过程中存在众多不确定性因素，应急仓储网络也需要随之进行调整优化。如在传染病疫情的影响下，可能出现部分节点失效，以及储备库资源短缺等问题。此时临时新建仓储节点需要更多的时间和投入，在已有的仓储网络中，优化原有的仓储节点与应急物资需求点的"静态"服务指派关系，可以更好地保障应急物资需求。本节研究了应急物资仓储网络发生变化时的"动态"物资分配问题，探讨了可行的物资分配方案。

一、问题描述

导致应急物资仓储网络变化的风险来源主要有以下几方面：一是由突发事件导致应急物资仓储节点无法使用，例如发生地震、疫情封控等；二是由人为因素导致应急物资仓储节点被破坏，例如发生火灾等；三是由于应急物资仓储节点的储备能力已经被用完，即其服务范围内部分应急需求点的需求超过了该应急物资仓储节点的储备能力，因此其无法为其余需求点提供服务；四是关键道路由于拥堵等原因无法发挥作用，导致利用该道路提供应急物资供应的应急物资仓储节点失效，例如突发公共卫生事件下，对风险地区的关键道路进行封控。

本节研究的问题为：以某地区为研究区域，该区域已经建立了一定数量的不同层级的应急物资储备库。初始状态下应急物资储备库服务的应急需求地区的范围以及能够满足这些应急需求地区的应急物资量是固定的，即有一套预先指定的应急物资储备库与应急需求地区之间的服务指派关系。当该地区遇到突发公共卫生事件时，已经建立好的应急物资储备库中有一定数量的储备库由于灾害破坏、防控措施、资源短缺等无法保障物资供应，依据初始状态下的服务指派关系，这些应急物资储备库原定服务的地区应急需求无法被满足，需要快速调整有效的应急物资储备库与应急需求地区之间的物资分配关系，使得应急物资仓储网络恢复到正常有序状态。

二、场景设计

本节研究的仓储网络变化考虑了两个典型场景，一是部分储备库节点失效的场景，二是储备资源不足的场景。

在部分储备库节点失效的场景中，服务指派关系动态调整的方式应为失效的应急物资储备库邻近的其他应急物资储备库向应急需求地区提供应急物资。可能会发生应急物资需求量无法全部满足的情况，也可能发生应急物资供应时间超过了原网络中设定的最长时间限制的情况。因此，可以通过设定增加缺货成本和延时成本的方式，使得应急物资缺货和延时的情况尽可能少地发生。此时应急物资分配决策应该以应急需求全覆盖为约束条件，以最低应急物资缺货成本、延时成本以及最低运输成本为优化目标，进行应急物资分配的决策。

在储备资源不足的场景中，需要在仓储节点之间进行资源的横向调配。在地区短时出现大量的应急物资需求时，部分储备库的资源储备可能会难以满足需求。而其他地区的储备库中的资源可以支援过来，使得储备的应急物资得到最大化利用，尽可能降低缺货成本。应急物资分配决策应该以应急需求全覆盖、满足最长应急物资供应时间限制为约束条件，考虑应急物资储备库之间能够进行资源调配，以最低应急物资缺货成本和最低运输成本为优化目标，进行应急物资分配的决策。

三、考虑部分节点失效的应急物资分配模型构建

本节研究的应急物资仓储网络中存在两个节点集合，一个是应急需求点的集合，另一个是应急物资储备库的集合，由应急物资储备库提供应急物资给应急需求点。该模型解决的问题为：确定每个应急物资储备库服务哪些应急需求点以及分别需要满足的需求规模，在保证每个应急需求点均可获得应急物资的前提下，实现最低应急物资缺货成本和延时成本，以及最低运输成本的优化目标。

（一）模型的基本假设

（1）应急物资供应采取"多对多"模式，即一个应急物资储备库可服务多个应急需求点，一个应急需求点可由多个应急物资储备库供应应急物资。

（2）存在一定数量的储备库失效，不能向应急需求点供应应急物资。

（3）不同级别的应急物资储备库对应不同的应急物资储备能力。

（4）各个应急需求点的应急物资需求总量已知。

（5）不考虑应急需求点对不同物资的需求，即基于单物资需求进

行研究。

（6）每个应急物资储备库的运输工具数量无限制。

（7）已知每个应急物资储备库与应急需求点之间的通行距离。

（8）应急物资储备库与应急需求点之间的运输速度为固定值。

（二）符号定义

1. 集合变量

I——应急物资储备库集合，每个应急物资储备库 $i \in (1, m)$；

J——应急需求点集合，每个应急需求点 $j \in (1, n)$。

2. 参数变量

S_i——应急物资储备库 i 的状态的 0-1 变量，值为 0 表示应急物资储备库 i 失效，值为 1 表示应急物资储备库 i 能正常发挥作用；

q_i——应急物资储备库 i 的应急物资储备能力；

K_j——应急需求点 j 的应急物资总需求；

d_{ij}——应急物资储备库 i 至应急需求点 j 的距离；

v——应急物资运输速度；

p——单位距离和运量下的运价；

t_0——设定的应急物资供应时间的最大值；

t_{ij}——应急物资储备库 i 至应急需求点 j 的运输时间；

$t_{d_{ij}}$——应急物资储备库 i 至应急需求点 j 的运输延迟的时间。

3. 决策变量

x_{ij}——应急物资储备库 i 向应急需求点 j 运输的应急物资规模。

（三）模型目标

1. 缺货成本最小

表示为所有应急需求点的应急物资需求总和与所有应急物资储备库提供给应急需求点的应急物资总和的差值最小。

$$\min Z_1 = \sum_{j=1}^{n} K_j - \sum_{i=1}^{m} \sum_{j=1}^{n} x_{ij}, \quad \forall i \in I, j \in J \qquad (4-25)$$

2. 运输成本最小

表示为所有应急物资储备库提供给应急需求点的应急物资的运输成本的总和最小。

$$\min Z_2 = p \cdot \sum_{i=1}^{m} \sum_{j=1}^{n} x_{ij} \cdot d_{ij}, \quad \forall i \in I, j \in J \qquad (4-26)$$

3. 延时成本最小

$$\min Z_3 = \sum_{i=1}^{m} \sum_{j=1}^{n} x_{ij} \cdot t_{d_{ij}}, \quad \forall i \in I, j \in J \qquad (4-27)$$

（四）模型构建

对上述目标函数进行最小值无量纲化处理，并利用权重线性加权法，设定缺货成本目标值占综合成本目标值的权重为 $a(0 \leqslant a \leqslant 1)$，运输成本目标值占综合成本目标值的权重为 $b(0 \leqslant b \leqslant 1)$，延时成本目标值占综合成本目标值的权重为 $(1-a-b)$，将多目标转化为单目标。

$$\min Z = a \cdot \frac{Z_1}{\min Z_1} + b \cdot \frac{Z_2}{\min Z_2} + (1-a-b) \cdot \frac{Z_3}{\min Z_3} \quad (4-28)$$

约束条件：

$$\sum_{j=1}^{n} x_{ij} \leqslant q_i, \quad \forall i \in I \qquad (4-29)$$

$$0 < \sum_{i=1}^{m} x_{ij} \leqslant K_j, \quad \forall j \in J \qquad (4\text{-}30)$$

$$t_{ij} = \frac{d_{ij}}{v}, \quad \forall i \in I, j \in J \qquad (4\text{-}31)$$

$$t_{d_{ij}} = \begin{cases} t_{ij} - t_0, & t_{ij} > t_0 \\ 0, & t_{ij} \leqslant t_0 \end{cases}, \quad \forall i \in I, j \in J \qquad (4\text{-}32)$$

$$x_{ij} \geqslant 0, \quad \forall i \in I, j \in J \qquad (4\text{-}33)$$

$$x_{ij} = 0, \quad \forall i \in I, j \in J 且 S_i = 0 \qquad (4\text{-}34)$$

约束条件含义：

约束式（4-29）确保应急物资储备库 i 提供的应急物资储备总量必须符合其所属层级应急物资储备的能力限制；

约束式（4-30）确保每个应急需求点均能够获得应急物资且总量不超过其需求量；

约束式（4-31）确保应急物资储备库 i 到应急需求点 j 的通行时间等于两地距离与运输速度的比值；

约束式（4-32）确保若 i 地为 j 地提供应急服务，则延时时间等于实际的通行时间与设定的应急物资供应时间的最大值的差值；

约束式（4-33）规定了决策变量的取值范围为非负值；

约束式（4-34）确保若应急物资储备库 i 失效，则其不能向应急需求点供应应急物资。

四、考虑资源横向调配的应急物资分配模型构建

本节研究的应急物资仓储网络中同样存在两个节点集合，一个是应急需求点的集合，另一个是应急物资储备库的集合。由应急物资储备库提供应急物资给应急需求点，且应急物资储备库之间剩余资源可

以进行转移配送。该模型解决的问题为：确定应急物资储备库之间的资源调配关系及规模，确定每个应急物资储备库服务哪些应急需求点以及分别需要满足的需求规模，在保证每个应急需求点均可获得应急物资且应急物资供应时间不超过设定的最大时间的条件下，实现最低应急物资缺货成本和运输成本的优化目标。

模型的基本假设是在考虑部分节点失效的应急物资分配模型的基础上，增加了应急物资储备库的剩余资源可以供应给其他应急物资储备库的设定。

（一）符号定义

模型涉及的变量如下。

1. 集合变量

I　　应急物资储备库集合，每个应急物资储备库 $i \in (1, m)$，$i' \in (1, m)$，$i \neq i'$；

J——应急需求地区集合，每个应急需求地区 $j \in (1, n)$。

2. 参数变量

S_i——表示应急物资储备库 i 的状态的 0-1 变量，值为 0 表示应急物资储备库 i 失效，值为 1 表示应急物资储备库 i 能正常发挥作用；

q_i——应急物资储备库 i 的应急物资储备的能力限制；

K_j——应急需求点 j 的应急物资总需求；

p——单位距离和运量下的运价；

W_{ij}——应急物资储备库 i 与应急需求点 j 在规定的时间限制内是否可以通达的 0-1 变量；

M——一个无穷大的正数；

d_{ij}——应急物资储备库 i 与应急需求点 j 的运输距离；

$d_{ii'}$——应急物资储备库 i 与应急物资储备库 i' 的运输距离。

3. 决策变量

x_{ij}——应急物资储备库 i 向应急需求地区 j 运输的应急物资规模；

$y_{ii'}$——应急物资储备库 i 向应急物资储备库 i' 运输的应急物资规模。

（二）模型目标

目标函数一为缺货成本最小，目标函数二为应急物资储备库向需求点之间运输成本最小，二者分别与上述式（4-25）和式（4-26）相同。

目标函数三为应急物资仓储节点失效情景下，应急物资储备库之间资源调配额外增加的运输成本最小。

$$\min Z_4 = \sum_{i=1}^{m} \sum_{i'=1}^{m} y_{ii'} \cdot d_{ii'}, \quad \forall i \in I \text{ 且 } i \neq i' \qquad (4-35)$$

（三）模型构建

对上述目标函数进行最小值无量纲化处理，并利用权重线性加权法，设定缺货成本目标值占综合成本目标值的权重为 $\alpha(0 \leq \alpha \leq 1)$，应急物资储备库向需求点之间运输成本目标值权重为 $\beta(0 \leq \beta \leq 1)$，应急物资储备库之间资源调配额外增加的运输成本目标值权重为 $(1-\alpha-\beta)$，将多目标转化为单目标。

$$\min Z = \alpha \cdot \frac{Z_1}{\min Z_1} + \beta \cdot \frac{Z_2}{\min Z_2} + (1-\alpha-\beta) \cdot \frac{Z_4}{\min Z_4} \quad (4-36)$$

约束条件：

$$\sum_{j=1}^{n} x_{ij} + \sum_{i'=1}^{m} y_{ii'} \leq q_i + \sum_{i'=1}^{m} y_{i'i}, \quad \forall i \in I \text{ 且 } i \neq i' \qquad (4-37)$$

$$0 < \sum_{i=1}^{m} x_{ij} \leqslant K_j, \quad \forall j \in J \tag{4-38}$$

$$M \cdot W_{ij} - x_{ij} \geqslant 0, \quad \forall i \in I, j \in J \tag{4-39}$$

$$x_{ij} \geqslant 0, \quad \forall i \in I, j \in J \tag{4-40}$$

$$x_{ij} = 0 \text{ 且 } y_{ii'} = 0, \quad \forall i \in I, j \in J \text{ 且 } S_i = 0 \tag{4-41}$$

$$y_{ii'} \geqslant 0, \quad \forall i \in I, i' \in I \text{ 且 } i \neq i' \tag{4-42}$$

约束条件含义：

约束式（4-37）确保应急物资储备库 i 提供的应急物资储备总量（其中包括服务应急需求点的应急物资量和调配给其他应急物资储备库的应急物资量），必须不超过其所属层级应急物资储备的能力限制与其他应急物资储备库向应急物资储备库 i 调配的应急物资量之和；

约束式（4-38）确保每个应急需求点均能够获得应急物资且总量不超过其需求量；

约束式（4-39）确保若 i 地为 j 地提供应急服务，则通行时间不超过设定的应急物资供应时间的最大值；

约束式（4-40）规定了决策变量 x_{ij} 的取值范围为非负值；

约束式（4-41）确保若应急物资储备库 i 失效，则其不能供应应急物资；

约束式（4-42）规定了决策变量 $y_{ii'}$ 的取值范围为非负值。

第六节　内蒙古自治区应急物资
仓储选址布局实例分析

针对内蒙古自治区传统风险与新型风险交织叠加、自然灾害与突发公共卫生事件叠加影响的应急防控形势，本节以内蒙古自治区为例，对内蒙古自治区内103个旗县的面向多灾情叠加的应急物资储备库承载地区的综合能力进行评价分析，并运用基于0-1混合整数规划的多级应急物资仓储选址数学模型，对自治区应急物资仓储选址布局方案进行了详细设计，在此基础上设计算例并研究内蒙古自治区应急物资仓储资源动态分配方案。

一、案例背景介绍

自新冠疫情暴发以来，内蒙古自治区多次受疫情影响，呈现出疫情频发的特点。此外，内蒙古自治区自然环境复杂多样，黄河凌汛、局地强降雨、旱涝急转、森林草原火灾、中西部旱灾等自然灾害频繁发生。在此背景下，以内蒙古自治区应急物资仓储选址布局为背景，同时验证本章模型及算法的有效性，设计案例进行分析，主要对内蒙古自治区的自治区级、盟市级和旗县级应急物资储备库进行规划。

二、应急物资仓储综合评价

根据本章第三节建立的面向多灾情叠加的应急物资储备库承载地区综合能力评价指标表，收集内蒙古103个旗县对应指标数据。在此基础上，根据熵权TOPSIS综合评价法，运用SPSSPRO数学分析软件进行运算。其中，根据熵值法得到各指标权重值如表4-4所示。

基于熵值法得到的权重，代入TOPSIS综合评价法，得到内蒙古103个旗县的综合能力评价值，如表4-5所示。

表 4-4　　面向多灾情叠加的应急物资储备库承载地区
综合能力评价指标权重

一级指标	二级指标	权重（%）
应急潜在风险因素	近 5 年突发公共卫生事件发生次数	2.834
	单次突发公共卫生事件涉及最多人数	3.913
	自然灾害风险评分	9.205
应急服务能力因素	医疗卫生机构床位数	2.363
	医疗卫生机构技术人员数	2.368
	一般公共预算支出	18.403
	第二产业产值	3.054
	规模以上工业企业单位数	1.127
	应急预警系统水平评分	10.16
	应急预案完善度评分	2.116
经济社会因素	生产总值	2.257
	区域面积	3.004
	常住人口密度	5.147
	社会消费品零售总额	3.207
	移动电话用户数	1.12
交通物流因素	公路网密度	1.687
	高速公路数	1.714
	铁路货运站数	3.08
	民用运输机场数量	6.67
	A 级物流企业数量	7.18
政策支持因素	国家布局规划导向	5.914
	地方布局规划导向	3.476

表 4-5　　　　各旗县应急物资储备库综合评价得分

旗县	综合得分	排序	旗县	综合得分	排序
呼伦贝尔市额尔古纳市	0.528	1	呼伦贝尔市海拉尔区	0.149	23
通辽市科尔沁区	0.346	2	阿拉善盟阿拉善左旗	0.146	24
乌兰察布市集宁区	0.266	3	呼伦贝尔市满洲里市	0.145	25
包头市昆都仑区	0.263	4	乌海市海勃湾区	0.139	26
呼和浩特市赛罕区	0.244	5	兴安盟乌兰浩特市	0.136	27
呼和浩特市回民区	0.237	6	呼伦贝尔市扎兰屯市	0.132	28
呼和浩特市新城区	0.226	7	兴安盟扎赉特旗	0.131	29
呼和浩特市玉泉区	0.205	8	巴彦淖尔市临河区	0.130	30
呼和浩特市土默特左旗	0.205	9	阿拉善盟阿拉善右旗	0.129	31
呼和浩特市和林格尔县	0.199	10	锡林郭勒盟锡林浩特市	0.128	32
包头市青山区	0.192	11	呼伦贝尔市鄂伦春自治旗	0.123	33
鄂尔多斯市伊金霍洛旗	0.180	12	赤峰市克什克腾旗	0.123	34
呼和浩特市托克托县	0.179	13	鄂尔多斯市鄂托克旗	0.123	35
呼和浩特市武川县	0.174	14	乌兰察布市察哈尔右翼后旗	0.122	36
呼伦贝尔市牙克石市	0.173	15	赤峰市松山区	0.118	37
锡林郭勒盟二连浩特市	0.173	16	巴彦淖尔市五原县	0.113	38
呼和浩特市清水河县	0.172	17	赤峰市宁城县	0.109	39
鄂尔多斯市准格尔旗	0.171	18	通辽市霍林郭勒市	0.106	40
包头市东河区	0.171	19	赤峰市喀喇沁旗	0.102	41
鄂尔多斯市东胜区	0.166	20	赤峰市巴林左旗	0.101	42
阿拉善盟额济纳旗	0.164	21	兴安盟科尔沁右翼前旗	0.099	43
赤峰市红山区	0.158	22	呼伦贝尔市鄂温克族自治旗	0.098	44

旗县	综合得分	排序	旗县	综合得分	排序
呼伦贝尔市阿荣旗	0.098	45	锡林郭勒盟苏尼特左旗	0.081	66
呼伦贝尔市新巴尔虎右旗	0.098	46	赤峰市元宝山区	0.080	67
乌兰察布市丰镇市	0.098	47	乌兰察布市凉城县	0.080	68
呼伦贝尔市满洲里扎赉诺尔区	0.097	48	巴彦淖尔市乌拉特前旗	0.079	69
乌兰察布市兴和县	0.097	49	乌兰察布市察哈尔右翼中旗	0.079	70
呼伦贝尔市莫力达瓦达斡尔族自治旗	0.097	50	通辽市科尔沁左翼后旗	0.078	71
赤峰市敖汉旗	0.096	51	乌海市海南区	0.075	72
通辽市奈曼旗	0.096	52	乌海市乌达区	0.073	73
兴安盟阿尔山市	0.095	53	巴彦淖尔市杭锦后旗	0.073	74
鄂尔多斯市达拉特旗	0.095	54	锡林郭勒盟阿巴嘎旗	0.072	75
呼伦贝尔市根河市	0.094	55	包头市土默特右旗	0.072	76
包头市九原区	0.093	56	通辽市科尔沁左翼中旗	0.071	77
呼伦贝尔市陈巴尔虎旗	0.092	57	鄂尔多斯市乌审旗	0.070	78
呼伦贝尔市新巴尔虎左旗	0.092	58	巴彦淖尔市乌拉特中旗	0.070	79
乌兰察布市化德县	0.090	59	锡林郭勒盟东乌珠穆沁旗	0.069	80
乌兰察布市卓资县	0.088	60	通辽市扎鲁特旗	0.068	81
乌兰察布市察哈尔右翼前旗	0.088	61	通辽市开鲁县	0.068	82
乌兰察布市四子王旗	0.087	62	巴彦淖尔市磴口县	0.061	83
乌兰察布市商都县	0.086	63	兴安盟科尔沁右翼中旗	0.060	84
包头市达尔罕茂明安联合旗	0.085	64	赤峰市翁牛特旗	0.060	85
赤峰市林西县	0.082	65	巴彦淖尔市乌拉特后旗	0.060	86

旗县	综合得分	排序	旗县	综合得分	排序
锡林郭勒盟正蓝旗	0.059	87	鄂尔多斯市杭锦旗	0.048	96
包头市石拐区	0.059	88	锡林郭勒盟苏尼特右旗	0.043	97
赤峰市阿鲁科尔沁旗	0.057	89	兴安盟突泉县	0.042	98
包头市固阳县	0.055	90	鄂尔多斯市鄂托克前旗	0.042	99
鄂尔多斯市康巴什区	0.053	91	锡林郭勒盟正镶白旗	0.030	100
通辽市库伦旗	0.052	92	锡林郭勒盟太仆寺旗	0.023	101
赤峰市巴林右旗	0.051	93	锡林郭勒盟镶黄旗	0.020	102
包头市白云鄂博矿区	0.049	94	锡林郭勒盟多伦县	0.018	103
锡林郭勒盟西乌珠穆沁旗	0.048	95	—	—	—

三、应急物资仓储选址结果

（一）内蒙古自治区应急物资储备库布局规划方案设计

将本章第四节建立的多级应急物资仓储选址数学模型代入 Lingo 软件中进行实际测算，其中，模型输入的各参数取值如表 4-6 所示。

表 4-6　　　　　应急物资仓储选址数学模型参数

参数符号	数值	单位	参数含义
C^1	10860000	元	建设自治区级储备库的最低固定建设成本
C^2	3258000	元	建设盟市级储备库的最低固定建设成本
C^3	271500	元	建设旗县级储备库的最低固定建设成本
C^0	350	元/吨	服务单位应急物资需求的可变建设成本
ϕ	20	年	储备库基础设施的折旧年限
σ	5	%	预计固定资产净残值率为5%

续表

参数符号	数值	单位	参数含义
s	0.3	元/吨·公里	单位距离和运量下的运价
V^1	200000	—	自治区级储备库的服务能力限制
V^2	60000	—	盟市级储备库的服务能力限制
V^3	5000	—	旗县级储备库的服务能力限制
G^1	0.1722	—	成为一级储备库的综合评判得分下限
G^2	0.0510	—	成为二级储备库的综合评判得分下限

通过 Lingo 软件运算，共得到自治区级应急物资储备库 3 个、盟市级应急物资储备库 30 个，旗县级应急物资储备库 44 个，共计 77 个。

各盟市三个等级应急物资储备库的数量如表 4-7 所示，各等级应急物资储备库的位置及各自覆盖范围的详细说明如表 4-8 所示。

表 4-7　内蒙古自治区各盟市三个等级应急物资储备库数量　单位：个

盟市	省级库数量	市级库数量	县级库数量
乌兰察布市	1	1	4
通辽市	1	2	2
包头市	1	1	1
呼伦贝尔市	0	6	6
赤峰市	0	7	5
呼和浩特市	0	4	5
鄂尔多斯市	0	2	5
巴彦淖尔市	0	2	5
锡林郭勒盟	0	1	5
阿拉善盟	0	0	3
兴安盟	0	3	2
乌海市	0	1	1
总计	3	30	44

表 4-8　　　　　　　应急物资储备库布局结果一览

节点等级	序号	节点所在区县	储备库覆盖区县
自治区级	1	包头市昆都仑区	包头市昆都仑区、包头市青山区、包头市石拐区、包头市白云鄂博矿区、包头市九原区、包头市达尔罕茂明安联合旗、包头市固阳县、鄂尔多斯市达拉特旗、鄂尔多斯市杭锦旗、巴彦淖尔市乌拉特前旗
	2	通辽市科尔沁区	通辽市科尔沁区、通辽市科尔沁左翼后旗、通辽市开鲁县、通辽市库伦旗、通辽市扎鲁特旗
	3	乌兰察布市集宁区	乌兰察布市集宁区、乌兰察布市卓资县、乌兰察布市商都县、乌兰察布市兴和县、乌兰察布市凉城县、乌兰察布市察哈尔右翼前旗、乌兰察布市察哈尔右翼中旗、乌兰察布市察哈尔右翼后旗、乌兰察布市四子王旗、乌兰察布市丰镇市
盟市级	1	呼和浩特市新城区	呼和浩特市新城区、呼和浩特市武川县、乌兰察布市四子王旗
	2	呼和浩特市回民区	呼和浩特市回民区、呼和浩特市玉泉区、呼和浩特市和林格尔县、乌兰察布市四子王旗
	3	呼和浩特市赛罕区	呼和浩特市赛罕区、呼和浩特市和林格尔县
	4	呼和浩特市土默特左旗	呼和浩特市土默特左旗、呼和浩特市武川县、包头市土默特右旗
	5	包头市东河区	包头市东河区、包头市土默特右旗、鄂尔多斯市达拉特旗
	6	呼伦贝尔市海拉尔区	呼伦贝尔市海拉尔区、呼伦贝尔市满洲里扎赉诺尔区、呼伦贝尔市鄂温克族自治旗、呼伦贝尔市陈巴尔虎旗、呼伦贝尔市满洲里市
	7	呼伦贝尔市莫力达瓦达斡尔族自治旗	呼伦贝尔市阿荣旗、呼伦贝尔市莫力达瓦达斡尔族自治旗

续表

节点等级	序号	节点所在区县	储备库覆盖区县
盟市级	8	呼伦贝尔市鄂伦春自治旗	呼伦贝尔市鄂伦春自治旗
	9	呼伦贝尔市牙克石市	呼伦贝尔市满洲里扎赉诺尔区、呼伦贝尔市牙克石市
	10	呼伦贝尔市扎兰屯市	呼伦贝尔市阿荣旗、呼伦贝尔市扎兰屯市
	11	呼伦贝尔市额尔古纳市	呼伦贝尔市额尔古纳市、呼伦贝尔市根河市
	12	兴安盟乌兰浩特市	兴安盟乌兰浩特市、兴安盟科尔沁右翼前旗
	13	兴安盟科尔沁右翼中旗	兴安盟科尔沁右翼中旗、兴安盟突泉县、通辽市扎鲁特旗、通辽市霍林郭勒市
	14	兴安盟扎赉特旗	兴安盟科尔沁右翼前旗、兴安盟扎赉特旗
	15	通辽市科尔沁左翼中旗	通辽市科尔沁左翼中旗
	16	通辽市奈曼旗	通辽市库伦旗、通辽市奈曼旗、赤峰市元宝山区、赤峰市翁牛特旗
	17	赤峰市红山区	赤峰市红山区、赤峰市松山区、赤峰市翁牛特旗
	18	赤峰市松山区	赤峰市松山区
	19	赤峰市巴林左旗	赤峰市阿鲁科尔沁旗、赤峰市巴林左旗、赤峰市翁牛特旗
	20	赤峰市克什克腾旗	赤峰市巴林右旗、赤峰市林西县、赤峰市克什克腾旗、赤峰市翁牛特旗
	21	赤峰市喀喇沁旗	赤峰市元宝山区、赤峰市喀喇沁旗、赤峰市宁城县
	22	赤峰市宁城县	赤峰市宁城县

续表

节点等级	序号	节点所在区县	储备库覆盖区县
盟市级	23	赤峰市敖汉旗	赤峰市翁牛特旗、赤峰市敖汉旗
	24	锡林郭勒盟锡林浩特市	锡林郭勒盟锡林浩特市、锡林郭勒盟阿巴嘎旗、锡林郭勒盟东乌珠穆沁旗、锡林郭勒盟西乌珠穆沁旗、锡林郭勒盟正蓝旗、锡林郭勒盟多伦县
	25	乌兰察布市化德县	锡林郭勒盟太仆寺旗、锡林郭勒盟镶黄旗、锡林郭勒盟正镶白旗、乌兰察布市化德县、乌兰察布市商都县
	26	鄂尔多斯市准格尔旗	呼和浩特市托克托县、呼和浩特市和林格尔县、呼和浩特市清水河县、鄂尔多斯市准格尔旗
	27	鄂尔多斯市伊金霍洛旗	鄂尔多斯市东胜区、鄂尔多斯市康巴什区、鄂尔多斯市杭锦旗、鄂尔多斯市乌审旗、鄂尔多斯市伊金霍洛旗
	28	巴彦淖尔市临河区	巴彦淖尔市临河区、巴彦淖尔市磴口县、巴彦淖尔市杭锦后旗
	29	巴彦淖尔市五原县	巴彦淖尔市五原县、巴彦淖尔市乌拉特前旗、巴彦淖尔市乌拉特中旗、巴彦淖尔市杭锦后旗
	30	乌海市海勃湾区	鄂尔多斯市鄂托克前旗、鄂尔多斯市鄂托克旗、巴彦淖尔市磴口县、乌海市海勃湾区、乌海市海南区、乌海市乌达区、阿拉善盟阿拉善左旗
旗县级	1	呼和浩特市玉泉区	呼和浩特市玉泉区
	2	呼和浩特市托克托县	呼和浩特市托克托县
	3	呼和浩特市和林格尔县	呼和浩特市和林格尔县

续表

节点等级	序号	节点所在区县	储备库覆盖区县
旗县级	4	呼和浩特市清水河县	呼和浩特市清水河县
	5	呼和浩特市武川县	呼和浩特市武川县
	6	包头市达尔罕茂明安联合旗	包头市达尔罕茂明安联合旗
	7	呼伦贝尔市满洲里扎赉诺尔区	呼伦贝尔市满洲里扎赉诺尔区
	8	呼伦贝尔市阿荣旗	呼伦贝尔市阿荣旗
	9	呼伦贝尔市新巴尔虎左旗	呼伦贝尔市新巴尔虎左旗、呼伦贝尔市满洲里扎赉诺尔区
	10	呼伦贝尔市新巴尔虎右旗	呼伦贝尔市新巴尔虎右旗、呼伦贝尔市满洲里市
	11	呼伦贝尔市满洲里市	呼伦贝尔市满洲里市
	12	呼伦贝尔市根河市	呼伦贝尔市根河市
	13	兴安盟阿尔山市	兴安盟阿尔山市、通辽市霍林郭勒市
	14	兴安盟科尔沁右翼前旗	兴安盟科尔沁右翼前旗
	15	通辽市扎鲁特旗	通辽市扎鲁特旗
	16	通辽市霍林郭勒市	通辽市霍林郭勒市

续表

节点等级	序号	节点所在区县	储备库覆盖区县
旗县级	17	赤峰市元宝山区	赤峰市元宝山区
	18	赤峰市阿鲁科尔沁旗	赤峰市阿鲁科尔沁旗
	19	赤峰市巴林右旗	赤峰市巴林右旗
	20	赤峰市林西县	赤峰市林西县
	21	赤峰市翁牛特旗	赤峰市翁牛特旗
	22	锡林郭勒盟二连浩特市	锡林郭勒盟二连浩特市、锡林郭勒盟苏尼特右旗
	23	锡林郭勒盟苏尼特左旗	锡林郭勒盟苏尼特左旗、锡林郭勒盟苏尼特右旗
	24	锡林郭勒盟苏尼特右旗	锡林郭勒盟苏尼特右旗
	25	锡林郭勒盟东乌珠穆沁旗	锡林郭勒盟东乌珠穆沁旗
	26	锡林郭勒盟正蓝旗	锡林郭勒盟正蓝旗
	27	乌兰察布市商都县	乌兰察布市商都县
	28	乌兰察布市察哈尔右翼后旗	乌兰察布市察哈尔右翼后旗
	29	乌兰察布市四子王旗	乌兰察布市四子王旗
	30	乌兰察布市丰镇市	乌兰察布市丰镇市

节点等级	序号	节点所在区县	储备库覆盖区县
旗县级	31	鄂尔多斯市东胜区	鄂尔多斯市东胜区
	32	鄂尔多斯市鄂托克前旗	鄂尔多斯市鄂托克前旗
	33	鄂尔多斯市鄂托克旗	鄂尔多斯市鄂托克旗
	34	鄂尔多斯市杭锦旗	鄂尔多斯市杭锦旗
	35	鄂尔多斯市乌审旗	鄂尔多斯市乌审旗
	36	巴彦淖尔市磴口县	巴彦淖尔市磴口县
	37	巴彦淖尔市乌拉特前旗	巴彦淖尔市乌拉特前旗
	38	巴彦淖尔市乌拉特中旗	巴彦淖尔市乌拉特中旗
	39	巴彦淖尔市乌拉特后旗	巴彦淖尔市乌拉特后旗
	40	巴彦淖尔市杭锦后旗	巴彦淖尔市杭锦后旗、巴彦淖尔市乌拉特后旗
	41	乌海市海南区	乌海市海南区
	42	阿拉善盟阿拉善左旗	阿拉善盟阿拉善左旗
	43	阿拉善盟阿拉善右旗	阿拉善盟阿拉善右旗
	44	阿拉善盟额济纳旗	阿拉善盟额济纳旗

（二）内蒙古自治区应急物资储备库布局规划方案分析

本章提出的多级应急物资仓储选址数学模型，能够综合考虑储备库所在地区的应急潜在风险、应急服务能力、经济社会水平、交通物流水平、政策支持等因素，结合地区间的运输距离进行运算，并且求解速度快，从案例结果来看，本书多级应急物资仓储选址模型与方法具有一定的可行性与合理性。

1. 高水平可靠的同时节约投入成本

该方案规划建设各等级应急物资储备库的数量共计 77 个，在保证覆盖应急需求的前提下，将比各旗县均建立应急物资储备库的方案减少 26 个。若按照各旗县应急物资储备库仅负责本地区的应急救援工作的布局思路和方法测算，内蒙古自治区共需规划 3 个自治区级应急物资储备库、88 个盟市级应急物资储备库和 12 个旗县级应急物资储备库，共计 103 个。该种方式存在高等级储备库的储备能力未充分利用的问题，造成资源浪费现象。而本方案通过互相支援的网络化布局方式，只需规划 77 个应急物资储备库，减少 26 个节点，可至少节约 25% 的建设成本。

同时，该方案规划建设的各等级应急物资储备库与实际情况存在较好的一致性，可在已经建成的应急物资储备库的基础上进行改建和扩建。根据《内蒙古自治区"十三五"时期综合防灾减灾规划》，内蒙古自治区已建成自治区级救灾物资储备库 3 个、盟市级 9 个、旗县级 78 个，初步形成"自治区—盟市—旗县"三级救灾物资储备体系。根据本方案的选址结果，内蒙古自治区的自治区级应急物资储备库的规划建设可以与自治区级救灾物资储备库进行有效联动、资源共享，同时，在已建成的救灾物资储备库的基础上，改建升级部分旗县级救灾物资储备库，更好地满足自治区的应急需求。此外，根据各盟市在"十四五"时期的应急体系规划的相关文件，可以发现内蒙古自治区已经在包头市、呼伦贝尔市、赤峰市、乌兰察布市、巴彦淖尔市、兴安盟、乌海市分别建设了救灾物资和应急物资的储备库 11 个、22 个、13 个、12 个、6 个、7 个、4 个。可见，包头市、呼伦贝尔市、赤峰市、乌兰察布市、巴彦淖尔市等盟市为内蒙古自治区应急物资储备库建设的重点地区，从规划建设的应急物资储备库的等级和数量分布来看，选址结果符合这一实际情况。

2. 高层级应急物资储备库与高风险地区不重合

应急物流网络区别于普通物流网络的一个重要特征便是应急物流网络需要具备极高的抗毁性和可靠性。在本案例中，内蒙古自治区地质条件比较脆弱，自然灾害种类多，暴雨洪涝、森林草原防火、地质灾害、高寒地区雨雪冰冻等应急防治任务较为繁重，极端天气气候事件时有发生，自然灾害防治形势复杂严峻。自治区的地质构造复杂，活动断裂带纵横交错，新构造运动强烈，是我国地震灾害多发省份之一。历史上曾发生过 1290 年宁城 6.8 级、1954 年阿右旗 7.3 级、1976 年和林格尔 6.3 级、1996 年包头市 6.4 级等多次破坏性地震，造成了严重的人员伤亡和经济损失。为保证应急物资储备库能够在灾害发生后正常运作并及时为受灾地区提供应急物资，其建设地区应远离这些自然灾害频发区。

因此，应急物资储备库规划建设的合理性的评判原则之一，即为储备库的建设地区应避开灾害风险极高的地区，避免灾害对储备库的破坏；同时应规划在高风险地区周围，满足在灾害发生后数小时内将应急物资送抵灾区。根据案例选址结果，自治区级、盟市级应急物资储备库均未与内蒙古自治区的西部、西北部等旱灾、雪灾、震灾频发地区重合，而在这些地区周边相对密集地进行布局，能够保障灾害救援工作的需要，具有更高水平的可靠性与布局合理性。

3. 应急物资储备库彼此配合整体呈现高可靠性

从案例选址结果整体来看，呼包鄂乌城市群、赤通地区以及呼伦贝尔的高等级应急物资储备库分布呈现高度密集状态，尤其是呼包鄂乌城市群地区；阿拉善盟、巴彦淖尔市、锡林郭勒盟等内蒙古的西部和西北部地区多分布有旗县级应急物资储备库，空间上呈现较为疏散的状态，符合各等级储备库之间彼此配合的原则。

从呼包鄂乌城市群、赤通地区以及呼伦贝尔地区来看，这些地区经济社会水平、交通物流水平以及应急服务能力等较强，应急需求也较为突出，所以这些地区聚集了自治区级、盟市级等高等级的应急物资储备库以更快速、更好地满足应急需求。从储备库的服务区域来看，呼包鄂乌城市群的应急物资在满足本地区的应急需求的同时，覆盖了巴彦淖尔市乌拉特前旗、锡林郭勒盟太仆寺旗、锡林郭勒盟镶黄旗、锡林郭勒盟正镶白旗等巴彦淖尔市和锡林郭勒盟部分旗县的应急需求；赤通地区以及呼伦贝尔地区的应急物资绝大多数被分配给了本地，很好地覆盖了本地的应急需求。

从阿拉善盟、巴彦淖尔市、锡林郭勒盟等地区来看，这些地区的自然灾害风险较高。根据应急物资储备库的可靠性的原则，不应在这些地区规划高等级的应急物资储备库。因此，这些地区规划了足够数量的旗县级应急物资储备库，仅锡林郭勒盟锡林浩特市、巴彦淖尔市临河区、巴彦淖尔市五原县 3 个旗县规划了盟市级应急物资储备库，在满足应急需求的同时保障了应急物资储备库的可靠性。

四、应急物资仓储资源分配方案

（一）基础参数设置

以上述内蒙古自治区应急物资仓储选址结果作为应急物资仓储网络的初始状态。即共有自治区级应急物资储备库 3 个、盟市级应急物资储备库 30 个、旗县级应急物资储备库 44 个，共计 77 个应急物资储备库。

每一个建立的应急物资储备库在多类型突发事件叠加影响后均有可能损毁，本算例假定内蒙古自治区应急物资储备库中共有 4 个旗县级应急物资储备库失效，分别位于乌海市海南区、阿拉善盟阿拉善左旗、阿拉善盟阿拉善右旗及阿拉善盟额济纳旗四个地区。

算例输入的各参数取值如表 4-9 所示。

表 4-9 考虑仓储网络变化的应急物资分配算例参数

参数符号	数值	单位	参数含义
Q^1	200000	—	自治区级储备库的服务能力限制
Q^2	60000	—	盟市级储备库的服务能力限制
Q^3	5000	—	旗县级储备库的服务能力限制
p	0.3	元/吨·公里	单位距离和运量下的运价
v	60	公里/时	应急物资运输速度

（二）考虑部分节点失效的应急物资分配方案

1. 模型求解

将本章第四节建立的考虑节点失效的应急物资分配模型代入 Lingo 软件中进行实际测算，其中，模型各目标函数的权重系数取不同值时对应的综合成本目标的运算结果如表 4-10 所示。

表 4-10　　考虑部分节点失效的应急物资分配模型参数

a	b	$1-a-b$	Z_1（缺货）	Z_2（运输）	Z_3（延时）	综合成本目标值
1	0	0	0	$0.62×10^9$	$0.12×10^8$	0
0	1	0	2333143	870420	0	870420
0	0	1	2333143	$0.11×10^8$	0	0
0.7	0.1	0.2	0	$0.27×10^8$	0	3.064451

由于考虑部分节点失效的场景下，分别取缺货成本目标值占综合成本目标值的权重为 0.7，运输成本目标值权重为 0.1，延时成本目标值权重为 0.2。模型求解后得到应急物资储备库各自覆盖范围及提供的应急服务规模，服务规模以应急物资储备库服务的人数进行计算。其中，失效的四个旗县级应急物资储备库原来服务的需求地区的新的应急物资分配的结果如表 4-11 所示。

表 4-11　　考虑部分节点失效的应急物资分配结果

失效的应急物资储备库承载地	覆盖区县	重新分配的应急物资储备库承载地	提供的应急服务规模（人）
乌海市海南区	乌海市海南区	乌海市海勃湾区	7502

续表

失效的应急物资 储备库承载地	覆盖区县	重新分配的应急物 资储备库承载地	提供的应急 服务规模 （人）
阿拉善盟阿拉善左旗	阿拉善盟阿拉善左旗	乌海市海勃湾区	14828
阿拉善盟阿拉善右旗	阿拉善盟阿拉善右旗	乌海市海勃湾区、 巴彦淖尔市杭锦后旗	2503
阿拉善盟额济纳旗	阿拉善盟额济纳旗	巴彦淖尔市临河区	1944

2. 结果分析

初始状态的网络中，乌海市海南区、阿拉善盟阿拉善左旗、阿拉善盟阿拉善右旗及阿拉善盟额济纳旗四个地区的应急物资需求分别由分布于这四个地区的旗县级应急物资储备库进行满足。在本算例设定的设施失效情景下，这四个应急物资储备库失效，如果未能及时得出新的应急物资分配决策，则这四个地区的应急物资需求无法得到满足，将会对人们的正常生活造成严重影响，产生较大损失。

根据本算例的结果，本书建立的考虑节点部分失效的应急物资分配模型及采用的 Lingo 求解方式，能够更改有效应急物资储备库的服务范围，快速重新生成有效应急物资储备库与应急需求点之间的服务关系，使有效应急物资储备库替代失效的节点发挥作用，同时能够实现最小缺货、最小延时，并且运输成本尽可能低的优化目标。通过使用与失效节点相邻的乌海市海勃湾区的旗县级应急物资储备库，为乌海市海南区、阿拉善盟阿拉善左旗、阿拉善盟阿拉善右旗地区提供应急服务；巴彦淖尔市杭锦后旗为阿拉善盟阿拉善右旗地区提供应急服务；巴彦淖尔市临河区为阿拉善盟额济纳旗地区提供应急服务，提供了一种应急物资分配的解决方案，根据运算结果，缺货成本和延时成本的目标值均为 0，实现了应急响应过程中无缺货、不延时的优化目标。

（三）考虑资源横向调配的应急物资分配方案

1. 模型求解

将本章第四节建立的考虑资源横向调配的应急物资分配模型代入 Lingo 软件中进行实际测算，其中，模型各目标函数的权重系数取不同值时对应的综合成本目标的运算结果如表 4-12 所示。

表 4-12　　考虑资源横向调配的应急物资分配模型参数

α	β	$1-\alpha-\beta$	Z_1（缺货）	Z_2（运输）	Z_4（调配）	综合成本目标值
1	0	0	0	0.27×10^9	0.31×10^{10}	0
0	1	0	2333143	0.87×10^6	0.32×10^{10}	870420
0	0	1	2333143	0.11×10^8	0	0
0.6	0.2	0.2	0	0.97×10^9	0.64×10^8	2320540

分别取缺货成本目标值占综合成本目标值的权重为 0.6，应急物资储备库向需求点之间运输成本目标值权重为 0.2，应急物资储备库之间资源调配额外增加的运输成本目标值权重为 0.2，运行程序对算例进行分析。根据运算结果，得到应急物资储备库之间的物资调配关系如表 4-13 所示，其中服务规模以能够服务的人数进行计算。

表 4-13　　应急物资储备库之间的物资调配关系

序号	提供物资的应急物资储备库承载地	接收物资的应急物资储备库承载地	提供的应急服务规模（人）
1	呼和浩特市新城区	呼和浩特市武川县	11460
		包头市达尔罕茂明安联合旗	3212

续表

序号	提供物资的应急物资储备库承载地	接收物资的应急物资储备库承载地	提供的应急服务规模（人）
2	呼和浩特市回民区	呼和浩特市玉泉区	16455
		呼和浩特市托克托县	897
		呼和浩特市和林格尔县	13514
		包头市达尔罕茂明安联合旗	4101
		乌兰察布市四子王旗	890
3	呼和浩特市赛罕区	呼和浩特市和林格尔县	1767
4	呼和浩特市土默特左旗	呼和浩特市托克托县	5727
		包头市东河区	18635
5	包头市昆都仑区	包头市东河区	56026
		巴彦淖尔市乌拉特前旗	27670
		巴彦淖尔市乌拉特中旗	2009
6	呼伦贝尔市海拉尔区	呼伦贝尔市满洲里市扎赉诺尔区	2451
		呼伦贝尔市满洲里市	9805
7	呼伦贝尔市莫力达瓦达斡尔族自治旗	呼伦贝尔市阿荣旗	6511
8	呼伦贝尔市新巴尔虎左旗	呼伦贝尔市满洲里市扎赉诺尔区	853
9	呼伦贝尔市新巴尔虎右旗	呼伦贝尔市满洲里市	1491
10	呼伦贝尔市牙克石市	呼伦贝尔市满洲里市	888
11	呼伦贝尔市扎兰屯市	呼伦贝尔市阿荣旗	20302
12	呼伦贝尔市额尔古纳市	呼伦贝尔市根河市	7378
13	兴安盟乌兰浩特市	兴安盟科尔沁右翼前旗	27835
14	兴安盟阿尔山市	通辽市霍林郭勒市	759
15	兴安盟科尔沁右翼中旗	通辽市扎鲁特旗	3129
		通辽市霍林郭勒市	2618
16	兴安盟扎赉特旗	兴安盟科尔沁右翼前旗	332

续表

序号	提供物资的应急物资储备库承载地	接收物资的应急物资储备库承载地	提供的应急服务规模（人）
17	通辽市科尔沁区	通辽市扎鲁特旗	22252
		赤峰市阿鲁科尔沁旗	13000
18	赤峰市红山区	赤峰市松山区	1596
		赤峰市翁牛特旗	23640
19	赤峰市巴林左旗	赤峰市阿鲁科尔沁旗	10871
		赤峰市翁牛特旗	15630
20	赤峰市克什克腾旗	赤峰市巴林右旗	12871
		赤峰市林西县	20778
		赤峰市翁牛特旗	2237
21	赤峰市喀喇沁旗	赤峰市元宝山区	25697
		赤峰市宁城县	41
22	赤峰市敖汉旗	赤峰市元宝山区	145
		赤峰市翁牛特旗	281
23	锡林郭勒盟二连浩特市	锡林郭勒盟苏尼特右旗	1332
24	锡林郭勒盟锡林浩特市	锡林郭勒盟东乌珠穆沁旗	3147
		锡林郭勒盟正蓝旗	27766
25	锡林郭勒盟苏尼特左旗	锡林郭勒盟苏尼特右旗	221
26	乌兰察布市集宁区	乌兰察布市察哈尔右翼后旗	14953
		乌兰察布市四子王旗	14773
		乌兰察布市丰镇市	48082
27	乌兰察布市化德县	锡林郭勒盟正蓝旗	13891
		乌兰察布市商都县	27229
28	鄂尔多斯市准格尔旗	鄂尔多斯市东胜区	9615
		呼和浩特市托克托县	8172
		呼和浩特市清水河县	8748

续表

序号	提供物资的应急物资储备库承载地	接收物资的应急物资储备库承载地	提供的应急服务规模（人）
29	鄂尔多斯市杭锦旗	鄂尔多斯市鄂托克旗	4777
30	鄂尔多斯市伊金霍洛旗	鄂尔多斯市东胜区	12999
		鄂尔多斯市鄂托克前旗	3171
		鄂尔多斯市杭锦旗	14021
		鄂尔多斯市乌审旗	6775
31	巴彦淖尔市临河区	巴彦淖尔市磴口县	6426
		巴彦淖尔市杭锦后旗	1916
32	巴彦淖尔市五原县	巴彦淖尔市乌拉特中旗	7239
		巴彦淖尔市杭锦后旗	25078
33	巴彦淖尔市杭锦后旗	巴彦淖尔市乌拉特后旗	770
34	乌海市海勃湾区	巴彦淖尔市磴口县	1526

Lingo 运算后得到应急物资储备库各自覆盖范围及提供的应急服务规模，服务规模以应急物资储备库服务的人数进行计算。其中，失效的四个旗县级应急物资储备库原来服务的需求地区的新的应急物资分配的结果如表4-14所示。

表4-14　考虑资源横向调配的应急物资分配模型运算结果

失效的应急物资储备库承载地	覆盖区县	重新分配的应急物资储备库承载地	提供的应急服务规模（人）
乌海市海南区	乌海市海南区	乌海市海勃湾区	7502
阿拉善盟阿拉善左旗	阿拉善盟阿拉善左旗	乌海市海勃湾区	14828
阿拉善盟阿拉善右旗	阿拉善盟阿拉善右旗	巴彦淖尔市杭锦后旗	2503
阿拉善盟额济纳旗	阿拉善盟额济纳旗	巴彦淖尔市磴口县	1944

2. 结果分析

根据本算例的结果，本书建立的考虑资源横向调配的应急物资分配模型能够更改有效应急物资储备库的服务范围，在考虑应急物资储备库之间资源调配的基础上，快速重新生成有效应急物资储备库与应急需求点之间的服务关系，使有效应急物资储备库替代失效的节点发挥作用；同时能够满足应急物资供应时效，实现最小缺货、最小运输成本的优化目标。通过将巴彦淖尔市临河区和五原县的盟市级应急物资储备库的部分应急物资调配到巴彦淖尔市杭锦后旗和磴口县；并且通过使与失效节点相邻的乌海市海勃湾区的旗县级应急物资储备库为乌海市海南区、阿拉善盟阿拉善左旗地区提供应急服务；巴彦淖尔市杭锦后旗为阿拉善盟阿拉善右旗地区提供应急服务；巴彦淖尔市磴口县为阿拉善盟额济纳旗地区提供应急服务，提供了一种应急物资分配的解决方案。根据运算结果，缺货成本目标值为0，应急物资储备库向需求点之间运输成本可至少节省13%，实现了应急响应过程中无缺货、运输成本最小的优化目标。

综合上述运算结果，本章构建的考虑部分节点失效的应急物资分配模型与考虑资源横向调配的应急物资分配模型，能够有效应对突发事件下应急物资仓储网络中部分应急物资储备库失效、储备不足等情景，提高应急物资仓储网络的可靠性。

第五章　突发公共卫生事件下
应急物资仓储管理

完成面向突发公共卫生事件的仓储节点空间布局后，需要依托物理网络对应急物资的仓储管理进行研究。在突发公共卫生事件发生后，应急物资仓储管理工作的结果直接影响受灾人民的物资保障、应急救援效率和效果。应对新冠疫情的实践表明，应急物资仓储管理质量不高已成为制约突发公共卫生事件处置效果的重要因素。本章将围绕应急物资储备模式、库存策略、保管与区域合作等内容，探讨依托仓储资源的应急物资保障体系建设。

第一节　突发公共卫生事件下应急物资仓储管理概述

一、应急物资仓储管理的内涵

（一）基本含义

根据国家标准《物流术语》（GB/T 18354—2021）的定义，仓储是利用仓库及相关设施设备进行物品的入库、存储、出库的活动；仓储管理是对仓储及相关作业进行的计划、组织、协调与控制。因此，应急物资仓储管理是指利用仓库及相关设施设备，对应急物资的入库、存储、出库等仓储作业进行的计划、组织、协调与控制。而面向应急物资的仓储管理，不仅包括在各级各类储备库中的实物储备，还包括协议储备、生产能力储备等多种方式，需要对这些资源进行统筹管理和规划。因此，广义的应急物资仓储管理包括对应急物资储备模式、库存控制、保管轮换等内容的计划、组织、协调与控制。对应急物资进行的仓储管理活动，能够使其种类、数量、时间、地点等合理化，从而最大限度地减少自然因素和人为因素对应急物资的影响，保证其能够在各种情况下得到合理的分配和使用。

（二）应急物资仓储环节的功能

应急物资仓储环节承担着应急物资存储、分类整理、包装、分拨及信息处理等功能，多种功能互相补充、衔接配合，共同保障应急物资的安全保管与及时供应。

1. 存储功能

应急物资一般是平常储备而不流通的，遇到突发事件时才启用，因此需要集中存储在仓库中，以满足平时存放、急时调配的需求。在存储过程中需对应急物资进行保护、管理，防止应急物资因受损而丧失价值，保证应急物资数量完整、质量完好的存储需求。

2. 分类整理功能

应急物资种类多样，为了更好地应对不同类型应急物资的紧急调运需求，做到关键时刻拿得出、用得上、出得快，应急物资仓储需要具备应急物资分类整理功能，能够根据应急物资种类、大小、使用频次、维护保养等方面的需求，将应急物资分类整理放置，并进行定期检查养护。

3. 包装功能

为了便于应急物资的运输，尽量减少运输中的空间占用，需要对应急物资进行整理和包装。因此，应急物资仓储需要具备应急物资包装功能，能够根据物品的尺寸、重量采用规格合适的包装。一方面可以起到对应急物资的保护作用；另一方面可以根据实际需求，将大包装的应急物资改为小包装，方便应急物资的分发和领取。

4. 分拨功能

应急物资仓储服务于一定区域范围内的应急需求，需要具备应急物资分拨功能，即能够根据应急物资需求种类、需求目的地，将应急物资分拣分类，以便于向多个需求点进行发运，同时避免错发、乱发、过量分发等。

5. 信息处理功能

应急物资仓储承担着应急物资信息处理功能，能够收集和处理大量的信息，这些信息对应急方案的制定起着重要支持作用。一是应急物资的来源及产品信息，包括生产企业、生产地、产品质量、应用范围等；二是仓储物资存储规模和需求信息，包括应急物资类别、数量、需求地等，能帮助应急方案决策者确定应急物资发放的数量和方向，使物资分配到最需要的地方。

（三）应急物资仓储管理的要求

结合突发公共卫生事件的特点，应急物资仓储管理的要求可以归纳为以下几点。

1. 注重质量

注重质量是应急物资仓储管理的首要内容。这要求在仓储管理过程中，根据不同应急物资的特点采取恰当的管理方式，保证应急物资在存储这一环节不受各种外界因素干扰，保持其自身的理化特性，并能够正常使用。

2. 确保安全

安全工作是应急物资仓储管理工作的基础。由于应急物流追求高时效性，因此需要仓储各环节快速运转，同时必须保证安全稳妥、无事故发生。而在传染病疫情等突发公共卫生事件下，更要注意仓储全环节的消杀防疫工作，对安全管理的要求更高。

3. 合理存放

合理存放是指对应急物资进行仓储管理的过程中，应根据不同物资的特性分区、分类存放，同时对应急物资存放的空间位置进行合理规划，便于快速搬运、出入库和管理，从而节省时间、提高效率。

4. 优化流程

优化流程是应急物流追求时空效益最大化的内在要求，是指在应急物资仓储管理过程中，通过出入库全流程的设计与优化，可以最大限度地减少仓储管理中的作业环节、节省作业时间。

5. 准确无误

准确无误是体现应急物资仓储管理水平的重要标志。应急物资在仓储环节的高速高效运转并不是以牺牲准确率为代价的，而是要求准确掌握应急物资的数量、规格、品种、型号等信息，在各个环节的作业做到绝对准确。

6. 全程监控

全程监控是指对应急物资从入库、存储到出库整个仓储管理过程做到动态和静态监督控制，收集并记录物资与作业的实时信息，为指挥调度部门实时决策、事故处理等提供可靠的依据。

二、我国应急物资仓储管理的现状与问题

（一）面向突发公共卫生事件的应急物资仓储管理现状——以医药储备为例

医药储备是应对突发公共卫生事件的特需储备内容，本节以医药储备制度为例分析相关现状与问题。我国于 20 世纪 70 年代初建立了国家医药储备制度，之后为适应社会主义市场经济发展需要，提高国家医药储备能力和管理水平，1997 年国务院印发了《关于改革和加强医药储备管理工作的通知》。随后原国家经贸委于 1999 年发布了《国家药品医疗器械储备管理暂行办法》。两个文件规定，国家医药储备实行中央和地方分级储备、动态管理、有偿调用，中央主要负责储备重大灾情、疫情及突发事故和战略储备所需的特种、专项药品及医疗器械，地方主要负责保障地区性或一般灾情、疫情及突发事故和地方常见病、多发病所需的药品和医疗器械。截至 2020 年，我国除新疆、西藏、海南外，其余的 28 个省区市都建立了地方医药储备。

我国医药储备类型分为专项储备和常规储备两类。专项储备针对非典疫情、新冠疫情、禽流感、甲型 H1N1 流感等突发公共卫生事件，包括生物疫苗制品、消杀药品、抗核辐射救治药品、化学中毒救治药品以及抗病毒药品等；常规储备针对突发公共卫生事件所需的普通药品，包括抗生素、镇痛药、麻醉药、降血压药等药品和医疗器

械。截至 2011 年年底，中央医药储备囊括 1700 多个品规的原料药、中西药制剂、生物制品以及医疗器械。

我国医药储备采取实物储备率不低于 70% 的方式动态储备，专项储备每年进行核销补足，常规储备由承储企业自行轮换。21 家一级承储单位，包括具有强大综合实力的央企，也有在特定领域掌握关键技术的科研单位，更有具备自主研发能力的高新技术企业。承储点遍布东北、华北、西北、华中、华南等区域，并通过现代化物流体系保障药品及时调拨。

国家医药储备的中央医药储备部分主要由工业和信息化部、财政部及国家卫生健康委员会按计划管理，工业和信息化部承担国家药品储备管理工作，国家卫生健康委员会配合工业和信息化部等部门完善卫生应急物资储备机制，合理确定物资储备目录和规模，以及实物储备、社会储备和生产能力储备的比例，建立健全物资轮储和调用制度，推动应急物资储备信息化建设，提高应急物资综合协调和分类分级保障能力。地方医药储备管理体制略有差别，一般实行由政府相关部门组建医药储备联席工作小组的方式。药品保管、调用、轮储、核销基本正常流转，相关部门基本能够实现各司其职、协同配合，如图 5-1 所示。

在资金管理上，中央医药储备资金依年度进行专项储备的核销补足，常规储备由承储企业自行轮储，不予资金补贴。国家医药储备专项资金实行决算制度，地方医药储备则由地方财政拨款，如北京市和辽宁省；也有部分省区市采取银行专项贷款财政贴息的方式进行，如上海市和广东省。

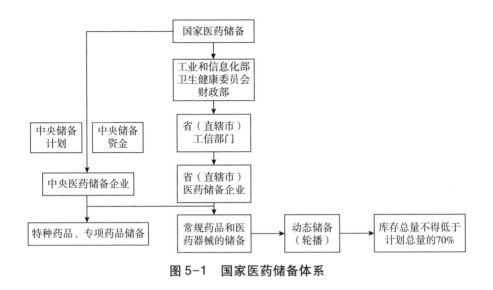

图 5-1　国家医药储备体系

（二）我国应急物资仓储管理中存在的问题

各类应急物资储备库是突发公共卫生事件期间所需物资的"神经中枢"。尽管我国面向突发公共卫生事件的应急物资储备体系和应急物资储备制度较为完善，但是也有部分机构在物资管理、分发等仓储管理方面存在明显短板，导致储备库物资积压和抗击突发公共卫生事件前线物资严重不足等问题的出现，具体体现在应急物资储备能力有待改善、仓储管理智能化程度有待增强等方面。

1. 应急物资储备种类、数量不足

目前中央应急物资储备库主要承担特大灾害物资救援任务，储备物资种类以帐篷、棉衣、棉被等应对自然灾害的生活类应急物资为主，针对突发公共卫生事件的应急物资种类相对较少。例如我国许多经济薄弱省份，医疗药品类应急物资储备规模较小，一旦发生突发公共卫生事件，自身应急物资储备难以满足需要；经济较发达地区，如

上海、广东、浙江等省市，救灾、防疫药品储备也难以满足疫情突发时对医疗药品的巨大需求。诸如中部人口密集、交通网络发达、公共卫生事件高风险的地区，却存在库房少、规模小、医疗应急类物资储备不足等问题。

2. 应急物资储备模式单一，生产能力储备不足

目前我国应急物资储备以政府实物储备为主，协议储备和生产能力储备所占比重很小。尽管部分地区相关部门已经逐步开始尝试企业代储等协议储备模式，但对当事双方的权利与义务并不明确，使得突发事件发生后很难进行快速响应，最后往往还要依靠政府部门进行应急采购。此外，生产能力储备作为一种可持续供应应急物资的储备模式，由于缺乏必要的应急物资生产线储备，使得突发事件发生后，对于消耗性较大的应急物资需求难以满足。

3. 应急物资储备与区域联动不足，协同配合不够

目前我国的应急物资储备体系分别属于不同部门管理，中央应急物资储备与地方应急物资储备、各区域应急物资储备之间缺乏必要的协同机制，区域间联动合作不足。在应对重大突发公共卫生事件时，往往会影响应急反应的速度和效率。例如医药储备没有统一的信息管理系统，中央医药储备与地方医药储备、各地方医药储备之间缺乏信息沟通，储备药品品规间缺乏互补性，浪费与短缺并存。

4. 应急物资仓储管理水平不高

由于突发公共卫生事件的不确定性、事前预案不够完善等原因，导致在应急响应期间，大多数物资存储点是临时选择的，负责的仓库管理人员是未经培训临时指派的，从而容易出现物资无序摆放，未按照物资种类、保质期等分门别类摆放的问题，给后期物资盘点、分拣、出库作业造成很大的不便。特别是捐赠物资来源多样、物资质量良莠不齐，仓储管理水平不高会进一步造成物资管理混乱，影响应急物资分配和调度的效率与效果。

三、应急物资仓储管理的国际经验

应急物资是保民生、稳市场的"压舱石"，是应对突发公共事件保安全、守底线的基础保障，是城市生命线系统的重要组成部分。世界各国在应急物资仓储体系建设方面积极探索与发展，取得了众多经验。

（一）美国应急物资仓储管理经验

美国是世界上经济实力和科技实力较为雄厚的国家，拥有较为完善的应急物资仓储体系。美国应急物资仓储管理体系展现了联邦制国家特色，各州和地方政府负责启动应急响应，联邦政府提供保障支持。美国国家层面的主要应急灾害管理机构为联邦紧急事务管理署，该机构负责灾害协调应急管理，协调州和地方政府及社会组织，获得应急保障支持。

美国应急物资仓储体系建设有三个突出特点。一是高度重视国家战略储备，对事关经济、军事及国家安全的战略资源高度重视、广泛储备，尽可能减少对国际进口的依赖；二是注重科学防灾减灾，政府对于应急保障的资金投入逐年增加，利用先进科学技术实现防灾减灾；三是广泛动员社会力量，积极发挥政府以外的力量充实国家应急保障能力，积极鼓励居民进行重要物资储备，美国的一些私人机构、非政府组织在国家应急保障中也发挥了重要作用。

以美国较为领先的医药储备体系建设为例，美国国家战略储备中包含应对化学、生物、放射和核武器以及自然新发生的传染病等威胁的医疗战略储备，其目的是确保医疗用品和设备的可用性和快速部署。储备的品种主要包括抗生素、抗病毒药物、化学毒剂和抗毒药、抗毒素、疫苗、放射病治疗药、个人防护装备、循环和呼吸维持装备、生命支持装备、其他便携式急救医疗设备、手术和伤口护理用品等。

美国国家战略储备是美国处置灾难和突发事件最积极有效的支持工具，主要原因包含三个方面。第一，储备形式主要分为 12 小时速达应急包和供应商管理库存两种。当突发事件发生时，速达应急包在接到部署的命令后 12 小时内将被运送到应急地区附近的筹措储备点，满足人员治疗需求。如果事件需要更多的药品和医疗用品，大量的供应商管理库存将在 24~36 小时内被运到应急地区。第二，政企联合储存，如 2017 年 8 月，美国联邦应急管理局与沃尔玛超市合作，利用沃尔玛强大的储备系统与物流系统，有效提高了美国哈维飓风灾难的响应速度与应急处置效果。第三，政府储备中心将剩余的临期物资以低价出售给供应商的轮换策略，如医院和应急储备中心合作，医院以一个低于供应商批发价的价格从政府储备中心采购临期剩余物资，实现应急物资的回收置换。

目前，美国每个州都有与美国国家战略储备配套的物资储备计划，涉及 72 个城市。美国许多参与救灾的非政府组织都有自己的仓库存储救灾物资，并形成了覆盖网络。为了便于向全国各地迅速发放紧急医疗物资，国家战略物资主要储备在美国各地多个战略储备库中，为确保其所储备的医疗物资得到及时更新，国家战略储备管理机构对所有储备物资每年都进行季节性的质量检查和库存清点，同时对库存环境、安全、保养等项目进行检查。

（二）日本应急物资仓储管理经验

日本应急体系建设的完善源于其独特的地理位置，由于其地处亚欧板块和太平洋板块的交界地带，火山、地震等自然灾害频发，因此日本长期以来都较为重视应急物资保障体系建设，在城市防灾减灾规划方面世界领先，目前已形成一套较为完善的以东京为核心的都市危机管理体系，主要内容包括对城市木质住宅密集地区加固改造、城市重点地区重点减灾防灾建设、城市消防通道规划等。

日本实行的是分权化与多元化的应急防御体系。当遭遇突发应急事件时，日本国内迅速成立以内阁总理大臣为总指挥的一体化管理体制，内阁官房长官负责协调各专业部门进行应急管理，国土厅、防卫厅、气象厅和消防厅等职能部门负责各自领域的具体实施。

日本建立了应急物资储备和定期轮换制度，明确每一种物资的储备数量和储备地点，政府和地方公共团体在储备点建立储备库和调配机制。日本应急物资划分为食品、生活用品和自救工具三大类。日本政府对一些生产周期长、耐储存、种类特殊的物资进行重点储备，而对于社会大规模生产、储存时间短、易腐烂变质的物资储备，采用登记、定购、代储等方式适时征用。

日本应对突发公共卫生事件物资储备最大的特点是全民储备体制，日本的非政府组织和家庭在应对突发公共卫生事件的物资储备方面力量凸显，尤其是日本家庭基本上都有储备应急箱，其中包括卫生物资。日本各种类型的机构如消防学校、防灾航空大队、消防团、防灾会等，都设有储备库，并配备储备充足的应急物资装备、设施和生活必需品。

总体而言，面向突发公共卫生事件的应急物资仓储管理，需要有完善的储备计划，考虑到应急物资的类型和特点，对储备模式、库存规模、保管与轮换等方面进行合理安排，尽可能通过预防性的应急物资储备和管理来弥合突发性的应急需求和供给之间的矛盾。

第二节　面向突发公共卫生事件的应急物资储备模式

各类物资的急需程度、有效使用期限、价值和市场保有量等因素不同，因此需要科学选择应急物资的储备模式，对各类物资进行有效储备，在降低储备成本的同时有效利用社会资源。

一、应急物资储备模式及适用条件

我国应对突发公共卫生事件的应急物资储备模式主要分为三大类：实物储备、协议储备与生产能力储备。根据《"十四五"应急物资保障规划》文件要求，各类应急物资实行分级负责、分级储备，中央主要以实物形式储备应对需由国家层面启动应急响应的重特大灾害事故的应急物资；地方根据当地经济社会发展水平，结合区域灾害事故特点和应急需求，在实物储备的基础上，开展企业协议代储、产能储备等多种方式的应急物资储备。不同储备模式存在其特性和优劣势，充分理解各种模式并组合运用，建立新的储备模式体系，可实现对突发公共卫生事件更快更好的响应。

（一）实物储备

实物储备是将应急物资以实物的形式储存在仓库中，当突发事件发生后随时可调用的物资储备模式。实物储备是突发事件尤其是大规模突发事件初期的主要物资来源，对于生命的拯救、灾情的控制具有重要意义。但是如果全部或过多地依靠实物储备，由于突发事件的不确定性以及物资的有效使用期限等因素，往往会造成社会财富的浪费和大量资产的长期闲置等。

1. 模式特征

（1）供应速度快。实物储备模式中，应急物资是以实物的形式储存在应急仓库中，当突发公共卫生事件发生后，这些应急仓库可以第一时间保障应急物资的供应。因此，实物储备能以较快的供应速度满足突发公共卫生事件中急需程度较高的应急物资需求。

（2）可靠性强。实物储备模式中，应急物资直接受到各级政府应急管理部门的监督管理。一旦发生突发公共卫生事件，各级政府应急指挥中心能够直接指挥应急仓库调用所需的应急物资。此外，实物储备不依赖外部合同或协议，因此不受供应链中断、合同执行延迟等问题的影响，具有很强的可靠性。

2. 适用的应急物资特征

从时间紧迫性角度考虑，实物储备模式由于其供应速度快、可靠性强的特点，适合储存急需程度较高的应急物资。从成本效益角度考虑，实物储备模式的建立和维护需要大量的投入，包括购买、存储和维护物资的成本；而在运营过程中，也需要定期更新和维护，以确保储备的有效性。总体来看，实物储备模式更适合储存急需程度高、使用寿命较长的物资。

政府实物储备模式——中央救灾物资郑州储备库

2020年2月5日19时20分，河南省救灾物资储备保障中心（中央救灾物资郑州储备库）接到国家粮食和物资储备局向湖北省紧急调运中央救灾物资的指令后，立即启动救灾物资应急调运预案，迅速组织全体干部职工投入救灾物资发运工作。据统计，本次从河南调运的物资主要为22600件棉大衣、16500床棉被、2300张折叠床。

按照快速、高效的原则，河南省救灾物资储备保障中心第一时间联系中铁联合国际集装箱有限公司，组织7台大型集装箱运输车辆进行往返装运。这批救灾物资采用铁路运输方式，从郑州莆田站发出，2020年2月6日全部完成13个集装箱装运任务，驰援湖北省武汉市。

（二）协议储备

协议储备是政府与企业签订储备协议，通过向企业提供现金补贴、税收减免、政策支持等方式，由企业按照要求生产物资并代为存储，确保在突发事件发生后能够调用、征用这些物资作为应急物资开展救灾活动的一种储备方式。由于协议储备的应急物资无法对应急物资的具体需求时间作出约定，所以要防止在突发公共卫生事件发生后，协议储备的应急物资已报废、正在维修或者暂时没货，影响突发公共卫生事件的应急处置。

1. 模式特征

（1）储备管理专业性强。协议储备模式下，应急物资由专门的企业管理，这些企业多为经验丰富、技术实力雄厚的专业企业，具有功能更加丰富的仓储设施设备和仓储管理信息系统，在物资管理、市场流通轮换方面具有更强的专业性，能够处理应对不同应急物资的仓储、保管养护需求。

（2）储备成本主要由企业承担。协议储备模式中，代储企业应保证在代储期限内，按照双方约定的品种、数量、质量储备和供应应急物资，并保证这些应急物资可以随时被调用。在此过程中，政府仅需支付一定的代储定金，企业承担应急物资的生产、采购、仓储、折损等成本。

2. 适用的应急物资特征及类目

从时间紧迫性来看，政府对企业代储的应急物资需要经过调用过程才能实现对突发公共卫生事件中应急物资的供应，因而更适合储存急需程度一般的应急物资。从经济性来看，代储企业根据自身经营特色不同，适合储备的应急物资类别也不同，但共同特征是消耗性较强，在市场中流通量较大。对于代储企业，该类应急物资在代储企业仓库中周转率较高，不会占用企业较多的流动资金。对政府来说，仅用等于或少于应急物资实际价值的资金就可以实现对该类物资的储备，实现了资金的"放大效应"。

企业代储模式案例

郑州市应急救灾物资储备由市粮食和物资储备局负责，委托河南郑州兴隆国家粮食储备库有限公司代储。该库位于郑州市上街区

科学大道 1103 号，库区现有土地面积 55 亩，综合性办公楼三层 3600 平方米，油罐 9 座，罐容 3 万吨，钢结构仓房一栋，面积 6948 平方米。主要承担郑州市市级储备食用油、应急物资承储等任务。其中用于储备应急物资的仓库面积约 3800 平方米，储备救灾物资 50 种、共 114021 件（套），主要有安置类、被服类、装具类三大类物资，用于受灾人员基本生活救助。

（三）生产能力储备

应急物资生产能力储备是指政府通过和能够生产、转产或研制救灾物资的企业或其他单位签订有关协议，确保突发事件发生后这些企业能够按照协议要求或者根据政府下达的生产任务，迅速生产、转产或研制救灾物资的一种储备模式。生产能力储备对大规模突发公共卫生事件中的应急物资长期稳定供应起到非常重要的作用，但是生产能力储备转化为应急物资需要一定的时间，如果过多地依靠生产能力储备，会影响突发事件的处置，尤其是前期的处置工作。

1. 模式特征

（1）持续供应能力强。生产能力储备模式中，相关企业可以通过生产、转产、研制供应突发公共卫生事件发展过程中不断被消耗、需求具有持续性的应急物资。因而，生产能力储备模式具有较强的持续供应能力。

（2）供应速度较慢。生产能力储备模式中，相关企业供应所需的应急物资要经过生产、转产或研制等过程，这些过程都需要一定的时间，因而对应急物资的供应速度相对较慢。

2. 适用的应急物资特征及类目

生产能力储备模式中，储备对象是能够不断生产、供应应急物资的生产能力，因此生产能力储备模式适合在突发公共卫生事件中需求规模大、需求持续性长、转产时间短的应急物资。

生产能力储备模式案例——河北省应急物资生产能力储备基地

为落实《河北省应急产业发展规划（2020—2025）》，引导企业集聚发展安全应急产业，优化安全应急产品生产能力区域布局，河北省工业和信息化厅、省发展改革委、省科技厅联合开展了安全应急产业示范基地（含创建）和应急物资生产能力储备基地认定工作，评选认定7个省级安全应急产业示范基地创建单位、15个应急物资生产能力储备基地。其中，际华三五零二职业装有限公司作为河北省的应急物资生产能力储备基地，在2020年疫情防控中紧急转产扩产，30天建成10万级洁净车间，实现了34天日产效率平均递增16.14%，累计生产并送往疫情前线医用一次性防护服100余万件。防护服生产期间，公司每天紧急驰援武汉等战役一线，占全国日供给战"疫"一线防护服总量的1/5。

（四）不同储备模式的比较分析

不同应急物资储备模式由于参与主体不同、物资状态不同等因素，使其在突发公共卫生事件下反映出不同的特征。从储备模式的供应水平、储备范围的广泛性及储备模式的经济性三个维度，对三类储备模式进行比较分析，具体如表5-1所示。

表 5-1 不同应急物资储备模式的对比

模式	主体	供应水平			广泛性	经济性
		供应速度	稳定供应能力	持续供应能力		
实物储备	政府	较快	较强	有限	有限	较低
协议储备	企业	中等	中等	有限	广泛	较高
生产能力储备	企业	较慢	较弱	较强	广泛	较高

1. 储备模式的供应水平

三类储备模式最重要的职能在于突发公共卫生事件发生后，能够以最快的速度完成应急物资的供应。突发公共卫生事件本身突发性、传染性以及阶段性的特征，对应急物资储备模式的供应速度，以及稳定供应、持续供应的能力提出了要求。

（1）供应速度方面。突发公共卫生事件往往难以对发生的具体时间、地点等做出预测。实物储备模式将应急物资以实物的形式储存在仓库中，因此该模式可在突发事件发生后第一时间调用物资，物资供应速度最快。协议储备模式中难以对应急物资的具体需求时间做出约定，当突发公共卫生事件发生后，从协议企业仓库中紧急调用应急物资需要一定的时间，因此协议储备模式的物资供应速度中等。生产能力储备模式中，生产能力储备转化为应急物资需要一定的时间，因此生产能力储备模式的物资供应速度相对较慢。

（2）稳定供应能力方面。突发公共卫生事件不但对人的健康有影响，而且对环境、经济乃至政治都有很大的影响。因此事件发生后，能否稳定供应应急物资具有重大意义。实物储备模式中，应急物资以实物的形式储存于应急仓库中，直接受到政府的监督管理，具有更稳定的供应能力。协议储备模式中，企业根据自身生产经营状况安排对应急物资的仓储管理，突发公共卫生事件发生后，能否稳定供应应急物资取决于企业的仓储管理水平和契约精神。因此，协议储备模式的供应能力稳定性一般。生产能力储备模式中，突发公共卫生事件发生后，企业需要按照协议要求或者根据政府下达的生产任务，迅速生产、转产或研制救灾物资。在此过程中，能否在尽可能短的时间内保质保量生产应急物资，既需要应急物资的原材料支持，同时对企业复工能力也提出较高要求。因此，生产能力储备模式的供应稳定性较弱。

（3）持续供应能力方面。突发公共卫生事件传播途径和范围具有广泛性，即突发公共卫生事件发生后可能通过相关途径进行传播、蔓延，持续消耗相关应急物资，因此也对应急物资储备模式的持续供应能力提出相应要求。实物储备模式和协议储备模式中，无论是政府储存的物资还是企业储存的物资，数量总是有限的。对于消耗性较强、需求持续性较长的应急物资，两种模式的持续供应能力较为一般。生产能力储备模式中，只要原材料供应充足，就可以不断生产供应所需的应急物资，因此该模式的持续供应能力较强。

2. 储备范围的广泛性

由于突发公共卫生事件的蔓延范围、发展速度和最终的结果都会随着时间推移而发生变化，使得应急物资需求的种类也更加复杂多样，因而对不同储备模式储备范围的广泛性提出相应要求。

实物储备模式中，政府投入的应急物资储备资金总是有限的，不可能完全涵盖突发公共卫生事件需要的各类应急物资，仅针对急需程度较高的应急物资进行储备，因此实物储备模式的储备范围的广泛性一般。

协议储备模式与生产能力储备模式下，政府可根据自身需求，结合自身储备未能涵盖的应急物资类型，与拥有或有能力生产该类应急物资的企业签署协议，补充完善应急物资储备范围，储备范围也更加广泛。

3. 储备模式的经济性

尽管应急物流具有弱经济性的特征，但也需按"平急结合"的应急管理思想，在保证应急物资储备能够满足突发公共卫生事件对应急物资不同类型、不同层次需求的基础上，科学降低成本。可以通过应急物资所有权的归属、采购（生产）和更新淘汰成本、委托成本、仓库建设和管理成本、保管和养护成本等指标比较储备模式的经济性。

实物储备模式中，应急物资所有权归政府所有，政府承担应急物资的采购成本、保管养护成本和更新淘汰成本。如果需要自建仓库，则由政府承担仓库建设和管理成本。

协议储备模式中，应急物资所有权"平时"归企业所有，企业承担应急物资的采购（生产）成本、仓库建设和管理成本、保管养护成本和更新淘汰成本，政府只承担一定的委托成本。突发公共卫生事件发生后，政府紧急调用企业储备的应急物资，之后根据相关协议和使用数量，向企业支付应急物资的货款；若物资使用后归还企业，则政府需根据相关协议和损耗情况，向企业支付使用、损耗成本。

生产能力储备模式中，突发公共卫生事件发生前，应急物资尚未被生产出来，此时只有政府承担一定的委托成本。当突发公共卫生事件发生后，企业承担应急物资的生产成本、仓储管理成本，政府承担采购成本。

二、面向储备的应急物资分类矩阵

应急救援涉及物资种类较多，由于资源有限，难以对每种物资进行提前储备，并对所有储备的品种均给予相同程度的重视和管理。为了使有限的时间、财力、人力、物力等资源能得到更有效的利用，需要科学划分应急物资需求的重要程度，依据重要程度的不同，分别进行管理。例如，对于重要性高的物资，要优先采购、储存和调运，在日常管理当中则需要重点管理。

对物资进行分类管理的方法较多，传统的 ABC 分类法（Activity Based Classification）是企业库存管理对物资进行分类的主要方法，主要做法是从名目众多、错综复杂的客观事物或经济现象中，应用已有的数据，找出主次、分类排队，再根据不同情况分别加以管理。ABC 分类法通常按照物资的"品种占有比例"和"资金占有比例"两个指标来分类，如表 5-2 所示。

表 5-2　　　　　　　　　　ABC 分类法一览

类别	品种占有比例（％）	资金占有比例（％）	管理方式
A	5~20	60~70	重点管理控制
B	20~30	10~20	一般管理控制
C	60~70	5~10	简便易行控制

ABC 分类法的思想和理念对于应急物资分级储备管理有很大的借鉴和启发，但其主要基于物资的价值量来进行分类管理，忽略了物资本身"应急"的特性，故不能直接运用到应急物资需求重要性分析中。例如，某些应急物资价值并不高，如果按 ABC 分类法只能算 C

类物资，但是在市场上属于短缺物资，则其在应急物资采购及储备中就必须放在比较重要的位置；有些物资虽然价值很高，需求量也大，但在市场上很容易得到，就可以采取较简单的方法，利用社会储备以节约成本。此外，若不考虑物资的采购难易程度及是否具有可替代性等问题，就很可能将年资金占用金额不太大，但采购较困难且不具有可替代性的重要物资划为非重点管理对象。

因此，应急物资需求重要性分类比普通库存物资更加复杂，需要对传统的 ABC 分类法加以改进，以适合应急物资分类管理的要求。改进的关键在于分类标准的设定，面向储备的应急物资分类有多种维度，曹卓君依据物资重要性、供应市场复杂性程度，将应急物资分为关键型、瓶颈型、重要型、普通型四种级别。谢青凌根据应急物资的紧急性和重要性特征，将应急物资划分为六类。本节参考相关研究，结合突发公共卫生事件特点，从供应复杂性、需求时效性和需求持续性等方面进行分类，所得到的面向储备的应急物资分类矩阵如图 5-2 所示。

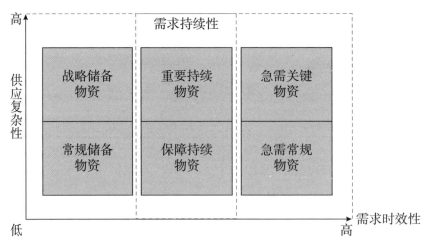

图 5-2　面向储备的应急物资分类矩阵

（一）急需关键物资

这类物资的基本特点是时效性很强，在突发事件发生时需要立即供应，但是本身的供应链相对复杂、市场保有量不高，如急救药品、呼吸机、N95 口罩等。由于"急时"难以获取，因此这类物资的储备规模通常需要高于常规需求，以满足突发事件的需要。日常需要高度精细的储备管理，定期检查、维护和更新，以确保在紧急情况下的快速供应。

（二）急需常规物资

这类物资同样时效性很强，但是市场供应比较充足，发生突发事件时比较容易从市场中获取，如洗手消毒液、一次性手套、普通药品等。这类物资的储备规模与预测的需求量、使用频率和保质期等有关，日常储备管理相对简单，"急时"物资来源比较有保障。

（三）重要持续物资

这类物资的基本特点是在突发公共卫生事件中需要持续供应，但是供应复杂性较高，如生产医疗设备、药物、疫苗和其他医疗用品的原材料和生产设备等。这类物资的需求在较长时间内持续存在，其短缺将直接影响抗击疫情的能力和效果。日常不仅仅需要充足的储备，更需要与关键供应商建立紧密的合作关系，以备"急时"的快速生产、持续供应。

（四）保障持续物资

这类物资的需求也是在突发公共卫生事件中长期存在的，但是制备和供应相对简单，如体温计、卫生纸、大米、面粉等基本用品。这类物资在抗击疫情中需要持续、稳定地供应。日常储备需以优化库存水平和减少库存成本为目标，辅以与供应商的长期合作，从而确保供应能够满足需求的增长。

（五）战略储备物资

这类物资的供应难度较大，市场流通量较小，但是需求时效性相对较低，如大规模隔离设备、生化防护服、疫苗等。这类物资虽然需求不太频繁、时效性相对较低，但在突发公共卫生事件的特定场景下至关重要。日常需要长期规划、储备以备不时之需，库存策略通常相对保守，需要专业化的设施确保其质量和可用性。

（六）常规储备物资

这类物资需求时效性相对较低，且供应通常较为简单，如方便食品、水、紧急住宿设备等，主要用于确保公众的基本需求得到满足。这类物资的储备相对较简单，主要是为了日常需求储备，需要定期维护以确保质量和有效性。库存管理通常侧重于避免浪费和确保库存的新鲜度。

三、应急物资与储备模式匹配矩阵

借鉴产品供应链矩阵模型的思想，本节在应急物资分类矩阵的基础上，设计与各类物资相匹配的储备策略，从而构建应急物资与储备模式的匹配矩阵。

（一）应急物资储备需求与储备模式的耦合关系

前文已分析了应急物资储备需求和储备模式的特征，两者的耦合关系也与特征息息相关，如图 5-3 所示。

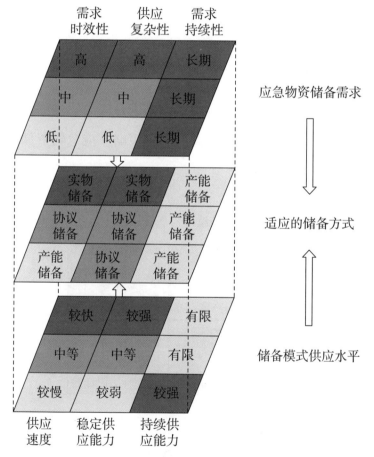

图 5-3 应急物资储备需求与储备模式呈耦合关系

应急物资的供应复杂性与储备模式的稳定供应能力相匹配。供应复杂性的核心在于突发公共卫生事件所需物资难以获取，对应要求储备模式有稳定的物资供应能力。

应急物资的需求时效性与储备模式的供应速度相匹配。需求时效性的核心在于快速响应应急需求，对应要求储备模式有较快的供应速度。

应急物资的需求持续性与储备模式的持续供应能力相匹配。需求持续性的核心在于非一次性、长期性的物资需要，对应要求储备模式有持续供应物资的能力。

（二）应急物资储备模式匹配矩阵

根据需求与储备模式的耦合关系，在进行应急物资的储备模式决策时，可以相应地选择适配性更高的储备策略。应急物资储备模式匹配矩阵如图 5-4 所示。

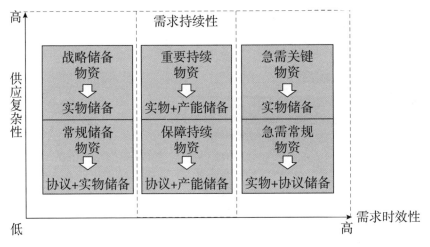

图 5-4　应急物资储备模式匹配矩阵

通过对对应象限进行分析，可以得到面向突发公共卫生事件的储备方式决策方法。

急需关键物资匹配实物储备模式。实物储备具有较快的供应速度、稳定的供应能力，可以很好地响应该类物资需求时效性高、供应复杂的特点，在事件发生后提供快速、可靠的供应保障。

急需常规物资匹配实物储备和协议储备联合模式。由于该类物资供应较为简单，可以从经济性的角度考虑选择实物储备和协议储备联合的模式，在应急储备库中常备一定库存量的物资，并通过协议储备在紧急时刻从市场获取物资，从而达到"平时"储备和"急时"供应的平衡。

重要持续物资匹配实物储备和产能储备联合模式。该类物资的突出特点是需求持续性长且供应复杂，需要通过足量的实物储备来保障"急时"物资的快速、可靠供应，并配合产能储备持续生产物资，避免"断供"。

保障持续物资匹配采用协议储备和产能储备联合模式。该类物资与重要持续物资相比供应较为简单，可以通过与可靠的供应商签订协议来保障"急时"的物资筹措和供应，同时考虑到需求持续性，配合产能储备作为市场存量不足时的补充方案。

战略储备物资匹配实物储备模式。该类物资虽然需求时效性相对不高，但是供应较为复杂，一旦发生突发事件难以即时从市场获取，因此需要可靠的实物储备作为应急保障。

常规储备物资匹配采用协议储备和产能储备联合模式。该类物资一般市场流通量较大且供应简单，可以以协议储备为主，在事件发生后紧急从协议企业处获取物资，"平时"在应急储备库中备有满足一定数量人数需求的物资即可。

（三）应急物资储备模式选择的思考

在选择应急储备模式时，应该根据物资类型和各模式特点，进行供需匹配。然而由于应急物资种类众多，如第三章中突发公共卫生事件下的应急物资可分为生活保障物资、医疗防护物资、应急防控物资和建设应急物资 4 大类 13 小类，同类物资在事件的不同阶段、不同场景下也存在不同的储备需求，不能一概而论。因此本节仅从应急物资的储备需求出发，结合各储备模式的供给特色，提出了面向储备的匹配矩阵作为决策参考。在具体决策时考虑的原则应为：以保障"急时"物资供应的可靠性为第一原则，在满足这个原则的前提下降低"平时"物资储备的成本、提高资金利用率。

第三节　面向突发公共卫生事件的应急物资库存策略

应急物资库存直接影响应急物流系统的反应速度和最终成效，充足的应急物资储备可以大大减少从灾害发生到救灾完成的间隔时间，减少采购和运输量以及相关成本，但同时也会占用大量的流通资金。应急物资库存控制是对突发公共卫生事件应急物资储备的管理与控制，包括库存物资种类、数量、方式的控制，以及长期和中期的储备量控制，储备物资的合理维护和有效管理，库存成本管理等。

一、应急物资库存策略的主要影响因素

应急物资库存控制的最终决策方案受突发公共卫生事件类型、需救助人口数、受疫情影响地区分布等因素影响。

(一) 突发公共卫生事件类型

突发公共卫生事件类型主要影响应急物资库存种类与数量，表现在两个方面：一是物资存储种类，如突发急性传染病（疫情）事件需要口罩、手套等个人防护物资，群体性中毒事件则需要解毒剂、抗毒物等物资；二是物资存储数量，如突发急性传染病（疫情）事件需要严格控制传播，对口罩等物资需求较大，而食品安全事故多是因为食物造成疾病传播，对口罩等物资需求较小。

(二) 需救助人口数

需救助人口数主要影响应急物资库存数量。当一个地区抵御疫情的能力较弱时，受到疫情影响需救助人口数往往较多，无论是医疗防护类物资，还是安顿食住的生活保障类物资，均与需救助人口数有直接关系，通常呈现正比例关系。

(三) 受疫情影响地区分布

受疫情影响地区分布主要影响应急物资存储的空间分布，疫情影响较为密集的地区往往应具有多个应急物资储备节点，这决定着应急物资库存的空间分布。

二、应急物资库存控制方案设计思路

(一) 构建库存控制优化模型

应急物资的储备应该同时考虑经济利益和社会效益，在构建库存控制优化模型时也应以经济成本和社会效益损失最小化为目标。

(二) 模型求解

结合需求数据分析需求的概率特点，并设定相关参数取值，编程求解得到应急物资库存量，并将库存量分配至储备节点。

(三) 库存控制方案评价

评价优化后的库存量能否满足地区应急物资需求总量，若不满足，则需调整应急物资保障水平并重新进行计算；若满足，则与预期库存量进行比较，分析优化方案的成本节约情况。其中，预期库存量可设置为目标地区需救助人口的最大值。

三、面向随机需求的应急物资库存控制模型

(一) 问题描述

目前，我国根据突发公共卫生事件的性质、危害程度、涉及范围，将其划分为四级，分别为特别重大的突发公共卫生事件（Ⅰ级）、重大的突发公共卫生事件（Ⅱ级）、较大的突发公共卫生事件（Ⅲ级）、一般的突发公共卫生事件（Ⅳ级）。不同等级的事件所造成的

人员伤亡和财产损失具有不确定性，即使同等强度、同种类型的突发公共卫生事件，对同一地区的影响也会表现出差异性特征，其所引起的应急物资需求数量也具有不确定性，这种需求的不确定性定义为应急物资的随机需求。应急物资库存控制问题是指在随机需求条件下，采用概率和统计工具，预测需求的概率分布，寻求所需成本最低的应急物资库存量，并制定相应的库存策略。

（二）模型构建

1. 模型的基本假设

一是假设应急物资的需求是随机的，受多种未知因素的影响。

二是假设历史需求数据的概率分布在未来是稳定的，即分布的参数（均值、方差等）基本保持不变。

2. 模型目标函数

应急物资库存控制优化的目标包括社会效益和经济效益两方面。在应急救援的过程中，根据应急物资库存量和需求量的数值关系，可以分为以下两种情况：

第一种情况，应急物资库存量过多，超过应急物资需求量，则会因库存物资未被使用而造成一定的经济效益成本，设为 H；

第二种情况，应急物资库存量不足，低于应急物资需求量，则会因库存未能满足应急救援需求而带来一定的社会效益成本，设为 K。

设第 i 类应急物资库存总量为 Q_i，库存量大于需求量而造成的单位经济效益成本为 h，库存量小于需求量而造成的单位社会效益成本为 k，x 为需救助人口数，$f(x)$ 表示需救助人口数 x 的概率分布函数，α_i 表示需救助人对第 i 类应急物资的需求系数，n 表示应急物资类别，则相应的损失期望值可用下式表示。

供过于求（$\alpha_i x < Q_i$），此时造成的经济效益损失期望值是：

$$\sum_{i=1}^{n} \left[\sum_{x=0}^{Q_i/\alpha_i} h(Q_i - \alpha_i x)f(x) \right] \tag{5-1}$$

供不应求（$\alpha_i x > Q_i$），此时造成的社会效益损失期望值是：

$$\sum_{i=1}^{n} \left[\sum_{x=\frac{Q_i}{\alpha_i}+1}^{\infty} k(\alpha_i x - Q_i)f(x) \right] \tag{5-2}$$

因此，期望总损失值 $C(Q)$ 可以表示为：

$$C(Q) = \sum_{i=1}^{n} \left[\sum_{x=0}^{Q_i/\alpha_i} h(Q_i - \alpha_i x)f(x) + \sum_{x=\frac{Q_i}{\alpha_i}+1}^{\infty} k(\alpha_i x - Q_i)f(x) \right]$$

$$\tag{5-3}$$

当 $C(Q)$ 最小时，求得的 Q 值为最佳库存值，故应急物资库存控制优化模型目标函数可以表示为：

$$\min C(Q) = \sum_{i=1}^{n} \left[\sum_{x=0}^{Q_i/\alpha_i} h(Q_i - \alpha_i x)f(x) + \sum_{x=\frac{Q_i}{\alpha_i}+1}^{\infty} k(\alpha_i x - Q_i)f(x) \right]$$

$$\tag{5-4}$$

3. 约束条件

确定各等级突发公共卫生事件下应急物资库存控制的保障水平。应急物资保障水平是指政府部门在确定应急物资库存量时，所预先设定的保障能力，即可满足多少受救助人的应急物资需求，可用下式表示：

$$\int_0^{Q_m} f(x)\,dx = \Delta_m, \quad m = 1, 2, 3, \cdots, n \tag{5-5}$$

其中：

Δ_m —— m 等级突发公共卫生事件库存保障水平；

Q_m —— m 等级突发公共卫生事件发生的情况下，满足保障水平为 Δ_m 的第 i 类应急物资的最佳库存量。

（三）模型求解

若存在第 i 类应急物资的最佳库存量 Q_i^* 满足上述目标函数，则其同样应满足下式：

$$
\begin{cases}
C(Q_i^*) \leqslant C(Q_i + 1) \\
C(Q_i^*) \leqslant C(Q_i - 1)
\end{cases}
\tag{5-6}
$$

结合社会效益损失期望值和经济效益损失期望值的表达式，式（5-6）可转化为下式：

$$
\begin{cases}
\displaystyle\sum_{x=0}^{Q_i/\alpha_i} h(Q_i - \alpha_i x)f(x) + \sum_{x=\frac{Q_i}{\alpha_i}+1}^{\infty} k(\alpha_i x - Q_i)f(x) \leqslant \\[2mm]
\displaystyle\sum_{x=0}^{Q_i/\alpha_i} h(Q_i + 1 - \alpha_i x)f(x) + \sum_{x=\frac{Q_i}{\alpha_i}+1}^{\infty} k(\alpha_i x - Q_i - 1)f(x) \\[2mm]
\displaystyle\sum_{x=0}^{Q_i/\alpha_i} h(Q_i - \alpha_i x)f(x) + \sum_{x=\frac{Q_i}{\alpha_i}+1}^{\infty} k(\alpha_i x - Q_i)f(x) \leqslant \\[2mm]
\displaystyle\sum_{x=0}^{Q_i/\alpha_i} h(Q_i - 1 - \alpha_i x)f(x) + \sum_{x=\frac{Q_i}{\alpha_i}+1}^{\infty} k(\alpha_i x - Q_i + 1)f(x)
\end{cases}
\tag{5-7}
$$

经过合并同类项，得到每类最佳库存量 Q_i^* 应满足不等式（5-8）：

$$
\sum_{x=0}^{\frac{Q_i^*}{\alpha_i}-1} f(x) < \frac{k}{k+h} \leqslant \sum_{x=0}^{Q_i^*/\alpha_i} f(x)
\tag{5-8}
$$

通过设定单位经济效益成本为 h 与单位社会效益成本为 k 的比值，并结合需救助人口数的概率分布函数 $f(x)$，即可通过不等式（5-8）求得满足条件的 Q_i^*，这一数值即最佳库存量。

四、应急物资轮换策略分析

由于储备中的应急物资是常备而不流通的，遇到突发公共卫生事件时才会启用，因此会较长期地存放在仓库中。考虑到物资本身的理化性质和使用期限，其性能会随着储备时间的延长而呈下降趋势。为了保证应急物资在紧急情况下质量的可用性，在储备期间需要对使用性能下降的物资进行处置，并补充新的物资保证库存，这种方式也称为应急物资的轮换。

（一）应急物资轮换的关键问题

一是确定应急物资轮换的优先级。目前各应急物资储备单位在确定物资轮换优先级时，主要是以物资质量、物资储存年限为参考。然而，这种方法并未充分考虑国际环境和市场供求情况，导致整体轮换效益不高。

二是确定各类物资需要轮换的时机。轮换时机即某类应急物资最佳轮换更新的时间。在物资储备中，随着储备时间的增加，各类物资的价值损耗会呈现不同的特性，如帐篷、衣物等有效期较长的物资，价值损耗速度恒定；食品等有效期较短的物资，价值损耗由慢变快。因此需要根据各类物资的特性，有针对性地设定合理的轮换更新时机。

三是选择各类物资适宜的轮换方式。轮换方式是指在开展轮换工作时，通过何种方法、采取何种手段对物资进行轮换。在轮换过程中，大部分储备单位都选择"边补充边轮换"的方式进行轮换，但这并未充分考虑物资市场供应和价格波动情况，需要结合多类轮换手段提高轮换效率。

（二）应急物资轮换方式及特点

通常情况下，应急物资轮换方式可分为先轮换后补充、先补充后轮换、边补充边轮换三种。

1. 先轮换后补充

先轮换后补充指的是先将旧物资轮换出库，后续再进行补新的轮换方式。该轮换方式主要适用于以下两种情况：一是轮出物资因技术淘汰等原因不再需要进行储备时，可采取先将库存旧物资全部轮出，后续根据需要补充相应新物资入库；二是在实施紧急轮换时，由于时间和任务的紧迫性，为避免物资浪费，只能采取先轮换后补充的方式。优点在于先对旧物资进行轮出后，不仅能确保有足够的储存空间用于新物资补充，同时还便于根据物资储备计划变化来调整补充的新物资种类和数量，从而优化储备规模、结构。缺点在于若新物资补充不及时，将会使该品种物资储备总量少于计划储备总量，使轮换工作陷入被动，存在一定风险隐患。

2. 先补充后轮换

先补充后轮换指的是先将计划补充的新物资入库后，再将旧物资轮换出库的轮换方式。采取先补充后轮换的轮换方式主要基于两种情况：一是相应物资因国内外政治、经济等因素供应趋紧、获取较为困难；二是此类物资生产周期较长，短时间内难以足量供应。优点在于新物资尚未完成入库前，旧物资无法出库，避免了"空库"风险，可靠性较强。缺点在于必须满足储备库仍有足够的储存空间来放置新物资这一前提条件，否则将出现新物资进不来、旧物资出不去的情况。

3. 边补充边轮换

边补充边轮换是指在使用物资的同时，不断进行补充和轮换，以保持储备的新鲜度和完整性。优点在于既能最大限度地保证物资的"同进同出"，有效规避因旧物资轮出后新物资补充不及时而导致的库存风险，又能够使物资库存量达到动态平衡，节省库存空间，是我国应急储备物资轮换工作中最为常用的轮换方式。此种轮换方式也存在以下不足之处：一是旧物资分批轮出，新物资分批入库，使物资装卸、运输次数大大增加，增加了轮换成本；二是物资管理单位既要组织旧物资有序轮出，又要兼顾新物资补充入库，工作流程复杂，组织难度较大。

三种轮换方式适用情况不同，特点也不同，在开展轮换工作时，要结合实际需求，灵活运用、合理选择。

（三）应急物资库存轮换策略

1. 建立应急物资储备轮换长效机制

一是科学遴选具备流通资质的龙头企业作为承储企业，依托企业应急储备物资及时高效的轮换。二是强化储备主管部门与承储企业联动，组织储备物资风险评估，动态更新物资储备目录，科学调整储备数量，提高物资储备利用效率。三是针对周转难度大的物资，尝试与生产企业签订协议打包承储，调动生产企业参与库存轮换的积极性。

2. 实行差别化的储备轮换方式

针对口罩、防护服、消毒液等防疫物资，以医疗机构和流通企业的实物储备、生产企业的产能储备为主，通过储销结合、储用结合，有效解决轮换问题。同时，要加强应急物资的定期淘汰更新。对临近保质期的医用物资降级使用，对超保质期的物资定期销毁。对于呼吸机、ECMO（体外膜肺氧合）、负压救护车等医疗携行急救设备，以日常保有和实物储备、生产企业的产能储备和关键零部件实物储备为主，并建立完善应急情况下的调用机制，通过借旧还新的做法实现"藏储于医"。在专用物资方面，对于检测试剂、疫苗、治疗药品等常用应急药品，由地方疾控中心进行实物储备和及时轮换，并加强产能储备和技术储备。对于个别品种药物，市场需求量小，无法轮储，可待过期后更新。

3. 强化信息对轮换机制的引领和支撑作用

一是建立统一的应急物资保障信息系统，对存储物资的品种、数量、生产日期、保质期等进行实时登录，实现应急物资从采购、收储、轮换、发放到回收的精确管理、数字化管理。二是建立入库物资"货架寿命"管理制度，实行常数储备、比例周转，并提供提示报警功能，监测物资是否达到轮换更新的最佳时机。同时，对轮出物资及时补充更新，原则上储备实物的库存总量不得低于储备计划的 70%。

通过以上策略，可以建立更加科学、灵活和高效的应急物资轮换体系，确保在紧急情况下能够及时、有效地调动和利用储备物资，最大限度地保障人民群众的生产和生活需求。

第四节　面向突发公共卫生事件的
应急物资保管与养护

保管与养护是仓储管理中的重要部分，主要功能是确保库内应急物资的质量、可用性和长期保存。应急物资的保管与养护是仓储管理的核心环节，也是衡量仓库作业水平的重要标志。此外，在应对突发公共卫生事件的过程中，有一类特殊的应急物资即社会捐赠物资，此类物资不同于"平时"储备的库内其他应急物资，对该类物资的管理需要更加透明、高效。

一、应急物资的保管

应急物资保管是指对库存应急物资进行保存和管理的活动，目的是保证库存应急物资数量准确、质量完好、安全可靠，随时可供使用，要求科学合理存储、定期质量检查，并实行安全管理。

（1）科学合理存储。它指按应急物资的存储条件、存储方式，对存储环境、存储区域进行严格控制和合理规划。以常用应急药品为例，一是按照存储条件分类存储，不同药品的稳定性不同，而稳定性又常受到外界因素的影响，因此需要按照药品储藏所需的温湿度条件进行存储；二是按照性质和管理要求分类存储，部分药品因易挥发、不稳定等性质，需要专库或分库存放，防止受到污染或发生差错。

（2）定期质量检查。保证质量是应急物资保管的重要环节，因此需要通过质量检查来判断，主要以外观检查为主，同时要辅以内在质量检验。同时，质量检查需要建立巡回检查制度，保证可以及时发现问题并解决，使应急物资经常处于合格状态并能够正常使用。

（3）实行安全管理。在应急物资的保管过程中需要实行严格的安全管理。一是要严格出入库手续，加强对应急物资的管理，防止应急物资挪用、流失和失效，保管人员需定期检查，如发现缺少和不能使用的要及时补充和更新，同时进行详细记录，留存备查；二是要设置必要的防护措施，确保存储环境安全，防止物资丢失的情况发生。

二、应急物资的养护

应急物资的养护指的是对应急物资的保养和维护。从广义上说，应急物资从离开生产领域到进入消费领域之前这段时间的保养与维护工作，都可称为应急物资的养护。

针对不同的应急物资种类，常用的应急物资养护方法有温湿度控制（通风、密封、吸潮、排水、定期倒垛等）、金属防锈除锈、防虫害鼠害和包装维护。根据不同的物资性质和管理要求，分别采用不同的维护保养措施。

（1）基本保养。基本保养指的是对应急物资本身进行的保养与维护，包括金属防锈除锈、防虫害鼠害与包装维护等方式。针对医疗防护物资中的检验设备、防疫卫生设备，应急防控物资中的现场警戒设备等均需要进行金属防锈除锈保养，可通过涂油、可剥性塑料涂浸成膜、气相等方法防锈或手工、机械、化学等方法除锈。针对具有包装的应急物资，在其包装损坏、渗漏、锈蚀、受潮、沾污后应及时予以恢复、加固、拭锈、干燥、除污或更换包装。

（2）环境控制。环境控制指的是对应急物资保管环境进行控制，包括温湿度控制和环境消杀。其中，温湿度可以通过通风、密封、吸潮等方式进行控制；环境消杀则需要管理或养护人员按照特定规则配制消毒剂并对环境进行清洗消毒。

（3）规范养护过程。在养护过程中，针对不同应急物资的性质，需要制定对应的养护方案，并且根据应急物资的既定年限、保质期等条件，采取不同的养护方式。在进行养护之后，需要及时进行记录，形成规范的保管保养记录。

三、突发公共卫生事件下捐赠物资的管理

突发公共卫生事件下的捐赠物资具有数量散、种类多、频率大、分配急等特点，传统的管理机制难以实现该类物资的动态化追溯与透明化分配，导致捐赠物资在取得、保管和使用环节存在一定的风险，因此，需要采取适当的策略加强捐赠物资的管理。

（一）提高慈善组织的应急服务能力

提高慈善组织的应急服务能力是国家治理体系和治理能力建设的重要组成部分。

1. 加强物资的使用与管理

在突发公共卫生事件中，受捐物资管理是重点。由于受捐物资各异，可能涉及医用物资、总务物资，甚至还有食品、饮料等，较难管理。对此，慈善组织各资产归口管理部门要根据职责明确分工，医用物资由物资管理部门负责、总务物资或生鲜蔬菜由后勤部门负责、固定资产由设备管理部门负责、货币资金由财务部门负责。慈善组织各资产管理部门按捐赠人分别建立物品明细台账，在台账上备注使用范

围，避免误发。领用物资时，在台账上签字，直观反映物资流向。整批领用后，应做到分发有登记，确保可追溯。属于固定资产和材料管理目录的物资，应纳入仓库管理，办理出入库手续，统一核算。

2. 及时统计、发布区域应急所需的捐赠物资

慈善组织作为突发公共卫生事件发生后社会各界帮助受灾人民的窗口，是快速、精准传递应急需求的重要平台。而事实上，由于信息不对称、反馈不及时，疫情期间慈善捐赠物资和一线物资需求存在脱节的情况，且在目前的捐赠善款善资中，未指明受捐赠者的非定向善款占比达50%，容易造成善款善资积压，引起社会不满。因此，需要慈善组织积极与应急部门对接物资标准和需求，将物资需求有针对性地公开募捐，募捐所得善款善资将按照需求送往各处，从而实现捐赠物资的需求引领、物尽其用，让社会公众的爱心落到实处。

3. 完善慈善捐赠物资募集渠道

慈善捐赠是突发公共卫生事件下重要的应急物资筹措渠道，而除了传统的捐赠模式，互联网公益平台捐款、国际捐赠等在疫情期间也发挥了重要作用。新冠疫情暴发之初，我国慈善组织等社会各界在海外华人华侨和国际友人的鼎力支持下，从境外筹集并捐赠了大量疫情防控急需的医用物资。

（二）提升物资储备的专业管理水平

突发公共卫生事件发生后，能否维系慈善组织的正常运转、推进慈善救援活动有序而顺利开展，是对慈善公益理念与能力的重大检验。

1. 培养专业的管理主体

应对突发公共卫生事件所需的应急物资较为复杂且专业性较强，对这类物资的管理需要一定的专业度。而慈善组织目前面临人员不足、专业不足等问题，需充分动员民间力量，加强与专业第三方企业的合作，破除应急防控的专业性障碍。例如，浙江省慈善联合总会发起的"爱心驰援、共抗疫情"项目中，由政府、慈善组织和志愿者共同建立的筹款、物资、翻译、医疗器械鉴别、国际物流、国内物流等9个专项小组，分别利用自身专业优势开展行动，取得了良好效果。

2. 精准、快速完成捐赠物资拨付

突发公共卫生事件下物资的筹集发放必须体现一个"快"字，要求及时、高效地完成捐赠物资的收储作业，按需、按时地完成捐赠物资的拨付。需要在配送人员安全防护到位的前提下，协调交通、卫健部门，为承担物流配送的慈善组织、企业提供"绿色通道"。例如，新冠疫情期间，九州通物流公司接到武汉市防疫指挥部指令，协助市红十字会开展捐赠物资和药品的仓储管理工作，在捐赠物资分类清晰、流向明确的前提下，部分紧急物资能达到2小时内完成从入库到出库的全流程。

3. 突发公共卫生事件结束后物资的多途径利用

以新冠疫情的防控为例，随着疫情发展趋于平稳，前期结存的疫情防控捐赠物资也不能积压和浪费在仓库中，因此要及时征求捐赠人的意见，在经过同意后拨付到有需要的地区和一线，发挥它们的余效。可以根据境外输入疫情压力较大地方的需要，在征得捐赠人同意的前提下，及时向有需要的地区拨付，也可以根据疫情变化及时安排用于心理疏导和社会工作服务、受疫情影响重点群体抚慰和抗疫一线

人员关爱等疫情防控相关用途。需结合疫情发展形势，合理安排捐赠款物拨付进度，避免长时间积压。

（三）增加物资使用的公开透明程度

突发公共卫生事件通常也是社会热点公共事件，公众对慈善资源的募集和使用情况关注度极高，且对慈善领域的错误容忍度极低，这就要求慈善组织更加及时、准确地向公众传达和反馈慈善信息，接受监督。

1. 主动接受社会监督

需将公开透明原则贯穿捐赠物资管理使用全过程，主动公开物资来源、数量和去向，说明分配的原则和依据，自觉接受社会各界监督，增加捐赠物资的管理使用透明度。一方面，捐赠资金、物资的管理使用情况要定期公开，重要事项应当随时公开，公开的内容应包括捐赠款物的数量、类别、去向、用途等，每一笔捐赠款物的明细都应有据可查；另一方面，慈善组织应积极与舆论形成良性互动，及时回应相关质疑，澄清误解、击破谣言，并主动完善信息公开机制，主动接受社会各方面的监督。

2. 完善责任追究制度

慈善事业的健康发展离不开相关法规政策的完善引导。需要依法依规对自然人、法人和其他组织开展的慈善活动进行监管，及时查处和纠正违法违规活动，确保慈善事业在法治化轨道上运行。围绕慈善组织募捐活动、财产管理和使用、信息公开等内容，建立健全并落实日常监督检查制度、重大慈善项目专项检查制度、慈善组织及其负责人信用记录制度，并依法对违法违规行为进行处罚。通过对慈善组织的规范化管理，强化社会监督，增强行业自我约束、自我管理、自我监督能力。

第五节　突发公共卫生事件下
应急物资储备的区域合作

新冠疫情暴发以后，武汉等重疫区的病床、医用物资、生活用品等紧缺问题突出，跨区域原料运输难、员工返岗难等现象凸显，仅靠本地储备资源的模式难以应对各类突发情况，对区域的应急合作需求迫切。

一、加强应急物资储备区域合作的必要性

（一）跨区域协同应急管理的需要

突发公共卫生事件本身具有跨区域性，其影响范围往往横跨多个行政区域。从非典疫情到新冠疫情，重大突发公共卫生事件需要解决问题的跨界性、关联性、复杂性、系统性不断增强。而在突发公共卫生事件比较重大时，超出受灾区域政府的应对能力，也需要周边地区给予人力、物资、技术上的必要支援。在传播速度快、扩散范围广的突发公共卫生事件频发的背景下，突破属地管理模式，向跨区域应急管理发展是突发公共卫生事件呈现区域化特点的必然选择。需要建立区域应急物资联动体系，推动跨区域政府组织、市场力量和社会公众携手共进，形成共建共治共享的区域应急治理共同体。在这次新冠疫

情防控中，国家卫生健康委员会建立省际对口支援湖北省除武汉以外地市新冠病毒感染防治工作机制，统筹安排 19 个省份对口支援，既提高了疫情防控信息的传递效率，提升了湖北省的应急防疫能力，又改变了传统的科层制应急管理模式，从区域层面筑牢了应急治理防线。

（二）弥补应急物资储备不足的需要

新冠疫情暴露出我国应急物资储备不足、结构不合理的问题普遍存在，建立区域化的应急管理机制，可以发挥区域联动应急的合力优势，既能弥补当地救援力量和装备、技术保障的不足，又能优化应急物资储备结构、完善应急物资储备体系。跨区域突发公共卫生事件发生概率小但变化迅速，如果各地尽可能多地储备各类物资，容易造成物资闲置或浪费。因此，每个地区不可能也不需要储备大量的应急物资。通过区域联动应急模式，可以节约各地区的物资投资。在突发公共卫生事件发生时，通过跨区域支援行动，集中各方力量共同保障应急处理，是减轻突发公共卫生事件影响和损失的有效手段。同时，区域化应急管理可以采取分别投资、联合使用的模式，有利于优化区域物资储备结构，避免了每个行政区域应急物资储备过量和冗余。

（三）区域一体化发展的客观需要

当前我国新型城镇化已进入中心城市引领城市群、城市群带动区域一体化发展阶段。各城市群中心城市是人口经济活动最密集的区域，也是各类风险聚集的区域。从中心城区向外辐射的发展模式，也使区域间生产性、消费性交流愈加紧密。新冠疫情的暴发，正值春节人口流动高峰期，武汉周边地市也很快受到疫情影响。武汉作为湖北省会，又接近中心地理位置，以武汉为中心的区域经济发展模式使区域内人口交流紧密。据统计，黄冈市和孝感市是武汉市人口出行最主要的目的地。在区域一体化发展趋势下，任何地区的突发公共卫生事件都会影响其他城市，客观上要求建立区域联动的应急物资储备体系。

二、应急物资储备区域合作的地缘基础

对于突发公共卫生事件来说，受自然条件的影响相对较小，灾害分布区与人口密度、流量密切相关，经济区和城市群等经济地理单元是较为合适的应急物资储备区域合作地缘基础。

（一）邻接地区合作

邻接地区由于地理位置接壤，交通和经济往来密切，是受到突发公共卫生事件影响的首要区域。某一城市发生突发公共卫生事件后，会直接冲击周边城市，亟须建立应急物资储备的区域合作体系，针对发生在本市（区）内并可能波及毗邻市（区）的突发公共卫生事件加强资源合作和信息共享。例如，广元市与毗邻的陕西省汉中市、甘肃省陇南市应急管理局签订了《区域应急联动协议》，加强跨地区突发事件的应急处置，合理共享毗邻地区应急资源。

（二）城市群合作

我国顶层设计中部署了 19 个城市群，分别是京津冀城市群、长三角城市群、珠三角城市群、哈长城市群、辽中南城市群、山西中部

城市群、山东半岛城市群、中原城市群、长江中游城市群、海峡西岸城市群、北部湾城市群、呼包鄂榆城市群、宁夏沿黄城市群、兰西城市群、关中平原城市群、成渝城市群、黔中城市群、滇中城市群以及天山北坡城市群。从我国 19 个城市群的分布来看，几乎覆盖了我国整个疆土。通过这些城市群的发展，将支撑起各地的经济发展。城市群内部各地市在政策、经济、产业、交通等方面具有协同性，发达的综合交通网络、密切的经济产业联系使城市群内人员交流紧密。城市群中任何一个城市发生公共卫生事件，都可能影响、扩散到城市群内其他城市。因此，城市群内部客观需要实现应急物资联动。如京津冀城市群中，天津市应急管理局与北京市应急管理局、河北省应急管理厅签订《北京市　天津市　河北省应急救援协作框架协议》，整合京津冀应急力量和社会公共资源，推动三地在跨区域应急救援领域深化合作。长三角区域组建了长三角应急管理专题合作组，发布了《2024 年长三角应急管理专题合作组工作要点》，聚焦区域应急力量、应急装备和物资、专家等应急资源信息的合作共享。

（三）国际合作

突发公共卫生事件一旦发生，其影响可能超出国界，需要国际合作，共同应对突发性的公共卫生危机。非典疫情、新冠疫情的出现表明，传染病仍然是全球性威胁。面对肆虐全球的疫情，国际社会应积极推动构建应急防控攻坚的人类命运共同体，共同在全球公共卫生领域探索合作路径，提升应对重大疫情和公共卫生治理效能，保障人民生命安全。新冠疫情期间，我国已与 30 多个"一带一路"共建国家交流新冠疫情口岸防控经验，并推进与俄罗斯、老挝、缅甸、新加坡等国家签署国境卫生检疫合作协议，对"一带一路"共建国家采购防疫物资实施快速通关验放。新加坡、新西兰、智利和一些欧洲国家在WTO框架内呼吁各国加强合作，推进防疫药品和医疗产品贸易自由化、便利化。

三、应急物资储备的区域合作策略

区域间应急物资合作具有多种模式，可根据区域间联系的紧密程度、突发事件特征等因素，合理确定应急物资储备模式。应急物资储备的区域合作模式主要包括一体化储备、协作型储备和共享型储备三种模式。

（1）一体化储备是区域"一盘棋"式的应急储备模式。通过建立区域应急联动指挥中心和统一的应急指挥平台，将区域内现有应急物资，如公安、武警、消防、卫生等部门的专业救援物资和生活必需品、应急交通、通信设备等有关物资纳入统一的调度、储备系统。在突发事件发生时，能第一时间将所需应急物资调运到现场进行应急处置。此种模式更适合城市群中心城市为省会城市或协调能力较强的城市类型，如京津冀城市群、北部湾城市群等。

（2）协作型储备是分工协作、各有侧重的应急储备模式。区域内各城市分工协作，根据应急需求，有侧重地储备一些应急物资，并在突发事件发生时共同使用这些物资。通过签订合作协议、建立联席会议制度、成立工作小组等方式，推进区域应急联动。此种模式更适合邻接地区和长三角、珠三角等跨行政区域较多的城市群。

（3）共享型储备是独立储备、相互支援的应急储备模式。区域内各城市分别储备自己的应急物资，在突发公共卫生事件发生时，互相提供物资、技术援助。共享型储备模式需要建立良好的沟通机制，实现物资储备和需求的信息共享，完善应急物资互助的补偿协议，共同提高突发事件的应对能力。此种模式更适合区域内城市发展水平差距较大，需要中心城市辐射带动周边城市的地区，以提高应急处置效率。

第六节 上海市医疗防护应急物资库存控制实例分析

突发公共卫生事件下的应急物资需求具有不确定性，这种不确定性也给应急物资的库存控制带来了极大的挑战。本节以 2022 年 3 月上海市新冠疫情为例，选取防护服、一次性医用口罩等典型品类，结合前文中面向随机需求的应急物资库存控制模型，探究相关库存控制方法。

一、案例背景

选择上海市为研究区域，对上海市内 2020 年 1 月 20 日至 2022 年 7 月 24 日因新冠疫情导致的患病人数和变化情况进行统计。2022 年 2 月 1 日至 2022 年 6 月 30 日为"暴发—减缓"阶段，在此阶段疫情影响较为明显，与上海市新冠疫情于 2022 年 3 月 1 日暴发，至 2022 年 6 月 1 日解封的实际较为吻合。

因此，选用该阶段因新冠疫情影响造成确诊而需要救助的人口数作为基本分析数据，如表 5-3 所示。

表 5-3 上海市内疫情"暴发—减缓"阶段新增确诊人数统计

时间	患病人数（人）
2022 年 2 月 1 日	18
2022 年 2 月 2 日	9
2022 年 2 月 3 日	7
2022 年 2 月 4 日	7
2022 年 2 月 5 日	12
……	……
2022 年 4 月 12 日	1190
2022 年 4 月 13 日	2573
2022 年 4 月 14 日	3200
2022 年 4 月 15 日	3594
2022 年 4 月 16 日	3240
2022 年 4 月 17 日	2420
2022 年 4 月 18 日	3084
……	……
2022 年 6 月 27 日	3
2022 年 6 月 28 日	1
2022 年 6 月 29 日	10
2022 年 6 月 30 日	4

二、参数设定

根据上述统计的结果，利用 Python 软件对统计曲线的分布情况进行拟合，最终得出此阶段突发公共卫生事件发生后需救助人数 x 的概率分布函数 $f(x)$ 近似符合正态分布，如图 5-5 所示。

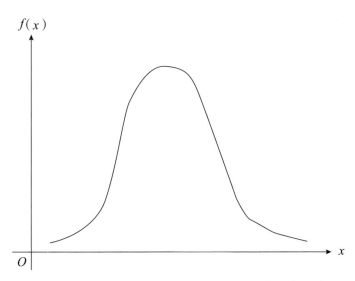

图 5-5　疫情发生后需救助人数的概率分布函数示意

得到新冠疫情暴发后需救助人数 x 的概率分布函数 $f(x)$，如式（5-9）所示。

$$f(x) = 51606.52 \times \frac{1}{\sqrt{2\pi} \times 6.07} \exp\left[-\frac{(x-76.76)^2}{2 \times 6.07^2} \right] \quad (5\text{-}9)$$

通过该式可以选用医用防护服、一次性医用口罩等作为上海市应急物资库存控制分析的典型物资品类。根据公开资料，新冠疫情严重时，所需防护服按照每张病床每天需要 0.3 套计算，即需求系数 $\alpha_{防护服}$ 为 0.3 套/患者·日；根据实际调研得知，新冠疫情严重时，一次性医用口罩按照每人每天需要 4 个计算，即需求系数 $\alpha_{一次性医用口罩}$ 为 4 个/患者·日。

由于疫情的发生时间具有不确定性，储备物资需要占用资金，库存量过大的时候会产生经济效益成本，在此直接将每件防护服占用的资金（单位购置成本）作为储备物资的单位经济效益成本。以防护服为例，在正常情况下，每套防护服的价格在 85~300 元，取平均价格

200 元/套作为防护服的单位经济效益成本，即 $h_{防护服}$ = 200 元/套。

由于疫情发生之后，防护服的价格会上涨，如果防护服短缺，就只能按照上涨以后的市场价格购买，此时就会产生社会效益成本。假设疫情期间各类物资的价格为正常价格的 2 倍，则同样以防护服为例，可以定义防护服的单位社会效益成本均为正常价格的 2 倍，即每套 400 元，因此防护服的单位社会效益成本按照 400 元/套计算，即 $k_{防护服}$ = 400 元/套。

其他物资品类的单位经济效益成本和单位社会效益成本同样按照上述逻辑确定，可以得出典型应急物资品类需求系数、单位经济效益成本与单位社会效益成本，如表 5-4 所示。

表 5-4　　　　　　　　　　应急物资品类及相应参数

应急物资品类	需求系数	单位经济效益成本	单位社会效益成本
医用防护服	0.3 套/患者·日	200 元/套	400 元/套
一次性医用口罩	4 个/患者·日	0.28 元/个	0.56 元/个
粮食	0.39 千克/人·日	3824.29 元/吨	7648.58 元/吨
蔬菜及食用菌	0.27 千克/人·日	6.07 元/千克	12.14 元/千克
肉类	0.07 千克/人·日	39.26 元/千克	78.52 元/千克
奶类	0.04 千克/人·日	5.65 元/千克	11.30 元/千克
饮用水	1.5 升/人·日	3.57 元/升	7.14 元/升

三、问题求解

在确定相关参数后，根据式（5-9），利用 MATLAB 软件建立求解模型，求得在一定保障水平下，医用防护服等应急物资的最佳库存量，求解结果如表 5-5 所示。

表 5-5 不同应急物资品类最佳库存量

应急物资品类	最佳库存量
医用防护服	123.65 万套
一次性医用口罩	1648.73 万个
粮食	160.75 万吨
蔬菜及食用菌	111.29 万吨
肉类	28.85 万吨
奶类	16.49 万吨
饮用水	618.27 万升

四、结论分析

为了分析所求最佳库存量的合理性，根据本书第三章中所提出的应急物资需求预测与计算方法，对本案例相同时间段上海市应急物资的实际需求进行计算，并测算最佳库存量的需求满足率。新冠疫情需求满足率 ρ_i 计算公式如式（5-10）所示。

$$\rho_i = \frac{Q_i}{D_i} \tag{5-10}$$

其中：

Q_i——第 i 类物资的最佳库存量；

D_i——第 i 类物资的实际需求量。

考虑到结果的可比性，选用医用防护服、一次性医用口罩两类物资进行比较分析。根据第三章中所提出的方法以及式（5-10），对医用防护服、一次性医用口罩的实际需求和需求满足率进行计算，最终结果如表5-6所示。

表 5-6 不同应急物资品类的需求满足率

应急物资品类	最佳库存量	实际需求量	需求满足率
医用防护服	123.65 万套	143.10 万套	86.408%
一次性医用口罩	1648.73 万个	1908.04 万个	86.410%

由表 5-6 可以看出，本案例中的医用防护服、一次性医用口罩的最佳库存量方案分别可以满足实际需求量的 86.408%、86.410%，满足《国家医药储备管理办法（2021 年修订）》中提出的"实行动态轮储的中央医药储备品种，由储备单位根据有效期自行轮换，各储备品种的实际库存量不得低于储备计划的 70%"的要求。因此，本节所计算得出的不同物资的最佳库存量方案，既符合国家的相关规定，又可以较好地满足上海市在疫情发生时对不同应急物资的需求，提高物资储备效率和应对疫情防控的能力。

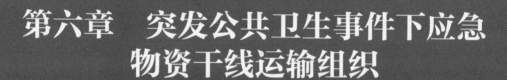

第六章　突发公共卫生事件下应急物资干线运输组织

突发公共卫生事件通常会导致难以预测的损失和需求，对应急物资的分配、调度提出了极高的要求。我国地域辽阔，在突发公共卫生事件多地散发的情况下，应急物资跨区域调拨有赖于顺畅的干线运输网络。新冠疫情暴发初期，由于封闭高速公路、设卡拦截等措施造成干线通道不畅，从而导致大量应急物流需求得不到及时保障。在紧急状态下，如何充分发挥不同运输方式的时间效用、空间效用和防疫优势，提高应急物资干线运输效率，具有重要意义。

第一节　突发公共卫生事件下 干线运输组织特点

为应对突发公共卫生事件下应急物资需求的不确定性、时效性、紧缺性等特征，与常态化干线运输不同，突发公共卫生事件下的干线运输组织呈现高度协调组织管理、运输网络节点复杂以及多式联运协同运作等特点。

一、高度协调组织管理

面对突发公共卫生事件中的物资来源广泛、运输需求复杂、运力资源短缺、运输时限紧迫等情况，应当快速对干线运输进行协调组织管理，对各类运输资源进行合理配置和组织优化，从而满足不同地区、不同时效的运输需求。干线运输组织的高度协调组织管理主要体现在政策规定和实际响应两大方面。

（一）政策规定

早在 2011 年，交通运输部根据《中华人民共和国突发事件应对法》制定并发布了《交通运输突发事件应急管理规定》，其中第三条规定在突发事件（包括突发公共卫生事件）下，"国务院交通运输主管部门主管全国交通运输突发事件应急管理工作，县级以上各级交通运输主管部门按照职责分工负责本辖区内交通运输突发事件应急管理工作"；第四条规定"交通运输突发事件应对活动应当遵循属地管理原则，在各级地方人民政府的统一领导下，建立分级负责、分类管理、协调联动的交通运输应急管理体制"。以《中华人民共和国突发事件应对法》《交通运输突发事件应急管理规定》为引领，《交通运输综合应急预案》《道路运输突发事件应急预案》《水路交通突发事件应急预案》《高速铁路突发事件应急预案》《中国民用航空应急管理规定》以及《突发公共卫生事件民航应急控制预案》等文件陆续出台，共同明确了突发公共卫生事件下交通运输协调组织的应急管理体系。

（二）实际响应

公路、铁路、水路、航空等运输方式为应对突发公共卫生事件的发生和处理形成了特定的组织体系架构。以铁路为例，铁路系统内部应急响应主要包括国铁集团应急通知，铁路局集团公司管内的应急通知，以及国铁集团与铁路局集团公司之间、各铁路局集团公司之间的应急联动通知。当发生突发公共卫生事件，国铁集团收到应急响应需求时，将通知本级相关部门与相关铁路局集团公司，铁路局集团公司将对相关部门发起应急通知，各相关业务部门收到应急通知后逐级下发通知至所管辖的站段，而后由站段通知联络应急指挥现场，展开应急作业。应急处置需要依靠国铁集团与铁路局集团公司以及铁路局集团公司之间的应急指挥体系架构以及联动协同响应通知机制来实现，具体应急指挥体系架构如图6-1所示。

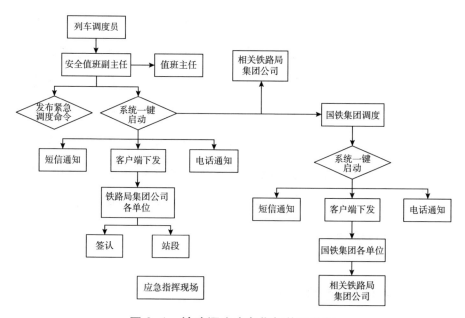

图6-1 铁路调度应急指挥体系架构

以航空为例，民航业突发公共卫生事件现场应急处置的机构主要包含以下三类主体：民航行政管理机构（民航局、地方管理局）、地方政府、运行服务单位（航空公司、机场公司）。Ⅰ级应急响应由民航局启动，Ⅱ级应急响应由地区管理局或者监管局启动，Ⅲ级和Ⅳ级应急响应由地区管理局或者监管局配合地方政府监督落实相关措施，运行服务单位是具体措施的落实方、各项行政命令执行者。

此外，交通运输部作为统筹不同运输方式的重要部门，在此次疫情中也充分发挥了协调组织管理的作用，积极协调各种运输资源，保障应急物资运输。

> 2020 年 1 月 21 日，交通运输部启动防控新冠疫情二级应急响应，及时设置物流保障办公室，负责健全部省联动的运输保障工作机制，统筹铁路、公路、水路、邮政等运输方式，协调解决应急物资运输通行问题，下设公路、铁路、水路、邮政 4 个应急运输保障组，全力做好应对疫情各类应急物资、生活物资、重点生产物资运输保障。交通运输部公布的交通运输防控每日看数据显示，截至 2020 年 4 月 7 日，交通运输部物流保障办公室受理各部委、各省提出的应急运输保障工作 134 项，共下达紧急运输指令 153 项，累计运输货物 3.79 万吨。各省受理应急协调物流运输保障事项 63634 项、解决 63455 项。

二、运输网络节点复杂

突发公共卫生事件下应急物资的运输涉及公路、铁路、水路、航空等多种运输方式，各运输方式所使用的交通工具不同、运输线路不同、场站节点不同，异构运输要素增加了应急运输网络的复杂性。为了抵抗突发公共卫生事件对运输网络造成的影响，通常需要设立多个运输节点，连接多种运输方式通道，承担不同运输任务，以增强应急调度与响应的效率和稳定性。

　　此外，应急物资来源的不同也增加了运输网络节点的复杂性。应急物资来源可大致分为政府调拨物资和社会捐赠物资两大类，两种物资干线运输的运作模式不同，也增加了干线运输网络节点的复杂性。其中，政府调拨物资通常由政府部门对运输资源进行统一调配，由储备库出发，经铁路场站、沿海沿江港口、城市机场等大型节点运输至需求地；而社会捐赠物资通常依托物流企业自有的运输能力与运输网络，由物流中心、仓库等地出发运输至需求地区。两种不同的干线运输运作模式彼此呼应、互为补充、相辅相成，共同完成应急物资的干线运输任务。由两种不同模式组成的应急物资干线运输网络如图6-2所示，各运输方式叠加各类节点所构成的运输网络，具有多路径、多模式的复杂特点。

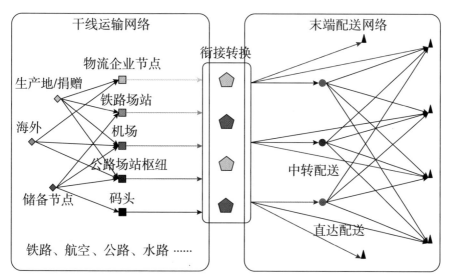

图6-2　应急物资运输网络节点构成

从 2020 年 2 月 10 日开始，全国大多数地区进入复工复产初期，低风险地区成为重点恢复区域，特别是长三角、珠三角以及京津冀等经济发达地区，大力保障大型物流枢纽、物流园区与物流中心的运作恢复，畅通国、省干线车辆通行，逐步恢复城乡道路运输服务。2 月 17 日，56 家全国示范物流园区中有 49 家开工运营，占全国示范物流园区总数的 87.5%。在已复工园区中，进驻企业开工比例中位数约为 40%，有 14 个物流园区达 60% 以上。3 月 17 日，全国大型公共物流园区复工率超过 95%，为区域内企业生产和居民生活物资运输配送提供了有力保障。3 月 20 日，全国大部分地区均恢复为低风险地区，进入复工复产中期。以中西部地区的成都、重庆、西安、郑州等为代表的重要物流节点城市，全面恢复各类物流节点运行，各市、县、村之间不再设置卡点，恢复城乡道路运输服务。在疫情消毒工作与健康码人员流动防控的基础上，物流节点常态化运营，物流通道持续畅通，全国主要公共物流园区吞吐量指数恢复至 84.7，主要快递企业分拨中心吞吐量指数达 89.4。

三．多式联运协同运作

突发公共卫生事件不仅给人民生活带来影响，还将引发物流和生产断链等问题。以新冠疫情为例，因受疫情风险管控、各地封控政策收紧等影响，一度出现返乡货车司机无法复工、运力短缺的情况，导致公路运输在疫情严重时期基本处于"半瘫痪"状态，难以组织跨省甚至是跨市运输；而海运集装箱"一箱难求"，港口公路集疏运能力严重下降，生产经营陷入"港未堵、货难运"的困境。受疫情影响，单一运输方式抗风险能力较弱，已无法满足大量应急物资的运输需求。

铁路货运具有受气候和自然条件影响较小、运输能力大、成本相对较低以及组织管理集中度高等特点，在疫情中表现出良好的运输安全性和稳定性。因此，受疫情影响的运输物流企业和货主转而寻求铁水联运、公铁联运等方式，充分结合不同运输方式的比较优势，以在疫情期间保障应急物资运输。在此背景下，疫情所推动的多式联运也为企业经营开拓了干线运输新模式，中欧班列、海铁联运等出现了逆势增长。

> 2022 年 3 月暴发的上海疫情大面积影响上海及周边区域的物流活动。"陆改水""陆改铁""水转水"等多式联运模式成为缓解疫情下运输压力的有效选择。上海港联合各大船公司推出了集装箱"陆改水"服务，在华东地区布局 9 个站点对接芦潮中心站，有效保障集装箱及时到港出运；开通了上海港至长江沿线部分港口的水水中转航线，形成了集装箱统一调度和管理体系。中远海运加快"端到端"业务延伸，在多港开辟"陆改水""陆改铁"新路径，逐步疏通各地堆积的货物。

第二节　突发公共卫生事件下综合运输组织优化

要实现顺畅高效的干线运输组织，需要充分发挥铁路、公路、航空、水路等各运输方式的比较优势，促进彼此有效衔接、互为补充，提升综合运输组织能力和服务水平。

一、突发公共卫生事件下运输组织类型及产品

（一）铁路

铁路运输在运输途中不与外界接触，可实现无接触运输，在疫情期间具有独特的优势。且我国铁路系统采用计划调控，覆盖面相较航空更加广阔，在运输保障方面具有独特的网络化运输优势。

1. 高铁快运模式

高铁快运模式是指利用高速铁路载客动车组上的高铁快运专用柜、大件行李处和最后一排座椅后方装运高铁快件的运输方式。突发公共卫生事件发生后，由于地方政府控制人员流动，客运出行需求急剧下降，高速铁路列车大量停开。此时，面对大量居民生活消费物资、医疗物资等应急保障物资无法运送的情况，可以通过高铁快运模式运送物资。目前，高铁快运基本形成以"当日达、次晨达、次日达、隔日达、特定时段达"为主的货运产品体系，可以保障应急救灾物资按时保质送达。

> 2022 年 4 月，中国铁路郑州局集团有限公司通过高铁列车向吉林、上海等地运送了 9 批防疫物资和民生物资。郑州局集团公司充分发挥高铁快运优势，按照"一批一案"的原则制定重点物资运输方案，加强货物进站各环节的防疫消杀和安全盯控，预留装货空间及列车停靠股道，强化列车运行途中跟踪盯控，从而确保物资安全快速到达目的地。

2. 冷链班列

突发公共卫生事件下重点生活保障物资运输为铁路冷链带来增长点。铁路通过开辟绿色通道运送生鲜食品，发挥温控性能好、运输能力大、运输价格低等优势，在保障冷链运输时效性的同时，也提高了冷链运输的服务质量。各地蔬菜瓜果通过铁路冷链班列集中运送，保障了各地居民的采购需求。铁路部门与各地政府、线上蔬果供应网络公司、供销商等合作，开行蔬果、牛奶、肉类食品等冷链班列，进一步加大生活食品保障力度，为应急场景下的生鲜产品保供提供支持。

> 2022 年 4 月 11 日 11 时 30 分，一趟冷链物资专列搭载着螺蛳粉、荔浦芋头、红糖、胡萝卜、沃柑等食品物资，从南宁铁路国际港发出，驶往上海杨浦站。为方便援沪物资装卸、运输和分发，确保符合疫情防控要求，每份物资均按标准分拣、质检和消杀，确保绿色、生态和安全。此次专列共发运 26 节冷链专柜，物资达 280 多吨，共 4 万份物资，货值约 400 万元，品类涵盖柳州螺蛳粉、甜玉米、荔浦芋头、四季豆和沃柑等广西名优特产。

（二）航空

航空运输具有安全性高、时效性强等特点，适合高附加值、急需物资的长距离运输，其主要运输方式可分为全货机、客改货航班以及客机腹舱三种。在疫情暴发初期，各类应急医疗物资运输对时效性有相当高的要求，可以通过航空货运满足。其缺点在于覆盖面不够广泛，我国很多中小城市没有机场，不具备降落条件。另外，航空运输成本相对高昂且运量较小，难以满足生活物资等大批量紧迫性较低物资的运输需要。

截至 2020 年 1 月 30 日 24 时，中国邮政集团组织开行邮政航空专机 5 架次运送防疫物资专机，共计运送口罩、药品等防疫物资 3.3 万箱、件（主要医用物资有：医用口罩 646 万个，医用手、鞋套 344 万副，防护服 3.2 万件，护目镜 4.5 万个，药品 5195 箱、件，消毒液 1.3 万箱等）。

2022 年 8 月 16 日 10 时 23 分，顺丰航空货机航班在拉萨机场平稳降落。这次搭载了 18 吨驰援西藏防疫物资的航班，也是顺丰执行的第一趟"成都—拉萨"运输防疫物资高原运输专线航班。货机上装载了 100 万份单采核酸检测试剂，共 1800 多件，总货量超 18 吨。这批物资的送达，为当地的防疫工作提供及时有效的支持。

（三）公路

公路运输具有灵活性强、机动性高的特点，适合需要"门到门"运输服务货物的运输。突发公共卫生事件下，按照所运输应急物资的种类，公路运输车辆可分为运输肉禽蛋奶、生鲜蔬菜、米面粮油等的生活物资运输车辆，运输医疗防疫物资的车辆，煤电油气热抢修巡检车辆，运输石油、天然气、煤炭等的能源物资运输车辆以及邮政快递运输车辆等。疫情期间公路运输发挥了重要作用，截至 2020 年 3 月 11 日 24 时，公路运输车辆累计向湖北运送医疗酒精、消毒液、医疗器械、口罩、测温仪、应急帐篷、防护服等疫情防控物资及相关生活物资 32.54 万吨。但同时需要看到，在面对突发公共卫生事件，尤其是重大传染病事件时，公路运输存在一定的卫生安全隐患，也因此面临一系列道路受阻、通行不便的问题。

（四）水路

水路具有载重量大、成本低、适合物资长距离运输等特点，在大批量物资运输中具有不可替代性。根据船舶类型与适运货物的不同，在突发公共卫生事件下承担不同的应急物资运输任务。水路的缺点在于运输速度过慢，在部分应急物资运输中难以满足时效性要求。

> 为保障疫情期间清洁能源的运输效率，中能北海轮于 2022 年 3 月初在深圳粤东 LNG 接收站完成该港首次 LNG 船舶夜航，使得船舶在港时间大为缩短，码头船期安排灵活性大大增加，为华南地区天然气保供提供了更加有力的支撑。2022 年 1—2 月，公司 LNG 船舶已完成 98 载运输，共计 1585.52 万立方米、698.08 万吨，周转量达 229.03 亿吨海里。

综上，面对突发公共卫生事件，不同运输方式各具优势，没有绝对优劣之分。这就需要我们充分发挥各运输方式的优势，以多式联运为基础，协同运用各种交通方式，建立包含公、铁、水、航等多种运输方式的综合应急运输系统。

二、突发公共卫生事件下综合运输组织优化策略

突发公共卫生事件下，对不同运输方式进行综合组织优化，需要对运输方式、运输线路、运输环境、运输需求等各方面因素进行考

虑，从而选择出最有效的运输方案。应急物资运输优化的途径有以下几个方面。

（一）合理布局运输网络

合理布置干线运输网络有利于提高货物直送比例，减少运输时间，提高运输效率。在规划运输网络时要根据国家战略、应急方案、突发公共卫生事件易发地区（如人口密集大省）等因素决定。为确保应急物流快速运行，需要面向应急物资需求，对全国应急物资储备点、运输枢纽以及运力资源进行统筹布局，对运输网络结构设计、数量配置等进行整体规划和统一考虑。

（二）选择最佳运输方式

铁路、公路、水路、航空等运输方式各有特点。由于突发公共卫生事件的特殊性，需要保证应急物资运送的时效性，因此要根据物资的价值、数量和对运输条件的要求，优先选择快速、安全的运输方式。在确定运输方式后，还要考虑运输工具的问题，是用大型货车还是小型货车，是自备车还是委托运输公司等均应考虑。

（三）规划优化运输线路

在突发公共卫生事件下，除考虑运输距离、运输时间外，还需要充分考虑运输线路与节点的能力、运输途径区域的风险性等因素，对运输线路进行合理规划，保证应急物资及时安全送达。如在组织应急物资运输的过程中，按照需要选择恰当的线路，减少中间环节，避免迂回倒流等不合理现象。

（四）提高运行效率

突发公共卫生事件发生时，需要开辟应急物资运输绿色通道，明确制定统一的通行标准、车辆识别标准、信息交互标准和审批流程等，保证应急物资运输的畅通。此外，还应努力提高运输工具的技术装载量，如通过科学配载提高应急物资满载率、利用条码和RFID技术实现应急物资快速识别与装载、利用标准化装载器具装载货物等，缩短物资等待时间和装载时间，为前方救急尽可能多争取时间。

（五）采用现代运输方法

为提高应急物流的运行效率，一些新的运输模式应该加以推广，如可实现无接触运输和节省装卸时间的甩挂运输模式，提高运输效率的托盘化运输、集装箱运输模式，以及以大数据、物联网、北斗定位系统、CVPS（车辆运行线路安排系统）等技术为支撑的智能化运输模式等。

2022年4月14日，中通冷链通过甩挂运输模式，将近1000箱冷冻和冰鲜肉制品从北京运输到上海；山东高速物流集团与顺丰速运合作，将无法进入潍坊的顺丰干线运输车辆引导至高速服务区专用场地进行甩挂，自4月6日开展该业务以来，已转运货物超10万件；在河北廊坊，安能物流采用甩挂接驳的方式，最大限度地为运输车辆和货车司机提供通行便利。除此之外，京东物流、通达系等快递公司也通过甩挂方式将物资配送至各地。

三、突发公共卫生事件下综合运输组织保障

（一）完善突发公共卫生事件应急物资运输制度、法规和标准

完善的运输制度和法规是突发公共卫生事件下实现应急物资运输的首要保障。需要建立突发公共卫生事件的应急物资综合运输专项预案编制与演练制度，完善突发公共卫生事件应急物资运输法规体系，使运输过程"有法可依""有法必依"，保障应急物资运输工作的平稳开展。同时，需要制定相关应急运输的各环节标准，指导和规范应急物资综合运输的运行。

（二）加强突发公共卫生事件应急物资运输组织与管理

对于突发公共卫生事件应急物资的运输组织，应建立"平急结合""急常兼备"的组织与管理方案。在平时，加强对应急物资运输组织管理机构的管理，建立覆盖运输全过程的应急物资运输指挥系统，加强应急物资运输组织与管理的专业化培训工作；在急时，充分发挥高度管理与高效组织的优势，实现应急物资运输全过程分工明确、职责清晰、响应及时、流程规范、安全可控。

第三节　突发公共卫生事件下
应急物资干线运输网络构建

突发公共卫生事件下应急物资干线运输往往需要多种运输方式相

互配合，才能实现成本、时间、风险等目标综合最优，这决定了突发公共卫生事件下应急物资干线运输网络的复杂性。本节将重点从构成要素、网络模型等角度分析应急物资干线运输网络的结构特征，并设计面向突发公共卫生事件的应急物资干线运输网络。

一、应急物资干线运输网络构成要素

考虑应急物资干线运输网络的构成要素，可以从网络的基本构成要素出发，即"点""线"及"运输模式"。

（一）应急物资干线运输网络中的"点"

应急物资干线运输网络的"点"包括：供应点，即应急物资干线运输网络中的起点，主要功能是利用自身储备的应急物资，向需求点提供全部或部分的应急物资；转运点，即应急物资干线运输网络的中间点，主要功能是接收来自各个供应点的应急物资，并实现相同运输方式的货物集散和多种运输方式的货物集散、换装；需求点，即应急物资干线运输网络的终点，主要功能是接收并使用应急物资。

（二）应急物资干线运输网络中的"线"

应急物资干线运输网络的"线"包括不同节点间可实现直接通达的干线运输路径，路径应包括通行能力、通行时间等主要信息，路径本身也含有运输方式的属性，如航空路径与铁路路径在能力和时间上均有差异。

（三）应急物资干线运输网络上的"运输模式"

现代运输领域包含铁路、公路、航空、水路、管道五大基本运输方式，因管道运输的特性难以满足应急物资的要求，应急物流干线运输在实际运作中应采用公路、铁路、水路、航空等多种交通方式相结合的方法，以保证在一定时间限制内将所需物资送达需求地点。因此，本节对应急物资干线运输网络的研究聚焦于公路、铁路、水路、航空四种运输方式，由此衍生出公铁联运、铁水联运、陆空联运等运输模式。

二、应急物资干线运输网络拓扑结构

拓扑结构是指网络上的连接方式和节点分布。应急物资干线运输网络是由公路运输网络、铁路运输网络、水路运输网络、航空运输网络叠加而成的多层复杂网络，下面从拓扑结构视角描述应急物资的干线运输网络模型。

（一）多种运输方式分层运输网络的拓扑结构

为便于直观表述，本节构建了多种运输方式分层运输网络的概念模型，模型三种要素的构建方式如下。

1. 运输方式

每一种运输方式构建成一个网络层，即分为公路运输网络层、铁路运输网络层、水路运输网络层、航空运输网络层。每一层运输网络都包括相应的运输节点和运输路径。

2. 运输节点

首先，任何一个网络层都应包含可提供该种运输方式的所有节点，若存在可同时提供多种运输方式的节点，则该节点会同时出现在不同的运输网络层中。其次，这些节点按功能可以划分为供应点、转运点和需求点三类节点。

3. 运输路径

每个网络层除了包含可提供该种运输方式的节点，还应包括不同节点之间直达的运输路径，称为"载重弧"。它应包含两方面的属性，即通行时间和通行能力。当一个节点同时具备多种运输方式时，该节点在不同配送网络层间便应连接一条虚拟路径来实现运输方式的转换，称为"转运弧"。

下面以一个具体例子来分析多种运输方式分层运输网络模型的构建方法。假设一个网络存在 5 个点，其中，点 1、点 4 为应急物资供应点；点 2 为应急物资转运点；点 3、点 5 为应急物资需求点。点 1 至点 5 均能够提供公路运输，点 1、点 2、点 3 具备铁路运输方式，点 2、点 4 具备水路运输方式，点 1、点 4 具备航空运输方式，如图 6-3 所示。

根据上述模型构建方法，可将平面网络结构图设计为多种运输方式分层配送网络结构，如图 6-4 所示。图中虚线表示同一节点在不同运输方式间的转换方式，即"转运弧"。任何一条弧都包含相应的信息元素 (b, c)，其中 b 表示该条弧的通行时间、c 表示该条弧代表的路径的最大通行能力。

（二）多种运输方式分层运输网络的改进模型

运筹学关于图论的研究基本基于简单图，而诸如图 6-4 中存在多

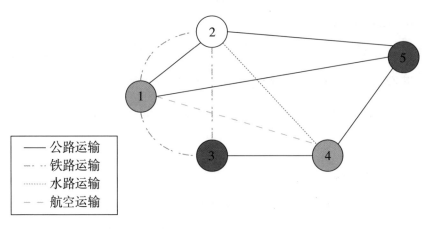

图 6-3　多种运输方式平面网络结构示意

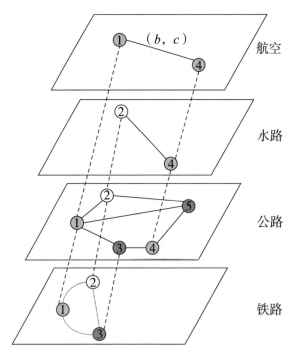

图 6-4　多种运输方式分层运输网络概念模型示例

个供给点、多个需求点的网络，可通过一个简单的方法转换成只有一个供给点和一个需求点的网络。具体做法是在给定的网络 N 基础上，构造一个新的网络 N'，具体步骤如下所述。

（1）将在各运输网络层中、具有相同编号的应急物资供应点抽象出来，置于分层运输网络的左端，且编号相同；同理，可将各应急物资需求点抽象出来置于分层运输网络的右端；

（2）具有相同编号的网络节点用虚线将其连接；

（3）在 N 中添加两个顶点 x 和 y；

（4）用弧将 x 和 N 中的每一个抽象出来的应急物资供给点相连；

（5）用弧将 y 和 N 中的每一个抽象出来的应急物资需求点相连；

（6）制定 x 为 N' 的应急物资虚拟供给点，y 为 N' 的应急物资虚拟需求点。

本书将所构造出的点、线分别称为"虚拟点"（分为虚拟供给点、虚拟需求点）和"虚拟弧"，如图6-5所示。其中，图中标记为浅色虚线代表"虚拟弧"。

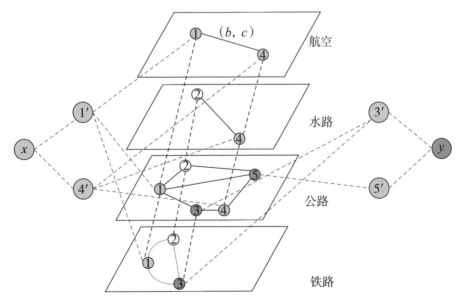

图6-5　多需求点、多供给点下多种运输方式
分层运输网络改进模型示意

三、基于多式联运的应急物资干线运输网络

目前国内外研究的应急物资干线运输主要包括两种模式：一是全程采用相同运输方式，应急物资从供应点直达需求点或者通过转运点进行物资集散再到达需求点；二是全程采用多种运输方式，应急物资从供应点出发，通过一个或多个转运点进行物资集散和换装，最终到达需求点。突发公共卫生事件发生时，对应急物资干线运输的速度、质量等具有极高要求，这就使突发公共卫生事件下应急物资干线运输往往是上述两种模式的综合运用。因此，突发公共卫生事件下应急物资干线运输网络包括：供应点、需求点、转运点三类运输节点；"供应点和需求点""供应点和转运点""转运点和需求点""转运点和转运点"之间的运输路径；公路、铁路、水路、航空四类运输方式。

下面以单供应点、单需求点、多转运点的情况为例，展示突发公共卫生事件下应急物资干线运输网络的构建。假设网络中包括一个供应点 s、一个需求点 d 和两个转运点 m_1，m_2。若供应点 s 和两个转运点 m_1，m_2 只通过公路连接，转运点 m_1 与需求点 d 通过公路、水路连接，转运点 m_2 与需求点 d 通过公路、铁路连接，供应点 s 和需求点 d 之间可以通过公路、铁路和航空直达，转运点 m_1，m_2 之间通过公路和铁路相连，其网络结构如图 6-6 所示。

通过上述网络结构，可以清晰地看到应急物资从供应点 s 到需求点 d 存在多条路径可供选择，如：$s \rightarrow d$（公路）、$s \rightarrow d$（铁路）、$s \rightarrow d$（航空）、$s \rightarrow m_1 \rightarrow d$（公路→公路）、$s \rightarrow m_1 \rightarrow d$（公路→水路）、$s \rightarrow m_2 \rightarrow d$（公路→公路）、$s \rightarrow m_2 \rightarrow d$（公路→铁路）、$s \rightarrow m_1 \rightarrow m_2 \rightarrow d$（公路→公路→公路）、$s \rightarrow m_1 \rightarrow m_2 \rightarrow d$（公路→公路→铁路）、$s \rightarrow m_1 \rightarrow m_2 \rightarrow d$

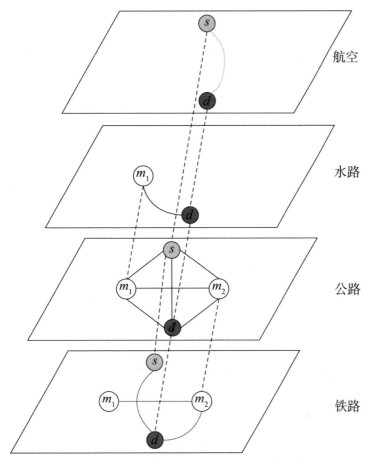

图6-6　突发公共卫生事件下应急物资干线运输网络结构示意

（公路→铁路→铁路）、$s \rightarrow m_1 \rightarrow m_2 \rightarrow d$（公路→铁路→公路）、$s \rightarrow m_2 \rightarrow$ $m_1 \rightarrow d$（公路→公路→公路）、$s \rightarrow m_2 \rightarrow m_1 \rightarrow d$（公路→公路→水路）、$s \rightarrow m_2 \rightarrow m_1 \rightarrow d$（公路→铁路→水路）、$s \rightarrow m_2 \rightarrow m_1 \rightarrow d$（公路→铁路→公路）等多条路径。通常来说，选择不同路径意味着经过节点数量、货物运输时间、货物运输成本等有所差异，因此，研究突发公共卫生事件下干线运输组织问题，需要对其网络中存在的众多路径进行合理选择，实现成本、时间、风险的综合优化。

第四节　突发公共卫生事件下
应急物资多式联运路径规划

突发公共卫生事件发生时，干线运输是应急物资紧急筹措的重要支撑，面对时间紧、任务重、风险高等特点，传统单一的运输方式难以满足应急物资运输需求。本节结合突发公共卫生事件特点，提出基于多式联运的应急物资干线运输组织方式。重点围绕突发公共卫生事件下应急物资多式联运风险评估、基于风险评估的多式联运路径规划展开研究。

一、应急物资多式联运路径规划问题分析

多式联运是指由两种及其以上的运输方式共同完成的运输过程。运输路径是基于基础设施形成的一种组织形式，是从起点出发通过确定的运输线路依次连接若干中间节点并最终止于终点的运输通道。多式联运网络结构主要包括不同类型的运输线路（运输方式）和换装节点。突发公共卫生事件下应急物资多式联运路径规划核心是解决以下问题：运输通道内中间节点的选择及经过顺序；运输通道内相邻节点间运输方式的选择。多式联运路径规划问题的中间节点及经过顺序、相邻节点间的运输方式确定后，多式联运路径已被唯一确定，通过对全程运输成本、运输效率的评估及对比选择，即可实现多式联运路径规划的目的。

突发公共卫生事件下的应急物资多式联运路径规划问题具有

以下特点。

一是突发公共卫生事件下的多式联运面临不可忽略的作业风险。疫情应急处理措施可能导致的线路封锁、换装终止、资源短缺等问题，会对运输成本、运输效率甚至运输活动的正常执行产生巨大影响，带来成本升高、时效降低等后果。在路径规划中必须量化评估各备选方案的风险情况，以提高规划方案的可行性。

二是运输路径被拆分成相邻节点间的最小片段，运输成本和效率等的计算具有局部属性；而运输费率往往与运距、批量相关，运输时效又与是否换装具有重要关系，因此运输成本和效率的计算还具有全局属性。然而采用同一种运输方式可能经过的中间节点数量存在不确定性，因此运输成本和效率计算的全局属性并不简单等于局部属性之和。

三是突发公共卫生事件下各地疫情不断发展变化，路径规划也有针对性调整，但就明确起讫点和运输规模的单次运输组织而言，路径规划问题属于短期运作层面的决策，具有明显的单周期、短周期的特点。

二、应急物资多式联运网络风险评估分析

为量化评估突发公共卫生事件下，具体时间具体地点具体疫情情况下多式联运网络面临的风险水平，本书提出风险评估指数的概念，并设计有针对性的评估指标体系、评估方法和风险评估指数的具体计算方法。

（一）评估指标体系设计

本书提出风险评估指数的概念，风险评估指数即多式联运网络面

临的风险的量度，兼顾指标的数据可得性，形成突发公共卫生事件下应急物资多式联运网络风险评估指标体系，如表6-1所示，共包含4类、9个子项、17个细分项。"指标类型"列表示该指标与风险评估指数的相关性，"正相关指标"表示该指标取值越大则风险越高，"负相关指标"则相反。

表6-1 突发公共卫生事件下多式联运网络风险评估指标体系

一级指标	二级指标	三级指标	指标类型
I_1 地区发展水平	I_{11} 经济实力	I_{111} 人均国内生产总值	负相关指标
	I_{12} 人口密度	I_{121} 常住人口密度	正相关指标
		I_{122} 年客运量密度	正相关指标
	I_{13} 交通条件	I_{131} 公路网密度	正相关指标
		I_{132} 境内铁路干线数	正相关指标
		I_{133} 年货物吞吐量密度	正相关指标
I_2 医疗卫生条件	I_{21} 医疗供给条件	I_{211} 每万人拥有卫生人员数	负相关指标
		I_{212} 每万人拥有医院床位数	负相关指标
		I_{213} 每万人拥有医院数	负相关指标
	I_{22} 资金支持条件	I_{221} 人均医疗卫生与计划生育支出	负相关指标
		I_{222} 基本医疗保险覆盖率	负相关指标
I_3 疫情严峻程度	I_{31} 病例规模	I_{311} 确诊病例数	正相关指标
		I_{312} 新增病例数	正相关指标
		I_{313} 死亡病例数	正相关指标
	I_{32} 疫情暴发范围	I_{321} 距离最近疫情暴发地远近	负相关指标
I_4 政府应急能力	I_{41} 应急响应能力	I_{411} 突发公共卫生事件响应等级	负相关指标
	I_{42} 治安管控能力	I_{421} 人均公共安全支出	负相关指标

地区发展水平用来反映地区疫情发现、传播、控制的基础能力水平。经济实力越高的地区居民平均文化水平、生活水平越高，健康保养、生病就医等习惯就越科学，信息传播和接受的速度就越快，就越有利于疫情防控。同时经济实力越强，应急措施的影响也越大，政策制定也越谨慎，对正常物流活动的干预力度也相对越小；人口密度越高的地方，人员密切接触概率越大，感染疫情的概率越高；交通条件越好的地方，交通越发达，客流货流量越大，疫情防控难度也越高。

医疗卫生条件是与疫情防控直接相关的专业条件，主要通过人均拥有的医疗卫生资源和质量来反映，人均医疗卫生资源越多、质量越高，风险防控能力便越高，医疗卫生资源通过医院、医生、床位、医疗物资来反映，其中医疗物资通过公共卫生支出和医疗保险来反映。

疫情严峻程度是疫情的最直接反映，程度的不同决定了需采用的应急措施的力度和范围不同，疫情越轻，开展应急物资多式联运风险越低，受影响越小。疫情严峻程度主要通过病例规模和距离最近疫情暴发地的距离来反映，一般而言，越靠近疫区，短期内人员交流就越频繁，感染概率越高，疫情防控措施也会越严格。

政府应急能力反映了疫情防控处理效率和社会稳定性，政府应急能力越强，各项措施越有条不紊，疫情的负面影响就越小，主要通过政府应急响应能力和治安管控能力来反映，其中突发公共卫生事件响应级别数值越大、代表等级越低、风险越小。

（二）DEA 评估方法的原理

突发公共卫生事件下多式联运网络风险评估指标体系包含正负两类相关指标，通过常规评估方法确定各指标权重较为复杂。本书将两类指标与评估结果之间的正负相关性分别类比为方案的产出和投入，取方案评估值作为风险评估指数。可采用数据包络分析法（Data Envelopment Analysis，DEA）进行评价，采用该方法可以无须关注指标之间的相对权重和量纲大小，快速取得较满意的评估结果。

数据包络分析法是基于相对效率和线性规划的客观评价方法，其以决策单元各输入输出指标为变量，以最利于决策单元为评估标准，通过线性规划方法确定权重，不需要关注指标间的相互关系，具有使用简捷、评价高效的特点。DEA-C²R 模型是目前应用最广泛的 DEA 模型，假设有 n 个决策单元，每个决策单元有 m 个输入指标，s 个输出指标，则第 j 个决策单元的输入变量 X_j 和输出变量 Y_j 可分别表示为式（6-1）和式（6-2）。

$$X_j = (x_{1j},\ x_{2j},\ \cdots,\ x_{mj}) \geqslant 0 \quad j = 1,\ 2,\ \cdots,\ n \qquad (6-1)$$

$$Y_j = (y_{1j},\ y_{2j},\ \cdots,\ y_{sj}) \geqslant 0 \quad j = 1,\ 2,\ \cdots,\ n \qquad (6-2)$$

以 $v = (v_1,\ v_2,\ \cdots,\ v_m)^{\mathrm{T}}$，$u = (u_1,\ u_2,\ \cdots,\ u_s)^{\mathrm{T}}$ 分别表示输入、输出指标的权重，h_j 为表征不同决策单元的相对有效程度的评价指数，则得式（6-3）。

$$h_j = \frac{\sum_{r=1}^{s} u_r y_{rj}}{\sum_{i=1}^{m} v_i x_{ij}} \quad j = 1,\ 2,\ \cdots,\ n \qquad (6-3)$$

其中：

x_{ij} ——第 j 个决策单元的第 i 种输入指标值；

y_{rj} ——第 j 个决策单元的第 r 种输出指标值。

结合式（6-1）至式（6-3），可得用于 j_0 个决策单元（$j_0 = 1$，2，$\cdots$，n）评价的 C²R 模型，如式（6-4）所示。

$$\max \frac{\sum_{r=1}^{s} u_r y_{r0}}{\sum_{i=1}^{m} v_i x_{i0}} h_{j_0}^*$$

$$\text{s. t.} \frac{\sum_{r=1}^{s} v_i x_{i0}}{\sum_{i=1}^{m} v_i x_{ij}} \leqslant 1$$

$$j = 1, 2, \cdots, n; \ u \geqslant 0; \ v \geqslant 0 \qquad (6\text{-}4)$$

设中间变量 t, ω, μ 如式（6-5）所示，利用 Charnes-Cooper 变换，式（6-4）可等价变换为式（6-6）。

$$t = 1/v^{\mathrm{T}} X_0$$

$$\omega = tv \qquad (6\text{-}5)$$

$$\mu = u$$

$$P_{\mathrm{C^2R}} = \begin{cases} \max \mu^{\mathrm{T}} Y_0 = h_{j_0} \\ \omega^{\mathrm{T}} X_j - \mu^{\mathrm{T}} Y_j \geqslant 0 \quad j = 1, 2, \cdots, n \\ \omega^{\mathrm{T}} X_0 = 1 \\ \omega \geqslant 0, \ \mu \geqslant 0 \end{cases} \qquad (6\text{-}6)$$

加入松弛变量 $s^- s^- \geqslant 0$ 及剩余变量 $s^+ s^+ \geqslant 0$ 以后，式（6-6）可变化为其对偶规划，如式（6-7）所示。

$$D_{\mathrm{C^2R}} \begin{cases} \min \theta \\ \sum_{j=1}^{n} X_j \lambda_j + S^- = \theta x_0 \\ \sum_{j=1}^{n} Y_j \lambda_j - S^+ = Y_0 \\ \lambda_j \geqslant 0 \quad j = 1, 2, \cdots, n \end{cases} \qquad (6\text{-}7)$$

求解以上的线性规划模型 D_{C^2R} 即可判断第 j_0 个决策单元的有效性并得到量化值，当最优解中 $\theta^0 = 1$，$s^+ = s^- = 0$ 时，第 j_0 个决策单元为 DEA 有效，当最优解中 $\theta^0 = 1$ 且 $s^+ \neq 0$ 或 $\theta^0 = 1$ 且 $s^- \neq 0$ 时，第 j_0 个决策单元为 DEA 弱有效。

（三）具体作业场景的风险评估指数

突发公共卫生事件下多式联运网络的作业场景主要包括运输作业和换装作业，不同作业场景下的作业流程、作业特点、作业要求均存在差异，若考虑突发公共卫生事件下具体作业场景下多式联运网络面临的风险，直接使用上文的多式联运网络风险评估指数并不精确。因此，需要将上文中直接通过数据包络分析 C^2R 模型对 a 处评估得到的结果记为基本风险评估指数 b_a^0，运输作业场景下的多式联运网络风险评估指数（以下简称运输作业风险评估指数）、换装作业场景下的多式联运网络风险评估指数（以下简称换装作业风险评估指数）采用以下方式处理。

运输作业会贯穿沿线区域，具有空间上的大位移，经过的不同地区的风险并不相同，且不同运输方式下也有区别。可取全程经过的各地区的基本风险评估指数的平均值加以表示。因此从 i 地到 j 地的运输作业风险评估指数可表示为式（6-8）。

$$b_{ijk}^1 = \frac{\sum_{a=i}^{j} b_a^0 \cdot \sigma_1 \cdot \sigma^k}{n} \tag{6-8}$$

其中：

n ——经过地区的数量；

σ_1——运输作业的折算系数；

σ^k——不同运输方式的折算系数。

换装作业主要包括从前一种运输方式卸下货物，搬运并装载到后一种运输方式上，因此换装作业风险与运输方式有关，采用加权求和的方式，换装作业风险评估指数可表示为式（6-9）。

$$b^2_{ak_1k_2} = b^0_a \cdot \sigma_2 \cdot (\sigma^{k_1} + \sigma^{k_2}) \qquad (6-9)$$

其中：

σ_2——换装作业的折算系数。

上述式（6-8）至式（6-9）中的各类折算系数表征不同运输方式、不同物流作业下所面临风险的相对大小，反映了不同场景下前文所述风险事件发生概率的相对大小、风险损失的相对严重程度，其取值根据实际活动中作业流程、作业人员的流动特点、实施安全防护的难度等现实条件，结合专家意见确定。

三、基于风险评估的应急物资多式联运路径规划模型

本节将根据突发公共卫生事件下应急物资多式联运问题描述和风险评估，构建基于风险评估的多式联运路径规划模型，以解决突发公共卫生事件下的应急物资多式联运路径规划问题。模型构建主要包括设定假设条件、声明模型符号、设计目标函数、设计约束条件四个方面的内容。

（一）模型的假设条件

设定合理的假设条件是对实际问题建模分析的前提，综合考虑多式联运运输路径中的节点、线路、载运工具、业务运作、效益评估的

特点和要求，给出模型的基本假设条件。

1. 物流节点的假设条件

借鉴图论的思想，由区域中心点代替突发公共卫生事件下多式联运路径规划问题涉及的物流节点，省级行政区的中心点假设为省会城市的中心点，城市的中心点假设为市中心。

2. 空间距离的假设条件

假设两地间的铁路运输距离为两地间的铁路里程（不考虑两端短驳距离），两地间的航空运输距离为两地间的航空里程（不考虑两端短驳距离），公路运输距离采用实际公路里程。

3. 载运工具利用的假设条件

假设所有节点所有类型的载运工具数量均充足，且假设所有载运工具均达到发运量要求。

4. 费率的假设条件

假设运输环节各类费率已知，不同地区的费率函数相同且保持不变。

5. 风险的假设条件

假设各节点的作业风险评估指数均为已知，且在运输方案执行环节保持不变。

6. 货物损失的假设条件

不考虑运输环节可能发生的质损。

7. 规划时机的假设条件

假设仅在初始路径规划时进行一次多式联运路径规划决策，后续决策执行环节的各项参数保持不变，多式联运路径也不再进行优化。

（二）模型符号及说明

1. 集合变量

I——起讫点及可途经的中间节点集合，其内元素 $i = O$，1，2，$\cdots$，I，S；其中 O 点表示起点，I 点表示编号最大的可途经节点，S 点表示终点；I 符号具有集合和上限元素两种含义，使用此种表示方式的目的是节省英文字母符号，后文出现该符号时，根据使用的具体位置和上下文关系可快速得知其所表示的含义，如当 I 位于求和符号的上界处或与其他元素分处等号两端时，取集合中上限元素的含义，当 I 位于 $\in$ 之后或与 $\cap$、$\cup$ 等集合运算符相邻时，取集合的含义。

K——运输方式集合，其内元素 $k = 1$，2，3，分别表示公路运输、铁路运输、水路运输。

H——起讫点间被采用的运输路径上各运输阶段的集合，其内元素 $h = 0$，1，2，$\cdots$，H；相连且运输方式相同的线路为同一阶段；H 两种含义的辨别同 I。

P——起讫点间被采用的运输路径上各节点依次排列所形成的集合；$P = \{p_0, p_1, p_2, \cdots, p_m, p_{m+1}\}$，其中 $p_0 = O$，$p_{m+1} = S$。

2. 参数变量

U_{ijk}——节点 i 与节点 j 之间通过第 k 种运输方式能否直接连通，为 0-1 变量，其值为 1 时表示"是"，其值为 0 时表示"否"；

d_{ijk}——节点 i 与节点 j 之间采用第 k 种运输方式时的运输距离，公里；

h_{ij}——直接连通的节点 i 与节点 j 形成的运输通道在起讫点间被采用的运输路径中的阶段序号，是整数变量，从起点 O 开始到下一个节点为第 1 阶段，若后续途经节点处不发生换装，则仍处第 1 阶段，若发生换装，则换装后进入下一阶段，直至到达终点 S，若该运输通道不存在或未被采用则为 0；

t_s^o ——从起点 O 到终点 S 全程的要求运行期限，天；

t_{ijk}^1 ——节点 i 与节点 j 之间采用第 k 种运输方式下实际送达时间，天；

t_{ijk}^2 ——第 k 种运输方式两端装卸作业及集结发运时间，天；

v_k ——第 k 种运输方式的运输速率，公里/天；

f_c^k ——第 k 种运输方式的运输费率，是运输距离的分段函数，元/吨·公里；

$r_{k_1 k_2}$ ——从第 k_1 种运输方式换装到第 k_2 种运输方式的换装费率，元/吨；

g_s ——延期送达终点的惩罚费率，元/吨；

w_s ——终点 S 的应急物资需求量，吨；

b_{ijk}^1 ——节点 i 与节点 j 之间采用第 k 种运输方式的运输作业风险评估指数；

$b_{ik_1 k_2}^2$ ——在节点 i 处从第 k_1 种运输方式换装到第 k_2 种运输方式的换装作业风险评估指数；

φ_{P_i} ——起讫点间被采用运输路径上从节点 P_{i-1} 至节点 P_i 所采用的运输方式；

k_h ——起讫点间被采用运输路径上第 h 阶段所选用的运输方式。

3. 决策变量

X_{ijk} ——节点 i 与节点 j 之间第 k 种运输方式是否被采用，为 0-1 变量，其值为 1 时表示"是"，其值为 0 时表示"否"。

（三）模型的目标函数

突发公共卫生事件下多式联运路径规划问题需要关注时间、成本和风险等方面，即在保证最快时效的前提下，追求综合运输成本的最小，同时兼顾全程作业风险的最低。本节在构建模型时，通过设置运到期限约束，以及在目标函数中设置延期惩罚成本，来控制规划方案满足时效性的要求，同时降低了多目标模型的复杂性。

1. 成本类目标设计

突发公共卫生事件下应急物资多式联运路径规划主要涉及三类成本：运输成本、换装成本、延期惩罚成本。其中运输成本指应急物资从起点被运送到终点的过程中采用的各类运输方式的运输费用总和，换装成本指应急物资从起点被运送到终点的过程中采用的多式联运方式的换装费用总和，延期惩罚成本指应急物资延期送达终点产生的惩罚费用。

（1）运输成本最小。运输成本的计算方法为运输费率、应急物资运输量、运输距离三者的乘积，其中运输费率是运输距离的分段函数，不同运输方式费率不同，将应急物资从起点运送到终点的全程按照运输方式分段，全程总运输成本应为运输费率、应急物资运输量、各段运输距离三者乘积的和，因此，应急物资从起点被运送到终点的运输全程总运输成本最小可用式（6-10）表示。

$$\min Z_{11} = \sum_{h=1}^{H} \sum_{k=1}^{K} f_c^k w_s \left[\sum_{i=O}^{I} \sum_{j=1}^{S} d_{ijk} x_{ijk} (h_{ij} = h？ 1：0) \right] \quad (6\text{-}10)$$

其中：

$(h_{ij} = h？ 1：0)$——条件表达式，其意为判断 h_{ij} 与 h 是否相等，"是"则表达式值为1，"否"则为0。

（2）换装成本最小。换装成本的计算方式为换装费率、应急物资运输量两者的乘积，应急物资从起点被运送到终点全程的换装成本为各换装点换装费率、应急物资运输量两者乘积的和，因此，应急物资从起点被运送到终点的运输全程总换装成本最小可用式（6-11）表示。

$$\min Z_{12} = \sum_{p_i = p_1}^{p_m} r_{\varphi_{P_i} \varphi_{P_{i+1}}} \cdot w_s \qquad (6-11)$$

2. 时效类目标设计

延期惩罚成本最小：延期惩罚成本的计算公式为延期惩罚费率、应急物资运输量、延期天数三者的乘积，其中延期天数的计算公式为实际送达时间与要求运到期限的差，且延期天数不可小于零。因此，应急物资从起点被运送到终点的延期惩罚成本最小可用式（6-12）表示。

$$\min Z_{13} = g_i w_s \max \left\{ 0, \ \sum_{k=1}^{K} \sum_{i=O}^{I} \sum_{j=1}^{S} t_{ijk}^1 x_{ijk} - t_S^0 \right\} \qquad (6-12)$$

实际送达时间包括实际运输时间与两端装卸作业时间及集结发运时间，实际运输时间可用运输距离与运输速率的比值表示，因此式（6-12）可表示为式（6-13）。

$$\min Z_{13} = g_i w_s \max \left\{ 0, \ \sum_{k=1}^{K} \sum_{i=O}^{I} \sum_{j=1}^{S} \frac{d_{ijk}}{v_k} x_{ijk} + \sum_{h=1}^{H} t_{k_h}^2 - t_S^0 \right\} \qquad (6-13)$$

3. 风险类目标设计

突发公共卫生事件下应急物资多式联运主要面临运输作业风险和换装作业风险，不同地区疫情并不一定同步，因此在不同地区进行运输和换装作业的风险并不相同，在某地区进行两类作业的风险评估指数可通过前文所述风险评估方法及式（6-8）和式（6-9）获得。

（1）运输作业风险最小。运输全程的风险可表示为驶过的各路段的风险之和，因此，应急物资从起点被运送到终点的运输作业最小风险可表示为式（6-14）。

$$\min Z_{21} = \sum_{k=1}^{K} \sum_{i=O}^{I} \sum_{j=1}^{S} b_{ijk}^{1} \qquad (6-14)$$

（2）换装作业风险最小。运输全程的换装作业风险可表示为各次换装作业风险之和。因此，应急物资从起点被运送到终点全程的换装作业最小风险可表示为式（6-15）。

$$\min Z_{22} = \sum_{p_i = p_1}^{p_m} b_{p_i, \ \varphi_{p_i}, \ \varphi_{p_{i+1}}}^{2} \qquad (6-15)$$

4. 目标函数转换

本节模型为多目标模型，共涉及 5 个目标函数，可分为成本类、时效类和风险类三大类，三类目标函数的量纲不同，无法通过简单的加权方式整合，需要做目标合并转化处理。考虑到作业风险评估指数取值在 0~1，风险评估指数越高代表面临的作业风险越大，遇到线路封锁、换装中断等问题的可能性越高，导致在途时间延长、各类费率升高的可能性越大，进而导致运输成本、换装成本、延期惩罚成本的升高幅度也越大，因此可引入参数 θ_{ij}，将作业风险评估指数作为成本增幅的量度，进而实现多目标函数转化为单目标函数的目的。

θ_{ij} 为第 i 种作业风险评估指数对第 j 种成本增幅的转化系数，其中 $i = 1$，2，分别表示运输和换装作业风险评估指数，$j = 1$，2，3，分别表示运输成本、换装成本和延期惩罚成本。

首先对运输成本与运输作业风险进行整合。运输作业风险可能导致运输费率的升高，换装作业风险对此无影响，因此需将式（6-10）和式（6-14）合并。式（6-14）中 b_{ijk}^{1} 为节点 i 与节点 j 之间采用第 k 种运输方式的运输作业风险评估指数，而式（6-10）中运输成本的计算单元为一整段采用同种运输方式的运输路径，后者表示的运输线路范围大于前者，因此需要先将式（6-10）所得各运输阶段的总运输成本按运输距离拆分到最小线路上（节点 i 与节点 j 之间采用第 k 种运输方式进行运输），再与增幅系数相乘，由此，式（6-10）与式（6-14）可合并表示为式（6-16）。

$$\min Z'_{11} = \sum_{h=1}^{H} \sum_{k=1}^{K} \sum_{i=0}^{I} \sum_{j=1}^{S} f_c^k w_s \Big[\sum_{i=0}^{I} \sum_{j=1}^{S} d_{ijk} x_{ijk}(h_{ij} = h? \ 1 : 0) \Big]$$

$$\frac{d_{ijk} x_{ijk}(h_{ij} = h? \ 1 : 0)}{\Big[\sum\limits_{i=0}^{I} \sum\limits_{j=1}^{S} d_{ijk} x_{ijk}(h_{ij} = h? \ 1 : 0) \Big]} (1 + \theta_{11} b_{ijk}^1) \qquad (6\text{-}16)$$

需要说明的是，因为 f_c^k 是运输距离的分段函数，同种运输方式连续运输的路程越长，对应的运输费率可能越小，多段运输线路整体的 f_c^k 与各组分的 f_c^k 不同，因此 $f_c^k w_s \Big[\sum\limits_{i=0}^{I} \sum\limits_{j=1}^{S} d_{ijk} x_{ijk}(h_{ij} = h? \ 1 : 0) \Big]$ 与后面 $\Big[\sum\limits_{i=0}^{I} \sum\limits_{j=1}^{S} d_{ijk} x_{ijk}(h_{ij} = h? \ 1 : 0) \Big]$ 不能抵消。

其次对换装成本与换装作业风险进行整合。换装作业风险可能导致换装费率升高，运输作业风险对此无影响，因此需将式（6-11）和式（6-15）合并。式（6-11）与式（6-15）的计算单元相同，两者合并时将各节点换装成本与增幅系数相乘即可，由此，式（6-11）与式（6-15）可合并表示为式（6-17）。

$$\min Z'_{12} = \sum_{p_i = p_1}^{p_m} r_{\varphi_{p_i}, \ \varphi_{p_{i+1}}} w_S (1 + \theta_{22} b_{p_i, \ \varphi_{p_i}, \ \varphi_{p_{i+1}}}^2) \qquad (6\text{-}17)$$

最后对延期惩罚成本与综合作业风险进行整合。运输作业风险会导致运输作业时间延长，换装作业风险会导致装卸作业时间延长，因此需将式（6-13）与式（6-14）、式（6-15）合并。式（6-14）与式（6-13）中运输作业时间部分的计算单元相同，合并时将各最小线路单元的运输时间与增幅系数相乘即可；式（6-15）与式（6-16）中装卸作业和集结发运时间部分的计算单元不同，式（6-15）以各节点计算，式（6-13）中该部分以运输阶段计算，为便于建模处理，本书以运输阶段起点的换装作业风险指数表征该段运输的装卸作业和集结发运时间延长幅度，特殊的全程起点 O 的换装作业风险指数以 0 计算，由此，式（6-13）与式（6-14）、式（6-15）可合并为式（6-18）。

$$\min Z'_{13} = g_i w_s \max\left\{0, \sum_{k=1}^{K} \sum_{i=O}^{I} \sum_{j=1}^{S} \frac{d_{ijk}}{v_k} x_{ijk}(1 + \theta_{13} b_{ijk}^1) + \right.$$

$$\left. \sum_{h=1}^{H} t_{k_h}^2 \left[1 + \theta_{23} \sum_{p_i=p_1}^{p_m} b_{p_i,\,\varphi_{p_i},\,\varphi_{p_{i+1}}}^2 (h_{ij} = h?\ 1:0)\right] - t_S^0\right\} \qquad (6-18)$$

式（6-16）、式（6-17）和式（6-18）的量纲与单位均统一，且均为最小化目标函数，可直接相加，因此本节模型的多目标函数转化为单目标函数，可用式（6-19）表示。

$$\min Z = Z'_{11} + Z'_{12} + Z'_{13} \qquad (6-19)$$

（四）模型的约束条件

基于突发公共卫生事件下应急物资多式联运路径规划问题的特点，本节模型的约束条件主要包括五个方面。一是起讫点约束，即必须从起点出发，最终到达终点；二是空间关系约束，即无法连通的运输线路不能被选择；三是运作模式约束，即不能出现倒流现象以及物流节点抽象化的处理、无换装情况的处理；四是变量逻辑关系约束，即保证变量之间的相互关系；五是变量取值范围约束，主要包括 0-1 取值约束、整数约束、非负约束等。

1. 起讫点约束

突发公共卫生事件下应急物资多式联运路径规划问题是明确起讫点的运输路径规划问题，因此最终形成的运输路径必须从起点出发，最终到达终点。

$$\sum_{k=1}^{K} \sum_{j=1}^{S} x_{ijk} = 1 \quad i = O \qquad (6-20)$$

$$\sum_{k=1}^{K} \sum_{i=0}^{I} x_{ijk} = 1 \quad j = S \qquad (6-21)$$

式（6-20）约束运输路径一定从起点出发，即起点一定与某个相邻节点相连通；式（6-21）约束运输路径最后一定到达终点，即终点一定与某个相邻节点相连通。

2. 空间关系约束

运输路径由空间上相邻或可通过航空直达的节点之间两两连通形成。

$$x_{ijk} = 0 \quad i, j \in I, \ k \in K \text{ 且 } U_{ijk} = 0 \qquad (6-22)$$

式（6-22）约束空间上不相邻且无法通过航空直达的节点之间一定不能连通，即无法连通的运输线路不能被选择。

3. 运作模式约束

运作模式约束为实际运作过程中必须满足的条件和模型构建前期的部分假设条件，主要包括不能出现倒流现象、物流节点抽象化的处理、无换装情况的处理。

$$\sum_{k=1}^{K} x_{ijk} + \sum_{k=1}^{K} x_{jik} \leqslant 1 \quad i, j \in I \qquad (6-23)$$

$$\begin{cases} d_{ijk} = 0 \\ t_{ijk} = 0 \quad i = j \in I, \ k \in K \\ b_{ijk}^{1} = 0 \end{cases} \qquad (6-24)$$

$$\begin{cases} r_{k_1 k_2} = 0 \\ b_{ik_1 k_2}^{2} = 0 \end{cases} \quad i \in I, \ k_1 = k_2 \in K \qquad (6-25)$$

式（6-23）约束应急物资多式联运在实际运作过程中不能出现

倒流现象，即两节点间最多只允许连通一次，且两节点间最多只能选用一种运输方式；式（6-24）约束模型假设物流节点均由区域中心点代替，因此当运输过程中出现出发地与目的地为同一地点的特殊情况时，该段运输距离、时间、运输风险等均应为零；式（6-25）约束在某节点处不发生换装，即仍采用之前的运输方式，此时的换装费率和换装风险等均应为零。

4. 变量逻辑关系约束

依据处理问题的视角，本节模型的变量可分为两类，一类面向 I 集合，对所有可途经的中间节点和所有可能的运输通道进行处理，如 d_{ijk}、x_{ijk}、t_{ijk}；另一类面向 P 集合，对起讫点间被采用的运输路径上所涉及的节点和通道进行处理，如 h_{ij}、φ_{p_i}、k_h。两类变量间存在逻辑转换关系，如式（6-26）至式（6-28）所示。

$$h_{ij} = \begin{cases} 1 & i = O,\ j = p_1 \\ h_{p_{q-1},\,p_q} + 1 & i = p_q,\ j = p_{q+1},\ \text{且}\ 1 \leqslant q \leqslant m \\ 0 & x_{ijk} = 0 \quad i,\ j \in I,\ k \in K \end{cases} \tag{6-26}$$

$$\varphi_{p_i} = \sum_{k=1}^{K} k x_{p_{i-1},\,p_i,\,k} \tag{6-27}$$

$$k_h = \varphi_{p_i} \quad p_1 \leqslant p_i \leqslant p_{m+1}\ \text{且}\ h_{p_{i-1},\,p_i} = h \tag{6-28}$$

5. 变量取值范围约束

本节模型需要约束的变量主要包括集合变量、参数变量、决策变量三类。其中，集合变量取值范围如前文所述；参数变量取值范围如式（6-29）至式（6-42）所示；决策变量取值范围如式（6-43）所示。

$$U_{ijk} = \begin{cases} 0 \\ 1 \end{cases} \quad i,\ j \in I,\ k \in K \tag{6-29}$$

$$d_{ijk} \geqslant 0 \quad i, j \in I, \ k \in K \qquad (6-30)$$

$$h_{ij} \in N \quad i, j \in I \qquad (6-31)$$

$$t_s^o > 0 \qquad (6-32)$$

$$t_{ijk} \geqslant 0 \quad i, j \in I, \ k \in K \qquad (6-33)$$

$$v_k \geqslant 0 \quad k \in K \qquad (6-34)$$

$$f_c^k > 0 \quad k \in K \qquad (6-35)$$

$$r_{k_1 k_2} \geqslant 0 \quad k_1, \ k_2 \in K \qquad (6-36)$$

$$g_s > 0 \qquad (6-37)$$

$$w_s \in N^* \qquad (6-38)$$

$$b_{ijk}^1 \geqslant 0 \quad i, j \in I, \ k \in K \qquad (6-39)$$

$$b_{ik_1 k_2}^2 \geqslant 0 \quad i \in I, \ k_1, \ k_2 \in K \qquad (6-40)$$

$$\varphi_{p_i} \in K \quad 1 \leqslant i \leqslant m + 1 \qquad (6-41)$$

$$k_h \in K \quad h \in H \qquad (6-42)$$

$$x_{ijk} = \begin{cases} 0 \\ 1 \end{cases} \quad i, j \in I, \ k \in K \qquad (6-43)$$

第五节　武汉市应急物资干线
运输组织实例分析

　　为应对突发公共卫生事件中应急物资的来源广泛、运输需求复杂、运力资源短缺、运输时限紧迫等问题，需要对应急物资的干线运输组织中的多种运输方式统筹规划、合理调配，满足不同地区间应急物资的合理运输。本节选取适当分析周期，针对应急物资在国内不同城市间的运输需求，设计突发公共卫生事件下基于风险分析的应急物资干线运输组织方案，以解决运输通道内中间节点的选择、经过顺序以及相邻节点间运输方式的选择等问题。

一、案例背景介绍

2020 年初，新冠疫情在武汉大规模暴发。新冠疫情凭借其极强的传染性和严重的危害性，对人们的生产生活造成了极大的影响。在短时间内，患者激增，受感染人数呈爆发式增长，面临医务人员不足、防疫应急物资紧缺等诸多困难。为抗击新冠疫情，保障人民生命安全，湖南、广东、浙江、内蒙古、山东、辽宁、黑龙江等多个省市纷纷伸出援手，向武汉提供各类防疫物资。在这种较远距离、跨区域的应急物资调拨中，作为关键环节的干线运输，在应急物资的运输过程中承担着控风险、保运行的重要任务。

本节主要以武汉为干线运输组织的终点，分别选取短途、中途、长途三种干线运输情况进行分析，对运输通道内途经节点、经过顺序以及相邻节点间运输方式等内容进行综合决策，从而设计出应急物资的干线运输组织方案。

二、问题数学描述

新型冠状病毒经专家鉴定，具有 14 天潜伏期，国家出台的各类疫情防控政策和疫情期间经济社会发展政策均基于此判断，因而疫情发展每隔 14 天或将进入新的阶段，因此将案例周期设定为 14 天。此外，因新冠疫情暴发初期国内应急物资需求旺盛，对此时应急物资的干线运输进行研究具有代表性。则第一周期设定从国务院规定的春节复工日期 2020 年 2 月 3 日开始，此时应急物资生产逐步增强，运输需求旺盛。疫情重灾区武汉于 3 月 20 日陆续复工复产，于 4 月 8 日正式解除封锁，此时全国疫情已基本得到控制。故本节案例设计共进行 5 个周期，截至 4 月 12 日，各周期具体情况如表 6-2 所示。

表 6-2　　　　　　　　　案例研究周期划分情况

周期	起始时间	终止时间	长度（天）
$N=1$	2020 年 2 月 3 日	2020 年 2 月 16 日	14
$N=2$	2020 年 2 月 17 日	2020 年 3 月 1 日	14
$N=3$	2020 年 3 月 2 日	2020 年 3 月 15 日	14
$N=4$	2020 年 3 月 16 日	2020 年 3 月 29 日	14
$N=5$	2020 年 3 月 30 日	2020 年 4 月 12 日	14

　　需求点相关数据主要包括需求点编号、空间坐标、需求量、库存响应比例、要求运到期限、延期送达惩罚费率等，结合第四节中建立的多式联运路径规划模型给出的假设条件，为减少计算量，便于案例研究，以省级行政区为最小研究维度，即将各省级行政区内的需求点集合到省会（首府）中心。共选取中国的 31 个省级行政区，各省级行政区对应节点的空间坐标通过百度地图获取，各节点编号按统计顺序设计，节点编号和空间坐标数据如表 6-3 所示。

表 6-3　　　　　　　　　节点编号和空间坐标数据

省级行政区	省会（首府）	节点编号	坐标 X（东经）	坐标 Y（北纬）
北京市	北京市	1	116.4133837	39.91092455
天津市	天津市	2	117.2108131	39.1439299
上海市	上海市	3	121.4805389	31.23592904

省级行政区	省会（首府）	节点编号	坐标 X（东经）	坐标 Y（北纬）
重庆市	重庆市	4	106.5584342	29.56899625
河北省	石家庄市	5	114.5215319	38.04831193
辽宁省	沈阳市	6	123.4559899	41.72091567
黑龙江省	哈尔滨市	7	126.5416151	45.80882583
浙江省	杭州市	8	120.2155118	30.25308298
福建省	福州市	9	119.3034698	26.08042942
山东省	济南市	10	117.1263994	36.6565542
广东省	广州市	11	113.2714313	23.13533631
湖北省	武汉市	12	114.3115816	30.59846674
四川省	成都市	13	104.0815335	30.65582188
云南省	昆明市	14	102.8524484	24.87399815
甘肃省	兰州市	15	103.8405212	36.06723469
广西壮族自治区	南宁市	16	108.3734508	22.8226066
宁夏回族自治区	银川市	17	106.2384936	38.49246006
山西省	太原市	18	112.5563915	37.87698903
吉林省	长春市	19	125.3306021	43.8219535
江苏省	南京市	20	118.8024217	32.06465289
安徽省	合肥市	21	117.2334427	31.82657783
江西省	南昌市	22	115.8645894	28.6894553
河南省	郑州市	23	113.6314192	34.75343885
湖南省	长沙市	24	112.9454732	28.2348894
海南省	海口市	25	110.3255255	20.04404944
贵州省	贵阳市	26	106.6365768	26.65332482

续表

省级行政区	省会（首府）	节点编号	坐标 X（东经）	坐标 Y（北纬）
陕西省	西安市	27	108.9464656	34.34726882
青海省	西宁市	28	101.7844502	36.6233847
内蒙古自治区	呼和浩特市	29	111.7555086	40.848423
西藏自治区	拉萨市	30	91.12082392	29.65004027
新疆维吾尔自治区	乌鲁木齐市	31	87.62443994	43.8307632

各节点各周期的应急物资需求量通过各地疫情情况进行推算。因应急物资需求情况与当地疫情严重程度有关，与患病人数呈正相关。因此以患病人数代表应急物资需求，展示如表 6-4 所示的规划期内各地区疫情患病人数和如图 6-7 所示的各周期全国应急物资需求量柱状图。

表 6-4　　　　　规划期内各地区疫情患病人数

省级行政区	确诊人数（人）	省级行政区	确诊人数（人）
湖北省	9621	山西省	44
上海市	287	河南省	30
黑龙江省	283	重庆市	28
山东省	243	江苏省	27
广东省	233	河北省	26
北京市	208	辽宁省	24
内蒙古自治区	118	安徽省	18
浙江省	96	广西壮族自治区	16
四川省	65	陕西省	16
福建省	62	湖南省	13
天津市	59	吉林省	11
甘肃省	49	云南省	9

续表

省级行政区	确诊人数（人）	省级行政区	确诊人数（人）
江西省	7	新疆维吾尔自治区	1
宁夏回族自治区	5	青海省	0
海南省	5	西藏自治区	0
贵州省	1	—	—

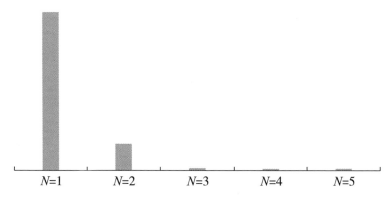

图 6-7　各周期全国应急物资需求量柱状图

根据调研得出各区域要求运到期限与延期送达惩罚费率。其中交通发达地区要求运到期限短，西南、西北地区适当放宽运到期限。需求点延期送达惩罚费率表征的是应急物资需求点对送达时效的要求，送达时效与当地应急防控符合度和运输完成率呈正相关。结合本书第三章、第五章需求系数与各物资社会成本系数，各节点该数据统一取 145 元/人·日；各节点要求运到期限和延期送达惩罚费率如表 6-5 所示。

表 6-5　　各节点要求运到期限和延期送达惩罚费率

省级行政区	省会（首府）	节点编号	要求运到期限（天）	延期送达惩罚费率（元/人·日）
北京市	北京市	1	2	145
天津市	天津市	2	2	145

省级行政区	省会（首府）	节点编号	要求运到期限（天）	延期送达惩罚费率（元/人·日）
上海市	上海市	3	4	145
重庆市	重庆市	4	3	145
河北省	石家庄市	5	2	145
辽宁省	沈阳市	6	3	145
黑龙江省	哈尔滨市	7	5	145
浙江省	杭州市	8	5	145
福建省	福州市	9	4	145
山东省	济南市	10	3	145
广东省	广州市	11	6	145
湖北省	武汉市	12	4	145
四川省	成都市	13	5	145
云南省	昆明市	14	8	145
甘肃省	兰州市	15	3	145
广西壮族自治区	南宁市	16	4	145
宁夏回族自治区	银川市	17	3	145
山西省	太原市	18	3	145
吉林省	长春市	19	4	145
江苏省	南京市	20	4	145
安徽省	合肥市	21	4	145
江西省	南昌市	22	3	145
河南省	郑州市	23	4	145
湖南省	长沙市	24	3	145
海南省	海口市	25	6	145
贵州省	贵阳市	26	7	145

续表

省级行政区	省会 （首府）	节点编号	要求运到 期限（天）	延期送达惩罚费率 （元/人·日）
陕西省	西安市	27	4	145
青海省	西宁市	28	3	145
内蒙古自治区	呼和浩特市	29	6	145
西藏自治区	拉萨市	30	9	145
新疆维吾尔自治区	乌鲁木齐市	31	8	145

作业风险评估指数通过本章第四节所述的方法进行计算，评估基本风险评估指数的指标体系中，除 I_{311}、I_{312}、I_{313}、I_{411} 外，取值均与周期无关。各省对应指标的取值主要从《中国统计年鉴》中获取数据或经处理得到，其中 I_{132} 参考《中长期铁路网规划》取值，I_{321} 取该省会（首府）与武汉的直线距离，I_{311}、I_{312}、I_{313}、I_{411} 的取值通过各省市卫健委官网获得。

根据前一小节中所述的评估方法，使用 MaxDEA Basic 6.18 软件进行评估，计算得到各节点各周期内基本风险评估指数，如表 6-6 所示。公式中的折算系数参数根据实际活动中作业流程、作业人员的流动特点、实施安全防护的难度等现实条件，结合专家意见确定取值，如表 6-7 所示。

表 6-6　　各节点各周期内基本风险评估指数取值

省级 行政区	省会 （首府）	节点编号	$N=1$	$N=2$	$N=3$	$N=4$	$N=5$
北京市	北京市	1	0.276405	0.270354	0.176482	0.205313	0.105088
天津市	天津市	2	0.205902	0.160778	0.153991	0.10875	0.071308

续表

省级 行政区	省会 （首府）	节点编号	$N=1$	$N=2$	$N=3$	$N=4$	$N=5$
上海市	上海市	3	0.64551	0.564731	0.345782	0.451098	0.314477
重庆市	重庆市	4	0.322424	0.251765	0.189412	0.170292	0.111662
河北省	石家庄市	5	0.397407	0.310315	0.240924	0.209896	0.137631
辽宁省	沈阳市	6	0.132382	0.10337	0.090802	0.069919	0.045847
黑龙江省	哈尔滨市	7	0.04732	0.03695	0.035748	0.024993	0.022683
浙江省	杭州市	8	0.185189	0.144605	0.108791	0.09781	0.064135
福建省	福州市	9	0.426033	0.332667	0.250278	0.225015	0.147544
山东省	济南市	10	0.215874	0.168565	0.126818	0.114017	0.074762
广东省	广州市	11	0.506251	0.395306	0.297403	0.267383	0.175326
湖北省	武汉市	12	1	1	1	1	1
四川省	成都市	13	0.246578	0.192541	0.144855	0.130234	0.085395
云南省	昆明市	14	0.156886	0.122504	0.092164	0.082861	0.054333
甘肃省	兰州市	15	0.233518	0.182342	0.137183	0.123336	0.080872
广西壮族 自治区	南宁市	16	0.437617	0.341713	0.257083	0.231133	0.151556
宁夏回族 自治区	银川市	17	0.123829	0.096692	0.090833	0.065402	0.042885
山西省	太原市	18	0.113008	0.088242	0.094098	0.059687	0.039137
吉林省	长春市	19	0.096087	0.07503	0.05716	0.05075	0.033277
江苏省	南京市	20	0.240848	0.188066	0.141489	0.127207	0.083411
安徽省	合肥市	21	0.307519	0.240126	0.180655	0.16242	0.1065
江西省	南昌市	22	0.269897	0.210749	0.158554	0.14255	0.093471
河南省	郑州市	23	0.628287	0.671511	0.355431	0.509961	0.26102

续表

省级行政区	省会（首府）	节点编号	$N=1$	$N=2$	$N=3$	$N=4$	$N=5$
湖南省	长沙市	24	0.246422	0.192418	0.144763	0.130151	0.08534 1
海南省	海口市	25	0.059377	0.046364	0.03488 1	0.03136	0.020563
贵州省	贵阳市	26	0.114343	0.089284	0.074429	0.060392	0.039599
陕西省	西安市	27	0.227873	0.177935	0.137013	0.120354	0.078917
青海省	西宁市	28	0.075971	0.059322	0.05985	0.040125	0.02631
内蒙古自治区	呼和浩特市	29	0.171727	0.134093	0.129055	0.0907	0.059473
西藏自治区	拉萨市	30	0.030174	0.023561	0.027662	0.015937	0.01045
新疆维吾尔自治区	乌鲁木齐市	31	0.076002	0.059346	0.060897	0.040141	0.026321

表 6-7　　　　　物流作业风险评估指数计算参数取值

参数	取值
σ_1	2
σ_2	1
σ_3	0.7

距离参数主要包括各节点间是否可直接连通、公铁水三种运输方式的运输距离。节点间通过公路运输是否直接连通与公路运输距离相关数据，主要从百度地图获得；铁路运输相关数据主要从火车票网获得；水路运输相关数据主要从中国供应商网站获得。为便于统一计算，水路运输计量单位海里统一换算为公里；因表格巨大，此处仅以公路运输为例，展示部分数据，如表 6-8 和表 6-9 所示。

表 6-8 　　　　　　　节点间公路运输通达性数据（部分）

节点编号	1	2	3	4	5	…	30	31
1	1	1	0	0	1	…	0	0
2	1	1	0	0	1	…	0	0
3	0	0	1	0	0	…	0	0
4	0	0	0	1	0	…	0	0
5	1	1	0	0	1	…	0	0
⋮	⋮	⋮	⋮	⋮	⋮	⋮	⋮	⋮
30	0	0	0	0	0	…	1	1
31	0	0	0	0	0	…	1	1

表 6-9 　　　　　　　节点间公路运输距离数据（部分）　　　　单位：公里

节点编号	1	2	3	4	5	…	30	31
1	0	118.3	1183.4	1741.5	287	…	3527.9	2755.8
2	119.7	0	1069	1752.7	306.1	…	3578.9	2870.6
3	1175.6	1060.5	0	1650.7	1096.2	…	4076.1	3900.5
4	1741.3	1754	1654.3	0	1460	…	2699.5	2867.4
5	286	300.7	1102.3	1459.8	0	…	3296.7	2711.8
⋮	⋮	⋮	⋮	⋮	⋮	⋮	⋮	⋮
30	3568.4	3613.8	3906.9	2279.1	3330.8	…	0	2696.6
31	2762.4	2863.6	3809.2	2868.2	2724.4	…	2662.4	0

运输方式相关的参数主要包括公铁水三种运输方式的运输速率、运输费率、两端装卸作业和集结等待时间、换装费率，参数获取主要通过实际数据换算的方式，将实际运作中起讫点全程的总包数据归类拆分。治超后，公路与铁路相比，其优势运距约为 400 公里，运输费率分段按 400 公里一段给出；公路、铁路、水路装卸作业费率分别取

10 元/吨、40 元/吨、30 元/吨，不同运输方式间的换装费率取两种运输方式的装卸作业费率之和；运输费率、运输时间、运输速率等参数取值如表 6-10 至表 6-11 所示。

表 6-10　　　　　**公、铁、水三种运输方式运输费率**　　单位：元/吨·公里

运输距离（公里）	0~400	400~800	800~1200	1200~1600	>1600
公路运输费率	0.50	0.45	0.42	0.38	0.35
铁路运输费率	0.27	0.14	0.11	0.09	0.08
水路运输费率	0.25	0.25	0.09	0.08	0.06

表 6-11　　　**公、铁、水三种运输方式运输速率与时间参数**

运输方式	两端装卸作业及集结发运时间（天）	运输速率（公里/天）
公路运输	0	800
铁路运输	2	500
水路运输	2	450

三、问题求解

本节要求解的应急物资干线运输组织问题是一种组合优化问题，该类问题复杂度随问题规模增加而呈现指数扩张，精确算法很难在有限时间内取得满意解，因此一般采用近似算法。蚁群算法是一种广泛应用于路径优化问题的智能近似算法，虽然在应用过程中仍存在若干问题，但其对本节所研究的模型求解具有很好的适应性。因此首先对蚁群算法进行改进，而后对模型提出具体的求解算法。

在蚁群算法搜索初期，信息素间差异不明显，信息素对蚂蚁搜索

方向的指导性不强，在搜索后期，信息素积累了前期迭代的成果，启发式因子又对解的收敛形成阻碍，而基本蚁群算法中表征信息素和启发式因子权重的 α、β 为常数，搜索前期无法快速从盲目转为有序，搜索后期无法快速集中，都严重影响了算法整体的求解效率。因此引入 α、β 参数自适应调整策略，以迭代次数的中间值为临界值，搜索前期 α 尽量取小值，加强启发式因子的引导效果，使搜索尽快进入有序，搜索后期 β 尽量取小值，减弱启发式因子对收敛的阻力，使得蚁群算法在搜索全周期内拥有较好的平衡性能，提高蚁群个体之间的协作能力，提高发现最优解的概率和效率，α、β 自适应调整策略如式（6-44）和式（6-45）所示。

$$\alpha = \begin{cases} \alpha_{\min} + (\alpha_{\max} - \alpha_{\min}) \cdot \dfrac{N}{N_{\mathrm{mid}}} & 1 \leqslant N \leqslant N_{\mathrm{mid}} \\[2ex] \alpha_{\max} & N_{\mathrm{mid}} \leqslant N \leqslant N_{\max} \end{cases} \qquad (6\text{-}44)$$

$$\beta = \begin{cases} \beta_{\max} & 1 \leqslant N \leqslant N_{\mathrm{mid}} \\[2ex] \beta_{\max} - (\beta_{\max} - \beta_{\min}) \cdot \dfrac{N - N_{\mathrm{mid}}}{N_{\mathrm{mid}}} & N_{\mathrm{mid}} \leqslant N \leqslant N_{\max} \end{cases} \qquad (6\text{-}45)$$

其中：

$\alpha_{\min}$、$\alpha_{\max}$、$\beta_{\min}$、$\beta_{\max}$ 分别为 α、β 的最小值、最大值；

N、N_{mid}、$N_{\max}$ 分别为当前迭代次数、迭代次数的中间值、最大迭代次数。

在信息素更新技术方面，基本蚁群算法中给出了蚁周（Ant-Cycle）、蚁量（Ant-Quantity）、蚁密模型（Ant-Density）三种模型，三者均采用所有蚂蚁的搜索数据进行更新，不仅占用了大量计算资源，还容易造成结果的震荡，当各蚂蚁分布较均匀时，按此方式更新后，不同路径的信息素差异仍旧较小，收敛速度较慢；当蚁群出现集聚趋势后，采用此种更新方法，会放大算法正反馈效应，容易陷入局部最优而产生停滞。因此，对其改进如下。

（1）每次迭代中，仅当所有蚂蚁搜索的最优路径优于当前全局最优路径时，才对该路径更新信息素，即信息素更新环节在每次迭代中最多触发一次，当某次迭代未发现更优解时，不更新信息素。

（2）为避免正反馈效应的过度增强，借鉴最大—最小蚂蚁系统的处理方式，为每条线路的信息素强度限定取值范围 $[\tau_{\min}, \tau_{\max}]$，同时为尽可能扩大搜索空间，将信息素强度的初始值设置为 $\tau_{\max}$。

（3）将信息素更新规则设置为相对增强和比例衰减，即节点 i 到节点 j 之间的某条通道属于当前最优路径时，将该通道的信息素强度增强为从节点 i 出发的所有可行通道中最大值的倍数，最优路径的所有子通道均增强完毕后，再对路网中所有通道按比例衰减，本书设计的这种更新策略可用式（6-46）表示。

$$\begin{cases} \tau_{ijk}(N) = \max\{\tau_{ijk}(N) \mid j \in allowed, \, k \in K\} \cdot \xi \quad L_{ijk}(N) \in L_{\text{最优}} \\ \tau_{ijk}(N+1) = \rho \cdot \tau_{ijk}(N) \quad i \in I, \, j \in J, \, k \in K \end{cases}$$

$$(6\text{-}46)$$

其中：

$\tau_{ijk}(N)$ ——第 N 次迭代后节点 i 到节点 j 之间采用第 k 种运输方式通道的信息素强度；

$allowed$——从节点 i 出发的所有可通达的下一个节点的集合；

ξ ——信息素强度增强系数；

$L_{ijk}(N) \in L_{\text{最优}}$——节点 i 到节点 j 之间采用第 k 种运输方式的通道在当前最优路径上；

$\tau_{ijk}(N+1)$ ——第 $N+1$ 次迭代前节点 i 到节点 j 之间采用第 k 种运输方式通道的信息素强度；

ρ ——信息素强度衰减系数。

由式（6-45）可以发现，每次迭代后全局最优的路径上的信息素强度总是保持全局最优，同时仅按解的种数更新，避免了多个最优解的过度正反馈。

蚁群算法本质上是一种利用信息正反馈原理的概率型算法，通常情况下，信息素浓度越高代表越靠近最优解，然而因为路由的概率性，信息素最高的路径并不是最优路径的情况也会存在，根据基本蚁群算法的状态转移方法和信息素更新方法，此种情况下该路径仍会被作为最优路径持续加强，即使后续产生更优解，因为正反馈效应的影响，蚂蚁搜索时仍会受到较大误导，既容易陷入局部最优导致停滞，也干扰了最优路径的正反馈积累，拖慢了算法求解效率。对于此种现象，除可通过信息素更新方式弥补外，还可通过城市转移策略的改进，保证总有一部分蚂蚁去探索新的路径，以增强全局最优解的搜索能力，本书改进后的城市转移策略可用式（6-47）表示。

$$P_{ijk}^{m} = \begin{cases} \dfrac{\tau_{ijk} \cdot \alpha + \eta_{ijk} \cdot \beta}{\sum\limits_{x \in allowed} \tau_{ixk} \cdot \alpha + \eta_{ixk} \cdot \beta} & j \in allowed, \\ L_{ijk} \notin L_{最优}；或 j \in allowed 且 q > q_0 \\ 0 \quad j \in allowed, L_{ijk} \in L_{最优} 且 q \leqslant q_0； \\ 或 j \notin allowed \end{cases} \quad (6\text{-}47)$$

其中：

P_{ijk}^{m} ——第 m 只蚂蚁选择节点 i 到节点 j 之间第 k 种运输方式通道

的概率；

η_{ijk}——节点 i 到节点 j 之间采用第 k 种运输方式通道的启发式因子；

allowed——第 m 只蚂蚁允许经过的下一个节点的集合；q_0 是［0，1］上的参数，表示蚂蚁特殊禁行规则启动的概率阈值上限，q 是［0，1］上的随机数，$q \leqslant q_0$ 时蚂蚁禁止选择当前最优路径。

改进后的蚁群算法还需针对具体问题设有针对性的路径编码方式、启发式因子、最优路径判断规则、蚂蚁搜索停止规则、迭代停止规则，以体现模型的假设、目标函数、约束条件，才能形成具体模型的求解程式。

1. 路径编码方式

本节所研究模型为明确起讫点与可途经的中间节点集合的路径优化问题，蚂蚁访问节点具有顺序属性，与问题第二种解的表示形式 P 具有对应关系，但因途经节点的数量具有不确定性，因此 P 所包含的元素数量并不确定，直接以此为路径编码方式会给求解带来巨大的难度，因此本书将集合 I 中所有元素的排列组合作为算法路径的编码方式，路径编码的第一个元素一定为 O，S 所处位置不确定，蚂蚁搜索过程中，遇到 S 即表示搜索停止，其路径编码中 S 元素之后的编码不影响路径表示。

2. 启发式因子

应用蚁群算法求解路径优化问题时一般将两节点间距离的倒数作为启发式因子，本节所研究模型的特点之一是运输费率为运输距离的分段函数，同种运输方式连续运输的路程越长，对应的运输费率可能越小，因此本书综合运输距离、运输费率和运输方式属性设计启发式因子，如式（6-48）所示。

$$\eta_{ijk} = \frac{1}{d_{ijk} \cdot f_c^k} + \frac{1}{\min\{d_{ijk} \cdot f_c^k \mid j \in allowed, \ k \in K\}} \cdot flag \quad j \in allowed$$

$$(6-48)$$

其中：

η_{ijk}——节点 i 到节点 j 之间采用第 k 种运输方式通道的启发式因子；

d_{ijk}——节点 i 到节点 j 之间采用第 k 种运输方式通道的运输距离；

f_c^k——d_{ijk} 对应的运输费率；

$allowed$——从节点 i 出发的所有可通达的下一个节点的集合；

$flag$——运输方式一致性检验参数，其值可用式（6-49）表示。

$$flag = \begin{cases} 1 & k_{当前} = k_{ijk} \\ 0 & k_{当前} \neq k_{ijk} \end{cases} \quad (6-49)$$

其中：

$k_{当前}$——蚂蚁当前所选通道的运输方式，特别地，当蚂蚁从 O 点出发前，其值设为 4；

k_{ijk}——节点 i 到节点 j 间将要采用的运输方式。

3. 最优路径判断规则

本节所研究模型的起讫点约束式（6-20）、式（6-21）已通过路径编码方式满足，空间关系约束式（6-22）已通过 $allowed$ 集合及式（6-46）满足，运作模式约束式（6-23）已通过蚁群算法的禁忌表满足，其余运作模式约束式（4-11）与式（4-12）、变量逻辑关系约束式（6-26）至式（6-28）、变量取值范围约束式（6-29）至式（6-42）可通过参数检查、取中间变量计算的方式满足，因此仅剩目标函数式（6-19），而路径是否最优，可通过路径的综合成本是否最小衡量，即可将模型所有条件尽数满足。

4. 蚂蚁搜索停止规则

本节所研究模型的空间关系约束式（6-22）加强了禁忌表，除正常情况下，蚂蚁搜索到终点 S 搜索结束外，还可能存在未到达终点，但 allowed 集合已为空的情况，此时搜索陷入停止，但该路径不可行，不作为可行解比较。

5. 迭代停止规则

本书选用最大迭代次数法则作为迭代停止规则。

模型采用的基于对比增强更新规则和特殊禁行规则的自适应改进型蚁群算法的主要参数设置情况如表 6-12 所示。

表 6-12　　　　　　　　模型求解算法主要参数设置

参数	N_{max}	Num	α_{min}	α_{max}	β_{min}	β_{max}	τ_{min}	τ_{max}	ξ	ρ	q_0
取值	400	50	2	4	2	4	1	10	1.5	0.9	0.2

在本小节中，分别选取短途、中途、长途三种情况对不同运输距离下的干线运输组织方案进行分析，代表性算例分别为五个周期内长沙→武汉、呼和浩特→武汉、哈尔滨→武汉。对起点为长沙市、终点为武汉市的短途运输进行求解，最终得出长沙→武汉五个周期内最优干线运输组织方案；对起点为呼和浩特市、终点为武汉市的中途运输进行求解，最终得出呼和浩特→武汉五个周期内最优干线运输组织方案；对起点为哈尔滨市、终点为武汉市的长途运输进行求解，最终得出哈尔滨→武汉五个周期内第一周期、第二周期、第三周期、第四周期、第五周期最优干线运输组织方案。

在长沙→武汉短途干线运输组织过程中，选用公路运输为最佳运输方式。

在呼和浩特→武汉中途干线运输组织过程中，综合考虑了运输需求、运输费用、运到期限以及疫情下的运输风险，最终得出了在该过程中采用铁路运输为最佳运输方式，反映出疫情下铁路在中长距离运输中的优势。运输路线可按内蒙古自治区→山西省→河南省→湖北省的线路进行。

在哈尔滨→武汉长途干线运输组织过程中，综合考虑了运输需求、运输费用、运到期限以及疫情下的运输风险，最终得出了在该过程中采用铁路运输为最佳运输方式。但在不同周期下，各省份各城市受感染人数不同，导致各节点的运输风险、应急物资的运输需求不同，因此产生了运输路径的差异，在第一、第四、第五周期下，运输路线可按黑龙江省→吉林省→辽宁省→天津市→河北省→河南省→湖北省的线路进行；在第二、第三周期下，运输路线可按黑龙江省→吉林省→辽宁省→天津市→山东省→安徽省→湖北省的线路进行。

四、结论分析

从整体求解结果来看，新冠疫情期间，公路适合短距离下应急物资的干线运输；铁路适合中长距离下应急物资的干线运输。除上述求解结果以外，本节所提出方案适合国内所有省市之间运输组织方案的计算，对于疫情期间充分发挥干线运输组织协调能力，优化配置运输资源，良好满足不同地区间的运输与应急物资需求，提供了决策支持。

第七章　突发公共卫生事件下应急
物资末端配送组织

配送是根据客户要求，对物品进行分类、拣选、集货、包装、组配等作业，并按时送达指定地点的物流活动，是实现高效供需匹配的末端环节，在日常作业中被称为物流的"最后一公里"。在规划确定了应急物资储备节点的位置以及各节点应急物资储备种类、数量的基础上，一旦有突发事件，需要科学合理地确定配送方案，在最短时间内以最快的速度将应急物资运送到需求点。特别是在突发公共卫生事件中，还需要考虑面向病患、医护工作者、隔离管控人群和普通群众等多需求主体，以及各类配送模式及场景，及时对配送方案做出优化调整。

第一节　突发公共卫生事件下 应急物资末端配送现状

突发公共卫生事件下应急物资末端配送是面向应急物资需求点的最后环节，是应急物资准时准点送达的重要保障。下面从网络结构、主要环节、存在问题等方面分析突发公共卫生事件下应急物资末端配送现状与面临的困难，明确应急物资配送组织的现实需求。

一、应急物资末端配送的网络结构

末端配送是指整个物流过程的终端环节，实现了将产品送达客户、满足客户消费购买需求的物流活动，是买卖双方实现交接的最后一道工序，也是整个物流供应链中最复杂的部分，配送成本、时效及服务质量直接影响用户体验。从较为熟悉的快递物流来看，广义上的末端配送是指快递企业将承运的发件人委托运送的商品通过单式运输或多式组合运输的方式送达目的地末端配送网点，由末端配送网点配送给指定地址及收件人的过程，是满足收发终端客户需求的物流活动。狭义上的末端配送是指快件到达末端配送网点后，通过按地址分拣归类后，由快递末端网点向下属快递员下发配送任务单，然后快递员按照电子面单地址将快件通过不同的配送模式送达指定收件人的物流活动，即"最后一百米"配送。总体来看，末端配送的涵盖范围在学术上没有具体的里程界限，一公里至几十公里说法均有。

突发公共卫生事件下，应急物资从供应点到需求点的全过程往往经过"物资供应点—物资中转站—物资需求点"，其中"物资供应点—物资中转站"的过程往往是跨区域物资调配，属于干线运输组织范围；而"物资中转站—需求点"的情况较为复杂。应急物资中转站一般既可以给下一级的配送中心运送物资，同时也可以直接向需求点运送物资，从而兼具配送中心的功能。本章研究的末端配送聚焦直面需求点的过程，主要研究配送中心到需求点的作业组织，网络结构如图7-1所示。

从图7-1中可以直观地看出，应急物资末端配送网络主要由配送中心、需求点、配送路线三部分构成。

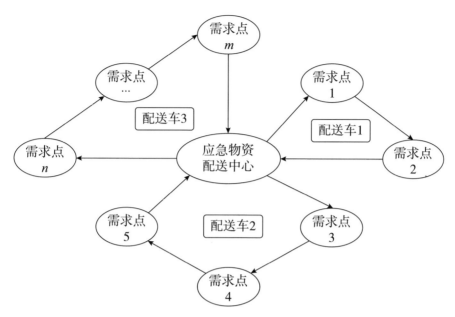

图 7-1　应急物资末端配送网络结构示意

（一）应急物资配送中心

应急物资配送中心是应急物资中转的重要节点。在实际情况下，应急物资供应点的供应能力、供应种类等均有较大差异，由供应点直接派遣车辆运送到各个需求点会导致物资配送混乱不堪、效率低下的局面。配送中心的优势主要表现在能够集结供应点的应急物资，结合需求点的需求数据，通过信息处理对应急物资的去向和配送路径进行合理规划，实现物资有序、有效的调配，保证应急救援工作的高效开展。在突发公共卫生事件下，配送中心可能为应急物资临时接驳站、应急物资保供仓库等。

（二）需求点

应急物资需求点即应急物资的需求方所在地点，是应急物资最终的流向处。需求点的主要任务是在突发公共卫生事件发生后，明确应急物资需求信息并将其传递给保供单位，并在接收到应急物资后及时、合理使用物资。在突发公共卫生事件发生时，需求点既包括个体需求者，又包括定点医院、方舱医院、社区临时分发点等。

新冠疫情期间，在国家发展改革委统一调度下，首衡河北新发地与首农集团、北京永辉超市、物美超市以及其他保供单位紧密合作，参照相关要求和应急保供经验，共同建立了"产品需求报备、货源组织调配、防控标准统一"的应急保供联席机制。北京保供单位负责统计各区域保供物资的需求信息，统一报备至首衡河北新发地进行精准调货、配货，全面提高疫情应急保供的协同化配送能力。

（三）配送路线

配送路线是指在向各用户运输物资时，配送车辆要经过的路线。通常来说，每个配送中心配备多辆运输工具，目前主流运输工具为城市配送车，无人车、无人机等新兴运输工具正在逐步投入使用。在获取需求点的需求信息后，需要从配送中心调配多辆运输工具，并确定各运输工具与服务需求点的对应关系，最终规划好配送路线。

二、应急物资末端配送的主要环节

应急物资的末端配送主要可以分为五个环节，分别是集货、分拣、分配、派送和送达服务。本节将结合各环节在突发公共卫生事件下的特征，对其作业方式进行介绍。

（一）集货环节及作业方式

集货是指将不同来源、不同类型的货物集中到应急物资配送中心，以便后续通过配送车辆直接服务需求点。应急物资配送中心在集货环节作业方式包括两类：

一是以"存储+配送"为主，主要对来源各异的应急物资进行存储，之后按照需求数据合理调配配送中心内的车辆和物资，为需求点提供有力物资保障。以上海浦西某应急保供仓库为例，该保供仓库共有300吨左右的存储能力，主要存储两类蔬菜，一类是本地补给的绿色蔬菜，另一类是外省供给的、可以存放时间比较长的根茎类的蔬菜。该库每天有30~40吨的物资运入和运出，有效保障了上海市疫情下的蔬菜供给。

二是以"换装+配送"为主，主要对通过铁路、水路、航空等干线运输方式到达应急物资配送中心的应急物资进行换装，后立即按照需求信息为需求点提供有力物资保障。2022年9月10日6时起，贵州省遵义市中心城区实施静默管控，中国铁路成都局集团有限公司遵义车务段阁老坝站被列为临时接驳点，承担疫情防控期间市民生活物资运输中转任务。每天都有大量的大米、面粉、食用油、淀粉等民生物资从全国各地通过铁路运输到达阁老坝站。截至9月13日18时，该站累计抢卸民生物资1.57万吨，并第一时间通过汽车运输至市内各大商超，全力满足人民群众的生活需求。

（二）分拣环节及作业方式

分拣是将物品按品种、出入库先后顺序进行分门别类堆放的作业。在突发公共卫生事件中，紧急调用和政府储备物资由政府统一管控，前期分类较明确，分拣环节作业量相对较小。而社会捐赠物资种类众多，往往在分拣环节耗费大量时间。目前疫情下分拣环节的主要作业模式为人工作业，分拣员对物资进行拣货、打包等作业。物资应该尽可能在疫情低风险区域分拣，按照一定的单位或者订单分拣完成。

（三）分配环节及作业方式

分配是指按一定的标准和规则将物资配送给医疗卫生机构及各个社区、乡镇。正常情况下，分配工作往往由市场调节，但面对突发公共卫生事件，单纯的市场调节存在无法兼顾社会困难群体等诸多问题，需要通过政府参与，对特殊困难群体提供保障。

1. 市场分配

市场角度下分配的主要特点是批量变大。从供货方来说，出于安全角度考虑，大型商超不再对个人开放，居民生活物资由社区统一采购分发，供货方更愿意面向社区单位进行供货。且在运输能力上，供货方也缺少足够的设备与人员来针对个人进行配送。从收货方来说，居住小区实行封闭管理，更多采用社区团购、涉农企业直配等方式保证小区内部居民的生活物资供应。但也需要注意到，随着居民对生活物资的要求进一步提高，容易产生需求多样化与供给单一化的矛盾，居民个性化的生活物资需求仍然需要通过外卖、快递等方式满足。

2. 政府分配

政府监督下的物资分配是突发公共卫生事件下配送环节的重点问题。政府负责物资主要有两部分，一是政府储备和紧急调用物资，二是社会捐献物资。物资中的医疗物资和生活物资在分配中也各具特点。

新冠疫情下政府对于生活物资的分配需要考虑三方面内容。

一是完善社会捐献物资的处置机制。面对疫情，武汉市红十字会乃至各医院都曾向社会各界发出物资捐献的请求，但所请求物资均为医疗防控物资。很多群众因急于支援武汉，将生活物资捐献到红十字会和各医院。而红十字会和医院由于缺乏相应的规定，不能贸然处置，难以分发。

二是加强老旧社区和特殊人群的生活保障。以武汉为例，武汉市有接近三分之一的老旧社区，这类社区大多缺乏业委会及物业管理单位，难以组织起团购。且社区居民多为老人等特殊困难群体，有些甚至没有手机等电子设备。这些社区多数由居委会兜底负责，很多居委会人员需要挨家挨户询问物资需求。对于这类老旧社区等其他特殊困难群体，就需要政府统一规划，提供相应的储备物资以保障其基本的生活需要。

三是分配时的公平性。对于政府负责的生活物资，分配给哪些社区，分配多少都需要有相应的标准。一旦处理不当，容易引发群众不满，造成舆论问题。考虑此特点，在分配过程中需要加强对物资分配的监管。只有有规可循、按规办事，才能让人民满意。

（四）派送环节及作业方式

派送是指将被订购的货物使用汽车或其他运输工具从配送点送至顾客手中的活动。在突发公共卫生事件下，派送所面临最主要的问题就是能力不足。以新冠疫情下的武汉市为例，一方面，由于疫情原因，电子平台下单成为最主要的购物方式，导致配送量迅速增大。另一方面，恰逢年关，很多物流企业员工放假回家，值班员工也对疫情存在一定的恐惧心理。这种情况下，除物流企业外，还需要调用其他各方能力对原有配送体系进行支援，例如邮政系统、公交系统、志愿者、武警部队等。

物流企业一要召集员工紧急复工，保障居民生活物资的配送；二要考虑从其他区域征调设备、人员支援疫情严重的区域；三要积极应用无人车配送、智能配送信息平台等新技术缓解能力不足的情况，提升派送效率。同时，企业应该做好相应的疫情防控措施，保障一线员工的安全。

政府层面，一方面需要出台相关政策，对物流企业给予通行等多方面支持；另一方面，面对物流企业自身配送能力不足的情况，政府需要紧急调用邮政系统、公交系统、志愿者团队等予以支援。例如组织公交车、邮政快递车等补充运力，发动党员干部、社区物业、志愿者等增加人力，缓解车辆不足、人手不足问题，打通保供配送的"最后一百米"。

（五）送达环节及作业方式

送达服务指将配好的货物运输到客户后，完成与客户的交接活动。在面对突发公共卫生事件，尤其是重大传染病事件时，传统的交接形式受限于安全卫生问题难以进行，为避免病毒感染，出现了无接触配送等配送新模式以及无人机、无人车等配送新技术。在新冠疫情期间，配送新技术有无人机配送、无人配送车和无人值守超市等。

无人机配送一方面可以减少接触，预防感染，另一方面也很好地适应了交通限行、道路封闭等情况。以武汉市金银潭医院为例，顺丰利用方舟 40 型无人机，如图 7-2 所示，把医疗防疫物资成功运送至武汉金银潭医院。据了解，此类型无人机可运载 10 千克物资，载重续航 20 余分钟，最大抗风可达 7、8 级。除此之外，在河北、陕西、江苏等农村地区，京东物流无人机也开展了相应的无人机配送工作，为交通欠发达地区提供应急物流服务。

图 7-2　方舟 40 型无人机

无人配送车可以减少接触，预防感染；同时还缓解了突发公共卫生事件下，运输能力紧张的问题。以武汉市第九医院为例，2020 年 2月 6 日，京东物流使用智能配送机器人顺利将医疗物资送到了武汉市第九医院，如图 7-3 所示。这是疫情暴发后武汉智能配送的第一单。但同时需要看到，由于疫情影响，武汉市内交通量较少，无人配送车面对的交通情况相对简单。在正常交通情况下，无人配送车的适应性还需进一步研究。

图 7-3 京东物流智能配送机器人

除了无人机、无人配送车外，在北京、上海、重庆等地，京东物流无人超市和智能售卖柜也成为消费者此刻理想的购物场所。无人员值守、无接触购物，用户可通过扫码进店、直接进入超市选取货物带走，为消费者提供了更为安全便捷的购物方式。

三、应急物资末端配送面临的挑战

由于疫情管控等客观情况，社区居民对于生活保障物资的实体采购受到了限制，纷纷转为线上购物。而大部分物流快递企业运力短缺，导致快递、外卖送达时间显著增加，居民生活物资保障面临突出挑战。

（一）配送需求猛增

疫情防控时期，由于新冠病毒具有较强的传染性，许多社区对居民采取以家庭为单位的隔离防护措施，包括不得外出、两天一次外出、一周一次外出、一户家庭一人外出、限定外出 2 小时等不同出入管控措施。此阶段居民的生活物资需求大多依靠社区团购或电商平台网购等线上方式满足。北京市居民线上生活物资订单，每日较疫情前的 300 万单增长 10%~20%；可以看出，疫情防控期间，线上消费需求短时快速提升，从而带来配送规模的显著增加。

（二）配送运力不足

与配送需求猛增相对应的，是末端配送运力的严重不足。2019年年底新冠疫情暴发后，大部分快递企业从暂时停运到恢复 4 成物流业务服务能力用了至少 40 天的时间。主要是由于物流企业工作人员受疫情影响无法正常复工，导致快递人员数量不足、外卖配送人员紧缺。而面向快速增长的物资需求，却需要线上平台有比平时更多的人员来进行分拣和配送。在运力方面的供需矛盾导致应急物资在消费者下订单后，无法保障在第一时间及时送达到指定地点。如北京市受疫情影响，部分超市和前置仓涉疫临时关停，近三成骑手处于封控区域，外出接单配送受到一定限制，在岗骑手日均配送量较日常增长近 80%。

（三）送达方式受限

疫情期间，末端配送受到多种限制，包括地点限制、时间限制、无接触限制等。以快递为例，一是快递工作人员由于隔离管控的要求，无法进入社区上门取件或送件，配送作业地点受到限制；二是居民由于社区防疫管控，无法随意进出社区，且由于疫情期间大部分快递包裹不能放置在原有的社区内快递自提点，需要用户在收到取件通知的 30 分钟、1 小时等固定时间之内到社区门口或其他指定地点取件，受到取件时间限制；三是由于新冠病毒的主要传播途径是经呼吸道飞沫和密切接触，且能在不同物体表面存活不同时间，对无接触式配送需求很高。物资投递的"最后一公里"限制成为快递员和消费者共同面对的难题。

第二节 突发公共卫生事件下应急物资末端配送典型模式

新冠疫情期间，我国社会各界充分发挥主观能动性，为尽量避免应急物资末端配送中人员交叉感染，创新应用了如社区团购、蔬菜社区直通车、共享配送员、非接触式智能机器人等多种末端配送模式，在疫情期间保障居民基本生活、医疗救助等方面发挥了关键作用。这些模式在疫情中快速更新发展，本节选取其中几个典型模式进行介绍。

一、社区主导配送模式

（一）模式介绍

社区主导配送模式下，商务局、社区、配送企业（商户）共同参与配送工作中。商务局派驻专人进入配送企业（商户），帮助企业落实疫情防控举措，协调解决企业在保障应急物资供应期间存在的困难和问题，配合社区工作人员、志愿者积极打通生活必需品配送"最后一公里"，满足居民不出小区即可实现物资采购的需求。社区主导配送主要包括社区团购和社区直通车两种模式。

社区团购模式下，商务局公布配送企业（商户）信息后，居民以小区为单位将日常生活物资、医疗物资等需求集中统计上报给社区，再由社区联系配送企业（商户）进行配送。配送企业（商户）将物资配送到社区后，再由社区工作人员、志愿者分散配送入户。通过社区团购，形成"居民线上提交物资需求，配送企业（商户）配送到社区，社区志愿者接收物资并消杀后配送入户"的闭环管理模式。

社区直通车模式下，商务局与配送企业（商户）对接，引导配送企业（商户）通过各社区工作群、小区网格群、居民交流群等向居民及时发布各类物资供应信息；居民可通过配送企业（商户）二维码、小程序下单，实现便捷、个性化的物资需求；配送企业（商户）根据接收到的订单，派发社区直通车配送物资进入社区；社区居民分散前往社区直通车处领取物资。这样形成"居民线上提交物资需求，配送企业（商户）派发社区直通车到社区，社区居民分散领取物资"的闭环管理模式。

在社区主导配送模式下，对于不会使用微信、卧病在床、孤寡老人等特殊群体，社区工作人员、志愿者主动上门收集物资需求信息，代购物资并配送上门，满足他们的基本生活物资需求。

（二）适用场景

社区主导配送模式适用于疫情暴发期间和疫情封管控期间，面向居民小区、农村密集地、高校、复工企业等人口密集型社区组织，解决人们因隔离无法进出、人口密度大、物资需求类型集中等情况下的物资末端配送问题。典型应用的场景是疫情期间，社区居民采取以家庭为单位的限制进出小区、允许两天一次外出、允许一户家庭一人外出、限定外出 2 小时等不同的临时隔离管控措施的情形。这种场景下，为减少疫情传染风险，居民隔离在家不得随意进出小区。采用社区主导配送模式，可以满足居民个性化需求，解决了疫情下部分门店暂停对个人消费者营业、居民隔离在家无法外出，以及个人取件限制等问题，同时也可以大大提高配送效率，降低了居民个人采购的时间成本、降低了外出感染的风险。

（三）模式典型案例

1. 社区团购模式案例——上海团长制

2022 年 4 月 1 日，祥和星宇社区与众多地处浦西的居民区一样，进入封控模式，城市按下了"暂停键"，社区团购随即成为居民日常采购物资的一种主要方式。为了确保物资安全可靠、减少感染，祥和星宇社区实行团购"团长责任制"。由团长通过"开团"的方式汇总居民团购需求，在团购物资到达小区后进行统一消杀，并由团长穿着隔离服统一派送。

2. 社区直通车模式案例——北京社区蔬菜直通车

2022 年下半年，随着北京市疫情形势严峻，居民居家隔离情况增多。为更好地满足居民对于生活物资的需求，北京市采取了社区蔬菜直通车进行物资配送。所谓蔬菜直通车是指在蔬菜零售网点空白或不足的社区，在特定时段、特定区域设立，以售货车为载体，销售蔬菜等生鲜农产品的零售方式，是疫情期间封控小区生活物资的一种有效补充。蔬菜直通车采用长约 4 米的厢式货车，每辆车能装载 1 吨至 5 吨的蔬菜、水果、米、面、油、蛋、奶等生活物资。在封管控区，蔬菜直通车一般以蔬菜包的方式打包售卖。北京蔬菜直通车自启动以来，可满足 3 个半小时内到达北京市的任何一个社区。根据北京市商务局提供的数据，2022 年 4 月 25 日投入使用后，累计向东城、西城、朝阳、海淀、通州等区派出蔬菜直通车达 1007 辆次，服务点位近 1000 个，运输蔬菜、水果、禽蛋和米面粮油调料等物资量达 2 万余吨。

二、平台主导配送模式

（一）模式介绍

平台主导配送模式下，电商平台、配送员、政府部门共同参与配送工作中，以电商平台为主导，客户通过电商平台客户端下单后，由电商平台协同供应链上下游企业，调配物资与应急配送资源，安排配送人员送达物资，满足城市物资需求。其中，配送人员除了电商平台的固定配送员，还有共享配送员。所谓共享配送员，即为多家电商平台合作组成共享配送联盟，实现配送员的共享共用模式，是为应对疫情期间人员因受隔离管控而导致配送员数量不足的创新做法，相较于原来每家电商平台使用固定配送员的方式更具经济性，能够有效解决疫情期间用工不足的问题。

在平台主导配送模式下，电商平台需要落实疫情防控举措，提前对配送员进行规范穿戴防疫装备、自测抗原、无接触配送、消毒消杀等一系列防疫举措培训，对于负责配送工作的配送员进行居住地和工作地"两点一线"工作制的相对闭环管理，要求配送期间配送员严格规范穿戴防护服、佩戴护目镜、口罩、手套，做好网点环境、配送车辆等环境和物品的消毒消杀工作，对配送员进行每日测温和验证核酸天数等信息，从而确保该模式运行的稳定性与安全性。

政府相关部门需建立参与保供配送员的健康检测"白名单"机制，验证配送员的健康码、核酸等健康信息，为符合条件的保供配送员生成电子通行证，保障配送员在低风险区和无疫情地区进出各类卡口、开展配送。

（二）适用场景

疫情期间大部分线下门店受到了直接影响，无法正常线下营业，但可以借助电商平台开通外卖服务功能，通过线上接单、线下配送的模式在满足用户需求的同时，保持门店的盈利，平台主导配送模式应运而生。该模式适用于能进出楼栋但不能随意进出小区的消费者，适用于已恢复营业的零售门店、配送员数量不足的O2O外卖平台，这种模式在疫情恢复期及非疫情期间均适用。

（三）模式典型案例——快递小哥成为呼和浩特市应急保供"轻骑兵"

2022年10月，呼和浩特市发生疫情，市邮政管理局组织邮政、顺丰等九家邮政快递企业成立应急保供队，建立包含快递小哥、快递车辆等在内的保供储备底册，将满足"三针次疫苗接种、每日核酸检测"条件的快递小哥纳入城市保供人员体系。将参加保供工作的邮政快递企业纳入"白名单"，并为参加保供的快递小哥发放"疫情防控应急通行证"，方便其出入管控区域、配送生活物资。10 月 6 日至 18 日期间，呼和浩特市共有 400 余名快递小哥投身抗疫一线，成为疫情防控特殊时期的保供"轻骑兵"，为市民提供生活物资和抗疫物资配送服务，累计配送物资 15 万余单。

三、无接触式配送模式

（一）模式介绍

无接触式配送是物流行业对末端配送模式的创新实践，因疫情期间人员减少接触的特殊需求而在物流行业内迅速兴起，并逐渐成为人们日常生活的新常态。其核心在于配送员与客户在末端配送环节保持"无接触"，以此来降低疫情传染风险。智能快递柜、外卖取餐柜、无人便利店以及无人机、无人配送车、智能配送机器人等都属于"无接触配送"服务。因此，无接触式配送模式主要可以分为由配送员将物品放在各类自提点的自提点无接触式配送和由智能机器人将物品配送到居民手中的智能机器人无接触式配送两种模式。

自提点无接触式配送模式下，配送员将物品放在小区内投递快递的智能快件箱、存放外卖的智能取餐柜、单元楼内的物品临时存放点或居民家门口，由居民做好防疫措施后出门至指定地点取货。例如，美团、丰巢、每日优鲜等平台在全国范围内试点批量投放外卖柜，实行快餐入柜的无接触配送；饿了么等外卖平台的配送员根据客户需求将货物放在门把手、门卫室及门口鞋柜等地，客户进行自取的无接触配送等。

智能机器人无接触式配送下，由无人机、无人配送车等智能运输工具将物品送至小区内部，居民通过扫描二维码或人脸识别等无接触智能识别技术进行取货，取货完成后，智能运输工具返程。例如，京东、菜鸟物流等在部分地区采用无人配送车实现无接触配送；酒店采用智能配送机器人为客户配送货品实现无接触配送等。

（二）适用场景

无接触式配送模式适用场景广泛，对于疫情暴发期间、常态化防控期间以及非疫情期间均可适用。在疫情暴发期间、常态化防控期间，配送员难以进入小区，因此可以通过将物资配送至设在小区门口的自提点，实现无接触配送。并且，面对配送员资源紧张、居民不方便出户、排队有交叉感染风险的情况，又进一步衍生出无人机、无人配送车、智能配送机器人等无人运输工具的应用场景。总体来看，无接触式配送模式可以应用于疫情严重及风险性高、需求量大的区域，如医院、疫区、隔离在家用户，能够降低人与人之间因面对面接触造成的病毒传播的风险。在非疫情期间，无接触式配送模式能够方便客户在取货时间和空间上的自由，也有助于保护客户的隐私及安全。此外，随着技术的发展，由无人运输工具取代配送员完成末端配送，可以减少末端配送人员的数量从而降低人力成本、沟通成本，并且实现全过程监控，保证物资安全。从中长期来看，无接触式配送的场景需求会大幅增加，智能取餐柜、机器人配送等新业态也会迎来新的发展机会。

（三）模式典型案例

1. 自提点无接触式配送模式案例——高校设置自提外卖柜

北京市商务局于 2022 年 5 月 6 日发布了新版《新冠疫情流行期间外卖配送人员防控指引》。外卖配送人员可通过将餐品放至小区内智能取餐柜、单元楼内存放点或居民家门口等方式，实行无接触配送。服务封控区、管控区、防范区、临时管控区的外卖配送人员必须采取无接触配送。在这样的背景下，许多高校均设置了自提外卖柜，在满足师生外卖需求的同时，运用无接触的方式降低了疫情传染风险。北京某高校设置的自提外卖柜（见图 7-4）采用了双面取餐设计，骑手从校园外将外卖存入柜中，师生可以在校园内取到外卖。

图 7-4 北京某高校设置的自提外卖柜

2. 智能机器人无接触式配送模式案例——无人配送车支援上海疫情防控

2022 年 3 月以来，美团、京东、阿里菜鸟、行深、白犀牛等共10 余家企业的无人配送车辆奔赴上海，投入方舱医院、封闭社区、办公园区、商超等应用场景中，通过无接触配送方式保障物资供应，以缓解疫情之下的"最后一公里"和"最后一百米"的配送难题，如图 7-5 所示。此外，各类无人消杀车、无人清扫车也被大量应用于疫情防控中的物资配送、环卫清洁等工作。

图 7-5　无人配送车为上海居民配送保供物资

3. 智能机器人无接触式配送模式案例——智能配送机器人为隔离社区配送物资

疫情防控期间，隔离社区和隔离酒店的物资配送工作量巨大，从小区单元、酒店大堂到各住户的物资配送需求亟待解决。面对该场景，智能配送机器人发挥了重要作用，其具有智能地图导航及避障、自主搭乘电梯、跑腿送货等多重功能，并且设置有多个物品存放格口，可以满足一次性高效服务多个住户的需求。智能配送机器人将物资送达指定住户门口后，会自主呼叫住户提醒取物。隔离居民只需在房间门口取货，可实现全程无接触式获得配送物资，降低感染风险，减轻配送人员的服务压力。碧桂园旗下千玺机器人集团研发的名为"蚕豆"的智能配送机器人即具备该功能，在疫情期间应用于广州番禺、花都等多家定点隔离酒店，担负 24 小时配送任务，为隔离住户提供从酒店大堂到房间门口"最后一百米"的配送服务，如图 7-6 所示。

图 7-6　智能配送机器人为隔离酒店住户配送物资

第三节　突发公共卫生事件下
应急物资末端配送特征

突发公共卫生事件下，配送活动需处理的物品主要为应急物资，配送作业全流程均需符合防控要求。此场景下的应急物资末端配送组织往往具有作业复杂性、需求紧迫性、方式特殊性、目标多元化等特征。

一、作业复杂性

应急物资品类丰富，包括生活保障物资、医疗防护物资、应急防控物资、建设应急物资四类。在突发公共卫生事件发生时，末端配送要同时承担各类应急物资的快速供应，以满足各类受影响人群的需要。同时，突发公共卫生事件覆盖面广，在配送上不仅要考虑医疗物资对医疗点的配送，还要考虑到向各个社区、超市、乡镇配送足够的生活物资。这些物资的储备点、需求点、配送条件、配送批量不尽相同，进一步增加了末端配送组织的复杂性。

二、需求紧迫性

与其他突发事件类似，突发公共卫生事件下的末端配送也具有明显的时间紧迫性特征。但事件发生后，同一和不同应急时期，以及同一和不同需求点，对各类应急物资的需求都存在轻重缓急之分。特别是突发公共卫生事件中受到影响的各类人群，如患者、一线医务工作人员、隔离管控人群等，对各类应急物资的需求也有不同的优先级。而在应急物资资源有限、配送能力受到约束的情况下，更加需要确定需求点的需求紧迫性程度，以便合理安排有限物资的精准调度，提高应急处置的效率。

三、方式特殊性

突发公共卫生事件下考虑到防疫要求，末端配送方式与非应急状态相比具有特殊性。在末端配送过程中，除了快速送达，还要严格考虑防疫要求、减少交叉感染风险。因此在配送活动中，往往需要配备专门的人员、设备来进行末端配送，以及应用各类无接触配送的模式等，来最大化降低疫情扩散风险。面对突发公共卫生事件，各地方按需实行交通管制，受影响小区实行封闭管理，给传统的配送活动带来了困难。现实情况也催生出无接触配送等新模式，以及无人机配送、无人车配送等新技术。这些特殊的配送方式，也为末端配送组织工作带来了更多样的选择和可优化的空间。

順丰无人机于 2022 年 1 月在深圳罗湖区核酸检测工作中进行应用。罗湖区组织居民免费核酸检测，莲塘区域的核酸检测标本通过无人机运输，飞往 13.5 公里以外的罗湖医院集团医学检验中心，如图 7-7 所示。

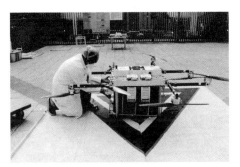

图 7-7　深圳罗湖无人机核酸采样标本运送

四、目标多元化

应急物流配送问题一直以来都是学界研究的热点问题。大多数文献在假设的约束下，比如道路受损、受灾点需求等条件下进行，以实现对物资配送的效率化为目标。然而在疫情暴发初期，通常会产生瞬时性大量需求，应急物资的供不应求是初期必然状态。根据人的有限理性，灾民总会对本地区与分配相对较优地区的差距产生嫉妒，因此必须考虑到实际应急物资分配的公平需要。最后，在满足效率性、公平性等目标后，也需要考虑一定的成本类指标，从而使应急物资能够更快更好地送达需求者手中。因此在进行应急物资末端配送决策时，往往需要综合考虑多元化目标。

第四节　突发公共卫生事件下应急物资末端配送路径规划

突发公共卫生事件发生时，合理规划应急物资末端配送方案以确保各个需求点获得物资，对于控制疫情发展，减少疫情损失具有重要作用。然而在实际中，突发公共卫生事件发生后，需求点的物资需求紧迫性差异客观存在，应急物资数量又有限。若无视需求点差异，可能导致需求紧迫性较高的需求点无法有效获取物资，从而导致更为严重的后果。因此，在解决突发公共卫生事件下应急物资末端配送问题时，需要基于需求点的需求紧迫性分析构建应急物资末端配送路径规划模型，并设计合适算法进行求解。

一、应急物资末端配送问题描述及研究思路

目前末端配送仍然多以传统的货车配送为主，但突发公共卫生事件发生时，传统货车配送的弊端暴露，主要表现在为避免疫情进一步

扩散，各地对进出区域的人员管控加强，可能出现司机无法进入或离开疫情封控区的情况。因此，技术逐渐成熟的无人车将在应急物资末端配送中获得越来越多的使用。相对于传统货车配送，没有司机的无人车配送对于路径规划要求更高。结合第二章中车辆路径规划问题常见分类，梳理出末端配送路径规划问题的影响因素如表 7-1 所示。

表 7-1　　　　　　　末端配送路径规划问题的影响因素

影响因素	具体描述
配送中心数量	可分为单配送中心和多配送中心的车辆路径规划问题
配送中心物资储备量	可分为储备量充足和储备量不足的车辆路径规划问题
需求点数量	可分为单需求点和多需求点的车辆路径规划问题
运输车辆车型	可分为单车型运输物资和多车型联合运输物资的车辆路径规划问题
运输车辆数量	可分为单车辆运输物资和多车辆联合运输物资的车辆路径规划问题
运输车辆运力限制	可分为考虑车辆载重和不考虑车辆载重的车辆路径规划问题
时间窗限制	可分为硬时间窗限制、软时间窗限制和混合时间窗限制的车辆路径规划问题

（一）配送中心数量

末端配送路径规划问题根据配送中心数量可以分为单配送中心和多配送中心的车辆路径规划问题，单配送中心是指所研究的末端配送网络中只考虑单一配送中心，多配送中心是指所研究的末端配送网络中考虑多个配送中心。本节主要聚焦末端配送的路径规划方法，不对多个配送中心之间的协调关系进行考虑。

（二）配送中心物资储备量

末端配送路径规划问题根据配送中心物资储备量可以分为储备量充足和储备量不足的车辆路径规划问题。储备量充足是指配送中心的应急物资储备量能够满足所有需求点的应急物资需求量，向每个点配送的应急物资数量取决于需求点的需求量；储备量不足是指配送中心的应急物资储备量不能够满足所有需求点的应急物资需求量，向每个点配送的应急物资数量取决于配送中心的储备量。本节不探讨应急物资数量分配问题，假定配送中心物资储备量充足。

（三）需求点数量

末端配送路径规划问题根据需求点数量可以分为单需求点和多需求点的车辆路径规划问题。单需求点是指所研究的末端配送网络中只考虑单一需求点，多需求点是指所研究的末端配送网络中考虑多个需求点。结合实际情况，突发公共卫生事件下应急物资末端配送路径规划问题为多需求点的车辆路径规划问题。

（四）运输车辆车型

末端配送路径规划问题根据运输车辆车型可以分为单车型运输物资和多车型联合运输物资的车辆路径规划问题。单车型运输物资是指配送中心向需求点配送物资采用载重量、速度等完全相同的车辆；多车型运输物资是指配送中心向需求点配送物资采用载重量、速度等不完全相同的车辆。本节不探讨车辆装载效率问题，面向单车型进行路径规划。

（五）运输车辆数量

末端配送路径规划问题根据运输车辆数量可以分为单车辆运输物资和多车辆联合运输物资的车辆路径规划问题。单车辆运输物资是指配送中心向需求点配送物资只采用唯一车辆；多车辆运输物资是指配送中心向需求点配送物资采用多辆车辆。结合实际情况，本节研究多车辆运输物资的车辆路径规划问题。

（六）运输车辆运力限制

末端配送路径规划问题根据运输车辆运力限制可以分为考虑车辆载重和不考虑车辆载重的车辆路径规划问题。考虑车辆载重是指考虑运输车辆的载重量限制，只能装载一定数量的应急物资；不考虑车辆载重是指忽视运输车辆的载重量限制，能够装载不定数量的应急物资。结合实际情况，本节研究考虑车辆载重的车辆路径规划问题。

（七）时间窗限制

末端配送路径规划问题根据时间窗限制可以分为硬时间窗限制、软时间窗限制和混合时间窗限制的车辆路径规划问题。硬时间窗限制是指配送车辆一定要在时间窗范围内到达需求点，不能早于时间窗要求的最早时间，也不能晚于时间窗要求的最晚时间；软时间窗限制是指允许车辆早于或晚于时间窗限制到达需求点，但是早于时间窗要求的最早时间到达或晚于时间窗要求的最晚时间到达都需要增加一定的惩罚。混合时间窗限制则是同时存在硬时间窗限制和软时间窗限制。由于突发公共卫生事件下应急物资对于时间的要求较高，应急物资最好能够在需求时间内送达，本节研究硬时间窗限制的车辆路径规划问题。

综上所述，突发公共卫生事件下应急物资末端配送路径规划问题可以描述为：突发公共卫生事件发生时，需要从一个配送中心派遣多辆运输车辆，并为这些车辆规划好配送路线，使得在规定的时间内向多个需求点配送应急物资，在该过程中要求同一配送车辆配送的应急物资数量不得超过车辆载重限制。

由于突发公共卫生事件下，定点医院、方舱医院、封控区等地人群主体不同、风险程度不同，导致应急物资需求紧迫性在不同区域各有差异。合理的末端配送路径规划问题需要基于需求紧迫性评价进行，本书通过将各个需求点的需求紧迫性评价结果转换为时间窗的方式，实现末端配送对各需求点的需求紧迫性的综合考虑。突发公共卫生事件下基于需求紧迫性评价的应急物资末端配送路径规划问题求解思路主要由三部分构成，如图7-8所示。

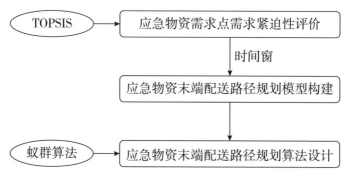

图 7-8　突发公共卫生事件下应急物资末端配送问题求解思路

二、应急物资需求点需求紧迫性评价

突发公共卫生事件发生后，受到影响的各应急物资需求点对于应急物资的需求量和需求紧迫性均会有所差异。此外，疫情初期应急物资往往短缺，在有限时间内将有限的应急物资根据差异性灾情科学调配，对于提高救援工作的有效性和精准性具有重要作用。本节考虑到分区分级差异化防控策略，结合疫情分区分级防控标准和相关研究基础，提出一种基于熵权 TOPSIS 法考虑区域差异化分级的需求紧迫性评价方法。

（一）应急物资配送需求紧迫性评价常用方法

需求紧迫性用来描述需求点对应急物资需求的紧急迫切性，需求点对应急物资需求越迫切，需求点的需求被满足的重要程度越高。一般来说，需求点的需求紧迫情况可量化描述为需求紧迫系数，其取值范围为 0~1。需求紧迫系数越大，需求点对应急物资的需求紧迫性越大。在同时进行多需求点的配送路径规划时，应该对需求紧迫系数大的需求点给予更优先的物资配送。

基于需求紧迫性的应急物资调运研究通常分为三部分：一是确定指标体系，现有研究较多考虑环境、物资、人口等影响因素；二是确定指标权重，现有研究较多使用熵权法、层次分析法等；三是构建评价模型，现有研究较多使用模糊综合评判法、灰色关联法、TOPSIS 法等。王海军等构建了由应急物资缺口程度和不可替代程度等影响因素组成的指标体系，并采用最小平方和法确定各因素的权重，最后提出基于模糊综合评判的应急物资需求紧迫性分级方法和应急物资需求紧迫度计算方法。姚恩婷等构建了由环境、物资、人员等影响因素组成的指标体系，提出了基于 BP 神经网络的需求紧迫性分级模型，并与 TOPSIS 法、灰色关联法和熵权法 3 种方法的评价结果进行比较。王莉芳构建了由环境、物资、人口等影响因素组成的指标体系，并采用熵权法和层次分析法相结合的方法确定各指标的组合权重系数，最后利用灰色关联改进的 TOPSIS 法，建立起受灾点应急物资需求紧迫性分级模型。王英等构建了由受灾程度、人口因素及其他因素组成的指标体系，并采用博弈论方法将熵权法和层次分析法相结合以确定权重组合系数及各评价指标综合权重，最后提出了利用马氏距离和灰色关联改进的 TOPSIS 法，建立起受灾点应急物资需求紧迫性分级模型。

（二）应急物资配送需求紧迫性评价指标体系构建

应急配送模型根据需求点的应急物资需求紧迫性确定合理的配送方案。基于突发公共卫生事件下应急物资的需求特点，结合现有学术研究中考虑的需求紧迫性的影响因素，本节主要考虑人员因素、地区因素、环境因素以及节点关系 4 个方面，设置了针对需求点的包含 4 项一级指标、9 项二级指标的需求紧迫性评价指标体系，如表 7-2 所示。

表 7-2　　应急物资配送需求紧迫性评价指标体系

一级指标	二级指标	指标类型（确定/模糊）	指标类型（正向/负向）
人员因素	老龄化比例	确定数型指标	正向指标
	人口数量	确定数型指标	正向指标
地区因素	面积	确定数型指标	正向指标
	物资需求量	模糊数型指标	正向指标
环境因素	周围医院数量	确定数型指标	正向指标
	核酸检测点数量	确定数型指标	正向指标
	高风险区数量	确定数型指标	正向指标

续表

一级指标	二级指标	指标类型（确定/模糊）	指标类型（正向/负向）
节点关系	周围节点数量	确定数型指标	负向指标
	到配送中心距离	确定数型指标	正向指标

1. 人员因素

人员因素一级指标中包括老龄化比例和人口数量 2 项二级指标。其中，老龄化比例是指需求点所在地区 60 岁以上的人口数量占该地区总人口数量的比例，为确定数型指标。由于老年人身体的抵抗能力较弱，因此该指标反映了需求点所在地区受疫情风险可能造成影响的严重程度。该指标为正向指标，其数值越高，表示物资需求的紧迫程度越高。人口数量是指需求点所在地区的总人口数量，根据第七次人口普查结果进行统计，为确定数型指标。该指标反映了需求点所在地区在疫情风险下潜在的感染人数。该指标为正向指标，其数值越高，表示物资需求的紧迫程度越高。

2. 地区因素

地区因素一级指标中包括面积和物资需求量 2 项二级指标。其中，面积是指需求点所在地区的总面积，为确定数型指标。面积越大意味着配送花费的时间越长，为满足在突发公共卫生事件发生后规定的时间限制内将应急物资送达需求点，则需要更优先地安排该需求点的配送任务。因此该指标为正向指标，其数值越高，表示物资需求的紧迫程度越高。物资需求量是指需求点所在地区对于应急物资需求的总量，为模糊数型指标，考虑区域人口和疫情情况进行推断，分为很高、高、中、低 4 个程度。应急物资需求的总量越大，对应的复杂程度越高，意味着需要配送的应急物资越多，应急物资配送到达后的卸货、分发等作业时长越长，同样为满足送达需求点的时间限制，需要更优先地安排该需求点的配送任务。因此该指标为正向指标，其数值越高，表示物资需求的紧迫程度越高。

3. 环境因素

环境因素一级指标中包括周围医院数量、核酸检测点数量，以及高风险区数量共 3 项二级指标。其中，周围医院数量由统计需求点周围以 3 公里为半径的区域内的医院数量获得，为确定数型指标。周围医院数量一定程度上反映了需求点所在地区的医疗水平。核酸检测点数量由统计需求点周围以 3 公里为半径的区域内的核酸检测点数量获得，为确定数型指标。一个地区的核酸检测点数量是综合考虑该地区的人口密度、疫情严重程度、核酸检测需求量大小等因素确定的，因此该指标一定程度上反映了需求点所在地区受疫情影响的严重程度。该指标为正向指标，其数值越高，表示物资需求的紧迫程度越高。高风险区数量是根据疫情实时大数据报告，统计需求点所在地区内存在的高风险区数量获得，为确定数型指标。高风险区数量反映了需求点所在地区受疫情影响的严重程度。该指标为正向指标，其数值越高，表示物资需求的紧迫程度越高。

4. 节点关系

节点关系一级指标中包括周围节点数量和到配送中心距离 2 项二级指标。其中，周围节点数量是指需求点周围以 3 公里为半径的区域内的其他需求点的数量，为确定数型指标。在同一区域中，邻近的需求点可以由同一辆应急物资配送车辆完成需求应急物资的配送，采用这种联合运输的方式能够提高配送效率，在满足送达需求点的时间限制的条件下，可以稍后安排该需求点的配送任务。因此设置该指标为负向指标，其数值越高，表示物资需求的紧迫程度越低。到配送中心距离是指该需求点到达配送中心的运输距离，为确定数型指标。到配送中心的距离越远，意味着配送时间越长，为满足送达需求点的时间限制，则需要更优先地安排该需求点的配送任务。因此该指标为正向指标，其数值越高，表示物资需求的紧迫程度越高。

（三）需求紧迫性的具体评价步骤

1. 初始化矩阵

设应急物资需求点集合 $K = \{1, 2, \cdots, m\}$，评价指标集合 $I = \{1, 2, \cdots, n\}$，构建各应急物资需求点初始化需求紧迫性评价指标矩阵 $F = (Z_{ki})_{m \times n}$，其中 $n = 9$，即共有 9 项需求紧迫性的评价指标。Z_{ki} 表示第 k 个应急物资需求点的第 i 项评价指标。

2. 标准化矩阵

采用 min-max（最小最大化）法，对评价指标矩阵进行标准化，得到 $F^* = (Z_{ki}^*)_{m \times n}$。

3. 计算贡献度

通过 $P_{ki} = Z_{ki} / \sum\limits_{k=1}^{m} Z_{ki}$ 计算各需求紧迫性评价指标的比重，其中 P_{ki} 代表第 k 个应急物资需求点对第 i 项评价指标的贡献度。

4. 计算信息熵

计算第 i 个评价指标的信息熵 $e_i = -\dfrac{1}{\ln k} \sum\limits_{k=1}^{m} P_{ki} \ln(P_{ki})$，其中 $e_i \geq 0$。

5. 赋权

通过 $g_i = 1 - e_i$ 计算得到各评价指标的信息效用值，并通过标准化处理后，得到各评价指标的权重系数 w_i，即 $w_i = g_i / \sum_{i=1}^{n} g_i$，（$i = 1$, 2，…，n）。

6. 规范化矩阵

通过 $C_{ki} = Z_{ki}^* / \sqrt{\sum_{k=1}^{m} Z_{ki}^{*2}}$ 对初始评价指标的标准矩阵 $\boldsymbol{F}^*$ 进行规范化处理，从而得到新的规范化矩阵 $\boldsymbol{B} = (C_{ki})_{m \times n}$。

7. 重构加权矩阵

根据步骤5得到的各评价指标权重 w_i 重新构造加权评价矩阵 $\boldsymbol{D} = (w_i \times C_{ki})_{m \times n}$。

8. 确定正负理想解

确定各评价指标的正负理想解 Y_i^+ 和 Y_i^-，其中 $Y_i^+ = \max\{w_i \times Z_{ki}\}$，$Y_i^- = \min\{w_i \times Z_{ki}\}$。

9. 计算理想解距离

计算各应急物资需求点评价指标到其正负理想解的欧氏距离，

$$d_k^+ = \sqrt{\sum_{i=1}^{n} (Y_{ki} - Y_i^+)^2}, \quad d_k^- = \sqrt{\sum_{i=1}^{n} (Y_{ki} - Y_i^-)^2}。$$

10. 应急物资需求点排序

计算各应急物资需求点与理想解的贴近程度 $T_k = d_k^- / (d_k^- + d_k^+)$，也称为综合得分。之后按照 T_k 值的大小排序，即可得到各应急物资需求点的需求紧迫性排序。其中，综合得分数值越高，需求紧迫性排名越靠前，对应的应急物资需求点的需求越紧迫。

（四）需求紧迫性评价结果运用

需求紧迫性评价的作用在于更好地辅助应急物资末端配送的决

策，使得在进行应急物资末端配送路径规划时，对需求紧迫性评价综合得分高的需求点给予更优先的物资配送权重，以提升应急服务整体满意度水平。因此，需求紧迫性评价结果运用的关键在于设置规则，将评价结果转换为向不同需求点进行物资配送的优先级。考虑到突发公共卫生事件发生时的实际场景，不同应急物资需求点对于应急物资需求的紧迫性具有差异，其主要体现为对应急响应时间要求的差异化。具体而言，需求紧迫性高的需求点设置更高的优先级，也就是说，其在产生应急物资需求之后，需要在更短的时间窗内将应急物资送达；需求紧迫性相对较低的需求点设置较低的优先级，即其在产生应急物资需求之后，可以在相对较长的时间窗内将应急物资送达。

综合上述分析，在本节研究的应急物资末端配送路径规划问题中，通过需求紧迫性评价，可以得到各应急物资需求点需求紧迫性的综合排序结果，之后根据排序情况设置各应急物资需求点的时间窗差值，二者为负相关关系。综合排序越高，对应的应急物资需求点设置的时间窗差值越小，从而反映其更高程度的需求紧迫性。相应地，综合排序越低，对应的应急物资需求点设置的时间窗差值越大，从而反映其较低程度的需求紧迫性。

三、应急物资末端配送路径规划模型构建

在突发公共卫生事件中，当某地暴发疫情后，存在一个区域配送中心需要向其覆盖范围内的多个需求点配送应急物资。本节模型主要解决确定车辆与需求点的服务关系以及车辆的服务顺序和路径问题。

（一）假设条件

本节所构建的模型基于如下假设。

（1）配送中心数量确定、储备量能够覆盖需求量。

（2）配送中心车辆车型相同。

（3）需求点数量、需求量确定。

（二）变量设定

1. 集合变量

K——车辆集合，其内元素 $k = 1$，2，$\cdots$，K。K 符号具有集合和上限元素两种含义，使用此种表示方式的目的是节省英文字母符号，后文出现该符号时，根据使用的具体位置和上下文关系可快速得知其所表示的含义，如当 K 位于求和符号的上界处或与其他元素分处等号两端时，取集合中上限元素的含义，当 K 位于 $\in$ 之后或与 $\cap$、$\cup$ 等集合运算符号相邻时，取集合的含义。

I——节点集合，其内元素 $i = 0$，1，2，$\cdots$，I；其中 0 点表示配送中心，其余点表示需求点。I 符号具有集合和上限元素两种含义，使用此种表示方式的目的是节省英文字母符号，后文出现该符号时，根据使用的具体位置和上下文关系可快速得知其所表示的含义，如当 I 位于求和符号的上界处或与其他元素分处等号两端时，取集合中上限元素的含义，当 I 位于 $\in$ 之后或与 $\cap$、$\cup$ 等集合运算符号相邻时，取集合的含义。

2. 参数变量

t_i——车辆到达需求点 i 的时间，$i \in I$，且 $i \neq 0$；

w_i——车辆在需求点 i 的等待时间，$i \in I$，且 $i \neq 0$；

d_{ij}——节点 i 到节点 j 的距离，$i, j \in I$；

t_{ij}——车辆从节点 i 到节点 j 的行驶时间，$i, j \in I$；

Q_i——需求点 i 的需求量，$i \in I$，且 $i \neq 0$；

q_k——车辆 k 的最大载重量，由于本书研究的是同车型问题，所有车辆的最大载重量相同，$k \in K$；

$[e_i, l_i]$——需求点 i 的时间窗，其中 e_i 表示需求点 i 的最早服务时间，l_i 表示需求点 i 的最晚服务时间，$i \in I$，且 $i \neq 0$；

l_0——配送中心最晚返回时间。

3. 决策变量

x_{ijk}——当第 k 辆车从节点 i 行驶到节点 j，取值为 1；否则为 0，$i, j \in I$。

（三）目标函数

目标函数为所有车辆配送距离之和最短，保证物资可以在最短的时间内送达需求点，如式（7-1）所示。

$$\min F(x) = \sum_{i=0}^{I} \sum_{j=0}^{I} \sum_{k=1}^{K} x_{ijk} d_{ij} \qquad (7-1)$$

（四）约束条件

$$\sum_{j=1}^{I} x_{ijk} = \sum_{j=1}^{I} x_{jik} \leqslant 1, \ i = 0, \ \forall k \in K \qquad (7-2)$$

$$\sum_{j=0}^{I} \sum_{k=1}^{K} x_{ijk} = \sum_{j=0}^{I} \sum_{k=1}^{K} x_{jik}, \ \forall i \in I \qquad (7-3)$$

$$\sum_{i=0}^{I} \sum_{k=1}^{K} x_{ijk} = 1, \ \forall j \in I, j \neq 0 \qquad (7-4)$$

$$\sum_{i=0}^{I} \sum_{j=1}^{I} x_{ijk} Q_j \leqslant q_k, \quad \forall k \in K \tag{7-5}$$

$$\sum_{i=0}^{I} \sum_{j=0}^{I} x_{ijk}(t_{ij} + w_i) \leqslant l_0, \quad \forall k \in K \tag{7-6}$$

$$t_j = \sum_{i=0}^{I} \sum_{k=1}^{K} x_{ijk}(t_{ij} + w_i + t_i), \quad \forall j \in I, \ j \neq 0 \tag{7-7}$$

$$e_i \leqslant t_i + w_i \leqslant l_i, \quad \forall i \in I, \ i \neq 0 \tag{7-8}$$

式（7-2）表示车辆从配送中心出发，配送完成后返回配送中心，形成回路；

式（7-3）表示各节点的车辆流入流出平衡；

式（7-4）表示各需求点必须被服务，且仅能由一辆车服务一次；

式（7-5）表示各车辆的载货量不能超过车辆最大载重量；

式（7-6）表示每辆车必须在配送中心的最晚返回时间之内返回；

式（7-7）表示到达需求点 j 的实际时间；

式（7-8）表示需求点 i 的时间窗限制条件。

四、基于蚁群算法的应急物资末端配送路径规划模型求解设计

（一）蚁群算法参数设置

蚁群算法中有最基本的 6 个参数：用 m 表示蚂蚁的总数；用 Q 表示蚂蚁一次循环释放信息素的总量；用 t 表示在运算过程中最大的迭代次数；用 α 表示信息素因子；用 β 表示启发函数因子；用 ρ 表示信息素挥发因子。

（二）构建行动路径

在构建路径的过程中，用轮盘赌法选择蚂蚁要到达的下一座城市，如式（7-9）所示。

$$
p_{ij}^{k} = \begin{cases} \dfrac{\tau_{ij}^{\alpha}(t) \times \eta_{ij}^{\beta}(t)}{\displaystyle\sum_{s \in allowed_k} \tau_{ij}^{\alpha}(t) \times \eta_{ij}^{\beta}(t)}, & j \in allowed_k \\[3mm] 0, & j \notin allowed_k \end{cases} \tag{7-9}
$$

其中：

i ——起点；

j ——终点；

k ——蚂蚁的编号；

p_{ij}^{k} ——蚂蚁 k 选择到达城市 j 的概率；

$\eta_{ij}^{\beta}(t)$ ——起点 i 到终点 j 之间距离的倒数；

$\tau_{ij}^{\alpha}(t)$ ——在 t 时刻起点 i 到终点 j 之间所含的信息素浓度大小；

$allowed_k$ ——蚂蚁 k 还没有到达的剩余城市的集合。

根据当前路径从起点 i 到终点 j 的信息素浓度以及两地之间的距离便可确定选择该路径的概率。由式（7-9）可知，两地的距离越短，信息素浓度越大，选择此路径的概率就会越大；反之，两地的距离越远，信息素浓度越小，选择此路径的概率就会越小。

（三）更新信息素

蚂蚁释放的信息素具有随着时间挥发的特性。因此，在每一次迭代完成后，都要将蚂蚁所带来的相关信息和信息素浓度进行更新，规则为：

$$\tau_{ij}(t+1) = \tau_{ij}(t) \times (1-\rho) + \Delta\tau_{ij}, \quad 0 < \rho < 1 \qquad (7-10)$$

$$\Delta\tau_{ij} = \sum_{k=1}^{m} \Delta\tau_{ij}^{k} \qquad (7-11)$$

$$\Delta\tau_{ij}^{k} = \begin{cases} \dfrac{Q}{L_k}, & 第\ k\ 只蚂蚁经过路径\ ij \\ 0, & 第\ k\ 只蚂蚁不经过路径\ ij \end{cases} \qquad (7-12)$$

其中：

$1-\rho$——信息素残留系数；

$\Delta\tau_{ij}$——迭代过程中，路径 ij 上信息素增量；

$\Delta\tau_{ij}^{k}$——第 k 只蚂蚁在本次迭代中留在路径 ij 上的信息素量；

L_k——第 k 只蚂蚁经过的路径长度。

（四）迭代终止条件

迭代终止条件为迭代次数达到运算过程中最大的迭代次数 t。一次迭代就是指 m 只蚂蚁都走完所有的路径，即存在 m 个搜索路径。在所有的路径中选择最短的路径，做出这一次迭代的可视化结果，更新信息素；然后将新的最短路径与上一次的最短路径进行对比，同时增加 1 次迭代次数；最后计算当前迭代次数与最开始设置的迭代次数相差多少次，若正好相等则停止迭代，否则进行下一次迭代。

第五节　临沂北斗示范仓应急物资
无人配送案例设计

一、案例背景

山东省临沂市地处长三角经济圈与京津冀经济圈结合点、中国东部南北大通道中心枢纽的核心区域，是中国北方最大的市场集群和商品集散中心，享有"中国物流之都"称号，是首批 23 个国家物流枢纽建设城市之一，物流网络覆盖了全国 1800 个县级以上网点并辐射全球 30 多个国家和地区。山东顺和国际智慧物流园位于山东省临沂市，是临沂商贸服务型国家物流枢纽的增量项目，借助临沂市物流优势，集聚了丰富的物流资源，具备干支仓配分拨一体化的专业物流服务能力。其中的北斗示范仓依托物流园与中国科学院空天院合作实施"北斗技术赋能物流产业的应用示范"项目，利用 5G 技术对接北斗系统，提供智慧分拨的物流服务，在物流无人化、智慧化领域，积极探索先行。

疫情期间，由于地区临时静态管控措施、跨区之间人员流动减少、物流仓库作业暂停、物流司机及配送人员隔离等原因，应急物资的跨区配送成为一大难题。2022 年 11 月下旬，受疫情影响，临沂市陆续出现本土确诊病例，在疫情防控期间，临沂市也同样面临着许多物流仓库无法正常作业，物流配送人员短缺、车辆跨区流动困难等难题。在这种情况下，利用临沂商贸服务型国家物流枢纽北斗示范仓等临沂市内设施设备先进、地理位置优越的物流节点承担应急物资配送中心的任务，利用周边的物流节点承担应急物资临时分发点的任务，通过无人配送车解决从应急物资配送中心到临时分发点的物资跨区配送，再由临时分发点通过闭环管理送给各家各户，能够很好地适应疫情管理要求，满足应急物资配送需求。

基于上述背景，本章选取 2022 年 11 月 10 日临沂市疫情相关数据作为设计案例，以北斗示范仓作为应急物资配送中心，研究疫情期间从该配送中心将应急物资送达周边的应急物资临时分发点，满足应急物资配送需求的路径优化问题。

本案例中，选取临沂商贸服务型国家物流枢纽北斗示范仓作为配送中心承担应急物资配送的任务，共有 9 个应急物资临时分发点等待物资配送。已知该配送中心以及各临时分发点的横、纵坐标，已知各临时分发点的物资需求量和到达的时间窗限制。由相同属性（载重、速度）的无人配送车从配送中心出发向各应急物资临时分发点配送应急物资，每辆无人配送车每次配送完毕之后需返回配送中心，对应生成一条配送路径。每个临时分发点在配送时间窗内只能由一辆车配送，每辆车一次路径上所服务的临时分发点的物资需求之和不超过无人配送车的载重量。基于该案例场景，寻找总路径最短的方案，即为应急物资配送的最优方案。

二、需求紧迫性评价

（一）参数设置及说明

根据本章第四节建立的应急物资需求紧迫性评价指标体系，收集案例中 9 个应急物资临时分发点对应的指标数据。其中部分指标数据来源解释如下。

（1）老龄化比例指标由应急物资临时分发点所在区县的人口普查报告中统计得到；

（2）人口数量指标由第七次人口普查中应急物资临时分发点所在区县的人口数量统计得到；

（3）面积指标通过查询各区县政府文件，统计应急物资临时分发点所在区县的面积；

（4）物资需求量指标考虑区域人口和疫情情况进行判断，分为很高、高、中、低；

（5）周围医院数量指标是应急物资临时分发点周围 3 公里半径区域内的三级以上医院数量；

（6）核酸检测点数量指标通过百度地图统计 2022 年 11 月 20 日案例中临沂市各应急物资临时分发点周围 3 公里半径区域内的核酸检测点数量；

（7）高风险区数量指标根据临沂市 2022 年 11 月 20 日疫情实时大数据报告相关资料整理，按应急物资临时分发点所在区县内存在的高风险区数量进行统计；

（8）周围节点数量指标统计各应急物资临时分发点周围 3 公里半径区域内的其他临时分发点数量；

（9）到配送中心距离指标通过百度地图查询配送中心到达各应急物资临时分发点的运输距离，不是采用点到点的直线距离，而是实际行驶距离。

（二）需求紧迫性评价指标权重计算

根据熵权 TOPSIS 综合评价法，输入指标数据表，运用 SPSSPRO 数学分析软件进行运算，得到各指标权重值如表 7-3 所示。

表 7-3　　　　　　　　各指标权重值

指标	信息熵值 e	信息效用值 d	权重（%）
老龄化比例	0.58	0.42	19.685
人口数量	0.855	0.145	6.811

指标	信息熵值 e	信息效用值 d	权重（%）
面积	0.941	0.059	2.754
物资需求量	0.785	0.215	10.046
周围医院数量	0.668	0.332	15.53
核酸检测点数量	0.797	0.203	9.524
高风险区数量	0.822	0.178	8.359
周围节点数量	0.733	0.267	12.522
到配送中心距离	0.685	0.315	14.769

（三）需求紧迫性评价结果

基于熵权法得到的权重，代入 TOPSIS 综合评价法，得到各应急物资临时分发点的需求紧迫性的综合得分指数并进行排序，如表 7-4 所示。

表 7-4　　　　　　TOPSIS 评价法计算结果

应急物资临时 分发点	正理想解 距离（D+）	负理想解 距离（D-）	综合得 分指数	排序
临沭县应急物资临时分发点	0.267599	0.571535	0.68	1
河东区应急物资临时分发点 1	0.348284	0.454796	0.57	2
兰山区应急物资临时分发点 1	0.467793	0.414768	0.47	3
罗庄区应急物资临时分发点	0.412227	0.345056	0.46	4
河东区应急物资临时分发点 2	0.439838	0.303024	0.41	5
兰山区应急物资临时分发点 2	0.62488	0.161623	0.21	6
兰山区应急物资临时分发点 3	0.628244	0.141372	0.18	7

续表

应急物资临时 分发点	正理想解 距离（D+）	负理想解 距离（D-）	综合得 分指数	排序
兰山区应急物资临时分发点 4	0.634824	0.140545	0.18	8
兰山区应急物资临时分发点 5	0.646459	0.133022	0.17	9

（四）基于需求紧迫性的时间窗设置

根据得到的需求紧迫性评价结果，考虑货物到达应急物资临时分发点的作业时间，赋予两个应急物资临时分发点的时间窗差值，并进行数据拟合，得到时间窗差值随综合得分指数变化图，如图 7-9 所示，进而得到所有应急物资临时分发点的时间窗差值。

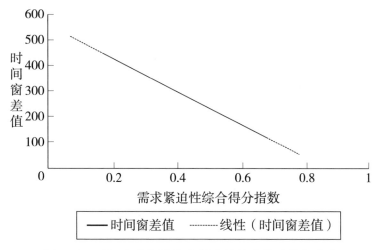

图 7-9　时间窗差值随需求紧迫性综合得分指数变化

三、模型求解

（一）模型基础参数设置

运用本章第四节建立的应急物资配送路径规划模型进行测算，其中，模型涉及的基础参数包括以下几个。

（1）配送中心以及各应急物资临时分发点对应的物理节点 id，如表 7-5 所示。

表 7-5   节点说明

节点类型	节点名称	对应物理节点 id
应急物资配送中心	山东顺和国际智慧物流园北斗示范仓库	d1
应急物资临时分发点	兰山区应急物资临时分发点 3	0
应急物资临时分发点	兰山区应急物资临时分发点 5	1
应急物资临时分发点	临沭县应急物资临时分发点	2
应急物资临时分发点	兰山区应急物资临时分发点 1	3
应急物资临时分发点	兰山区应急物资临时分发点 4	4
应急物资临时分发点	河东区应急物资临时分发点 2	5
应急物资临时分发点	罗庄区应急物资临时分发点	6
应急物资临时分发点	河东区应急物资临时分发点 1	7
应急物资临时分发点	兰山区应急物资临时分发点 2	8

（2）配送中心以及各应急物资临时分发点对应节点 X 坐标、节点 Y 坐标；其中节点坐标通过位置关系图进行网格化处理得出。依据节点 X 坐标、节点 Y 坐标计算节点之间的配送距离，以相对网格的单位距离为度量单位。

（3）配送中心的开始服务时间、最迟服务时间，以及物资存储量。

（4）各应急物资临时分发点对应节点的最早被服务时间、最晚被服务时间、节点作业等待时间，以及物资需求量。

（5）应急物资无人配送车的车速为 25km/h，最大载重为 400kg。该参数依据市面上比较成熟的无人配送车的相关参数得到。

按照应急物资配送中心和应急物资临时分发点分别整理如表 7-6 和表 7-7 所示。

表 7-6　　　　　　　应急物资配送中心参数

物理节点 id	X 坐标	Y 坐标	存储量	开始服务时间	最迟服务时间
d1	10	18	1200	0	1200

表 7-7　　　　　　　应急物资临时分发点参数

物理节点 id	X 坐标	Y 坐标	需求量	最早被服务时间	最晚被服务时间	作业等待时间
0	16	19	71	541	983	71
1	17	18	66	380	830	66
2	17	17	179	26	469	179
3	18	19	170	462	889	170
4	19	17	70	93	350	70
5	18	6	118	512	770	118
6	26	15	150	239	536	100
7	29	10	174	285	479	174
8	44	2	78	100	220	78

（二）蚁群算法参数设置及模型求解结果

设置蚂蚁的总数 m 为 100；设置蚂蚁一次循环释放信息素的总量 Q 为 100；设置运算过程中最大的迭代次数 t 为 100；设置信息素因子 α 为 2；设置启发函数因子 β 为 3；设置信息素挥发因子 ρ 为 0.5。通过 python 进行求解，具体结果如表 7-8 所示。

表 7-8 应急物资配送路径详情

路径 ID	路径	途经节点	进入节点时间	离开节点时间	节点左时间窗	节点右时间窗	是否满足时间窗
v1	d1-8-7-d1	d1	—	24	0	1200	是
		8	100	178	100	220	是
		7	285	459	285	479	是
		d1	501	—	0	1200	是
v2	d1-3-d1	d1	—	445	0	1200	是
		3	462	632	462	889	是
		d1	649	—	0	1200	是
v3	d1-2-1-0-d1	d1	—	11	0	1200	是
		2	26	205	26	469	是
		1	380	446	380	830	是
		0	541	612	541	983	是
		d1	625	—	0	1200	是
v4	d1-4-6-5-d1	d1	—	74	0	1200	是
		4	93	163	93	350	是
		6	239	339	239	536	是
		5	512	630	512	770	是
		d1	659	—	0	1200	是

（三）无人配送车容量扩大的求解结果

在上述结果的基础上，为判断影响无人配送车发车数量的因素，对无人配送车的装载能力参数进行调整，设置无人配送车容量由 400 千克增加至 450 千克，再次测算最优配送方案。通过 python 进行求解，具体结果如表 7-9 所示。

表 7-9　　　　　　　　　　应急物资配送路径详情

路径 ID	路径	途经节点	进入节点时间	离开节点时间	节点左时间窗	节点右时间窗	是否满足时间窗
v1	d1-1-3-0-d1	d1	—	366	0	1200	是
		1	380	446	380	830	是
		3	462	632	462	889	是
		0	636	707	541	983	是
		d1	720	—	0	1200	是
v2	d1-2-4-6-d1	d1	—	11	0	1200	是
		2	26	205	26	469	是
		4	209	279	93	350	是
		6	294	394	239	536	是
		d1	427	—	0	1200	是
v3	d1-8-7-5-d1	d1	—	24	0	1200	是
		8	100	178	100	220	是
		7	285	459	285	479	是
		5	512	630	512	770	是
		d1	659	—	0	1200	是

两个表运算的最优结果如表 7-10 所示。

表 7-10　　　　　　　　　　不同条件下求解结果

方案	更改条件	最优配送距离	无人配送车发车数	配送时间
方案 1	无更改	149	4	1333
方案 2	增加无人配送车容量至 450 千克	129	3	1290

将上述 2 个表进行对比，表 7-8 中无人配送车共需要发送 4 车次以完成全部物资需求的配送，完成的总配送时间为 1333 分钟，配送距离为 149 个单位距离。表 7-9 中无人配送车共需要发送 3 车次以完成全部物资需求的配送，完成的总配送时间为 1290 分钟，配送距离为 129 个单位距离。可以看出，无人配送车的容量限制是影响无人配送车发车数量的重要因素，在设置无人配送车容量由 400 千克增加至 450 千克之后，无人配送车发车数量由 4 减少至 3，并且配送的总距离减少了 20 个单位距离，配送时间减少了 43 分钟，各项指标均有所优化。因此，针对末端配送场景，可以适当选择载重量较大的配送车辆。

四、结果分析

根据得到的应急物资配送路径结果可以看出，各路径途经节点作业时间均在应急物资配送中心的允许提供服务时间之内，且满足所设置的应急物资临时分发点的时间窗需求。可见本章构建的应急物资配送路径规划模型结构合理，求解方法可行。

此外，在配送路径优化过程中，本章采用的方法能够有效节省配送距离。以表 7-8 为例，根据结果可知，配送路径 v1 途经 d1-8-7-d1、v3 途经 d1-2-1-0-d1、v4 途经 d1-4-6-5-d1，均在合理考虑各应急物资临时分发点的时间窗约束、物资需求量约束、无人配送车装载能力约束的基础上，有效地合并了应急物资临时分发点的配送路径，实现了一趟无人配送车可以同时配送多个应急物资临时分发点，可以减少配送资源的投入，节省了运输成本、时间成本。

第八章　突发公共卫生事件下应急物资全程运输组织

新冠疫情期间，由于疫情传染风险以及部分地区的封控要求，应急物资运输梗阻、货物难达的情况时有发生。虽然末端配送员减少、配送网点封控等原因造成"最后一公里"投递迟缓，但造成全国性运输物流堵点的关键在于干线与末端对接的不畅。本书前面章节分别从仓储、运输和配送各环节讨论了面向突发公共卫生事件的应对措施，本章将聚焦全程运输组织，研究如何衔接"干线运输+应急中转+末端配送"的应急运输网络，实现应急物资全程运输保通保畅。

第一节　突发公共卫生事件下全程运输组织的主要内容

学界一般从始发地和目的地的角度阐释全程运输的概念，也即从始发地到目的地的全过程。凌铭君研究了基于中欧班列的国际集装箱全程运输组织，对起讫点、班列始发站、口岸站等运输节点、各条运输通道和不同运输方式进行了一体化的协同优化；谢如鹤等人研究了冷链零担物流的全链条流通情况，关注到中长途冷链零担物流从前端集货至末端冷链配送全链条的整体优化，涵盖了供应点、配送中心和客户收货点；张军伟研究了集装箱多式联运全程运输网络合理化问题，对连接内陆集装箱中转站和集装箱港口的不同集疏运方式所形成的集装箱多式联运线路进行合理布局与路径选择，目标是实现全程运输网络在时间和空间上的合理化。相关研究在从始发地到目的地的全过程这个统一框架下，研究此过程中所有途径节点和节点间运输方式所构成的运输路径，基本集成了节点选址和路径优化两个核心决策。根据场景的不同，还会涉及中转设施选择（配送中心、中转港等）和多式联运情景下的运输方式选择。

而从物流实践的角度，行业内存在"门到门"运输、干支衔接、仓配一体、仓干配一体等模式。《"十四五"现代物流发展规划》中提出，"扩大低成本、高效率干支仓配一体化物流服务供给"。相关模式的基本涵义如表 8-1 所示。全程运输组织与"门到门"运输、干支衔接的概念相近，与仓配一体、仓干配一体和干支仓配一体等概念的差异主要在于对"仓"这一环节的侧重不同，考虑到全程运输仍然更多属于运输组织的范畴，因此仓内运营的环节不作为核心决策。

表 8-1　　　　　　全程运输组织相关概念辨析

相关概念	基本含义
"门到门"运输	承运人在托运人指定的地点收取货物，负责将货物运抵收货人指定地点的一种运输服务方式
仓配一体	为客户提供一站式仓储与配送服务的运作模式
仓干配一体	为客户提供从生产端到销售端的干线运输+中心仓储+城市配送的物流服务，整个物流过程一般仅经过两次运输和一次仓内运营
干支衔接	在复杂的物流网络中，干线运输承担较长的距离和大批量的物资运输，支线运输承接干线运输后的短途运输阶段，将干线运输与支线运输紧密结合，以确保物资从干线顺利过渡到支线，从而实现整个物流流程的连贯性和高效性。在航空、水路、铁路、公路中应用广泛
干支仓配一体	将干线运输、支线运输、仓库管理和物资配送等环节进行紧密整合，形成一个协同运作的整体系统

综上，突发公共卫生事件下应急物资全程运输组织是指在特定的应急情况下，将应急物资从供应点运抵需求点的一种运输服务方式。由于突发公共卫生事件的特点，考虑传染风险和地区封控措施，干线运输车辆往往难以直接进入封控区，因此一般需要采取应急中转的模式：也即在需求点附近选择一个中转点，作为干线运输和末端配送的衔接场地。可以将这个过程描述为，在一个由供应点-中转点-需求点组成的三级节点网络中，对运输方式、运输路径、运输工具、中转节点等进行协同优化，核心是对中转设施选址和干线运输+末端配送的上下级联运问题的集成优化。

本书的第六章研究了应急物资的干线运输组织，第七章研究了应急物资的末端配送，本章将在前两章的基础上，研究如何对"干线运输+应急中转+末端配送"的全程运输组织进行紧密整合、协同优化，以提高物资调配的整体效率和响应能力。

第二节　突发公共卫生事件下应急物资全程运输组织的要求

一、全过程统筹考虑

应急物流是一项复杂的系统工程，涉及应急物资的采购、储备、调度、运输、配送等系列活动，以及完成这些活动的组织协调机构与机制。疫情期间发生的运输不畅就是对于物资调拨全过程统筹考虑不足所导致的。外地支援疫区的司机、货物进不来，疫区居民的物资缺口得不到满足，从而造成防疫工作的一系列困难。因此，全程运输组织的首要目标就是要实现对物资供应全过程的统筹考虑，改变各地在"点"上的孤立防控的"困局"。

二、全流程一体衔接

全程运输组织的难点问题在于如何实现全流程的一体衔接。仓与配、运的流程衔接较易完成，而干线与支线的衔接不足却成为疫情期间的突出问题。国家和各地方都出台了做好货运物流保通保畅工作的相关政策，重点是从中转点的设置和闭环管理上实现货物的快速交接与及时运输。例如 2022 年 5 月，为了做好民生物资、重点生产物资有序中转工作，交通运输部推动在上海及周边地区建设启用了 6 个应急物资中转站。充分发挥通行证在民生物资运输中的重要作用，推行"一证登记、一证审核、一证通行"，实现"快速查验、快速检测、快速通行"。可见通过合理的中转点选择和运行政策安排，在保障应急物资的稳定供应和有序中转中发挥着重要作用。

三、"门到门"多式联运

综合运输及多式联运在应急救援、双保双稳中具有重要作用，是实现全程运输组织保障的核心手段。一方面，要科学发挥各种运输方式的比较优势，针对保供规模，在远程投送中充分发挥铁路和航空的优势。铁路拥有完善运输网络和遍布全国的货运场站，丰富的物流资源是铁路高效服务应急物流的保证。同时，铁路运输具有全天候、大运量、长距离、快时效、低成本等优势，因其运输组织特点无须人员接触而在疫情防控中具备突出适应性优势，若适当调整机车交路还能实现省界接续运输，满足不同地区的健康绿码要求。加之长期发展所形成的半军事化管理机制使铁路能在短时间内集中力量完成运输任务，因此应进一步突出铁路在应急运输中的核心地位。而在末端投送中，应发挥公路机动灵活、可以"门到门"、便于属地化管理的比较优势，完成应急物流"最后一公里"。从而形成"外集内配、绿色联运"的应急运输组织模式，在高效满足应急物流需求的同时，还有利于实现经济性和绿色化的目标，为新时代应急物流高质量运行提供支撑。

四、跨区域协调合作

各区域由于资源禀赋不同、人口密度差异，所以容易出现人口密集地区发生疫情时物资供应不足的风险，跨区域协调合作是必然选择。如成德眉资建立了联保联供机制，共建区域"米袋子""菜篮子"保供体系。经4市协商，针对极端条件下应急保供，将依托成都农产品中心批发市场、德阳四川中膳园旌耘市场、眉山圣丰农产品批发市场、资阳市天王农产品市场，建立跨区域应急生活物资运输中转站，合力保障市场供应。跨区域合作下的全程运输组织也需要跨区域的协调，使外地物资顺畅通行，可以进一步实现高效集约的应急物资保供体系。

总体而言，此次疫情强化了社会各界对于货运物流在保通保畅、稳产稳链中极端重要性的认识。2022年4月19日，国务院物流保通保畅工作领导小组召开总指挥（全体）第一次会议指出，做好物流保通保畅工作是保障人民群众正常生活的迫切需要、是促进产业链供应链稳定的迫切需要、是稳住经济基本盘的迫切需要。因此应急物资全程运输组织的最终目标就是实现物流保通保畅。

第三节　突发公共卫生事件下
应急物资中转组织

根据国务院联防联控机制和国家有关部委工作部署，各地针对货运物流保通保畅工作展开了一系列探索，其中最为重要的就是全力组织应急物资中转。快速启用涉疫地区周边的应急物资中转站，成为打通突发公共卫生事件下应急物资全程运输组织"堵点"的有效手段。

一、应急物资中转站

应急物资中转站是发生重大突发公共卫生事件时，应急物资由发运地运到接收地途中，开展落地、换装、甩挂、组配等中转作业，同时具备应急物资中转调运的供应保障与突发公共卫生事件危险因素人际传播阻隔功能的场所。作为重大突发公共卫生事件下的物流中转载体，应急物资中转站上承省际市际应急物资调拨，下接卫生事件影响区域的生产与生活，其运作效率关系到应急物资调运能否通畅，人民生命健康安全与经济活动稳定。

应急物资中转站在应对突发公共卫生事件时，有其必要性和普适性。按照《中华人民共和国传染病防治法》有关规定，在甲类（乙类甲管）传染病暴发、流行时，可按需划定疫区并实施隔离措施。一方面，即使在没有发生疫区封锁的情况下，传染病暴发、流行等重大突发公共卫生事件发生时，也需要防止病原传播、同时衔接应急物资调运的中转站。另一方面，随着工业分工与规模生产的进步，产业集聚正加快发展，产销格局也从传统的多地生产多地销售分散式布局转变为一地生产供给多地的集聚化布局，长距离调拨与中转的作用越发凸显。应急物资中转站对于实现短时需求暴增的鲜活食品、医疗与生活物资的快进快出有关键作用，应急物资中转站和应急物资储备设施在布局、功能、运行等方面相互匹配、有机衔接，才能保障重大突发公共卫生事件下的物资保供。两者共同构成面向突发公共卫生事件的应急网络中的关键物流节点。

需要明确的是，在我国现代物流体系的建设过程中，大量国家物流枢纽、物流园区等存量资源均可以实现应急物资交接的功能。如《国家物流枢纽布局和建设规划》中明确说明，物流枢纽是集中实现货物集散、存储、分拨、转运等多种功能的物流设施群和物流活动组织中心；要求"发挥国家物流枢纽网络功能和干线转运能力优势，构建应对突发情况能力强、保障效率和可靠性高的应急物流服务网络"。疫情发生以来，各地国家物流枢纽根据疫情防控需要，在精准落实疫情防控措施的基础上，积极发挥应急物资中转分拨作用，实现疫情防控所需生活物资保障快速响应，为关键物资运输畅通"生命线"。

从概念上看，应急物资中转站是货物从发运地到接收地时，中途进行换装的场所。从功能上看需要实现货物在不同运输方式和内外运输工具间的转换，包括铁路解编、公路甩挂等方式。从载体上看，既包含已有物流设施的平急功能转换，也包含必要情况下临时站点的新建。从运营上看，应急物资中转站通过甩挂运输、人员不接触等方式，有效消除了货运司乘人员"送货怕感染、回去怕隔离"的顾虑。其核心作用是在防止突发公共卫生事件风险传播的同时，保障各类重要生产生活物资能进能出、快进快出。

二、应急物资中转站建设现状

新冠疫情暴发以来，政策层面对应急物资中转站的要求经历了专项设站和全面设站的演变。在疫情初期，全国疫情呈现局部聚集的特征，如 2020 年湖北省和 2021 年石家庄市等地。此时主要是由交通运输部针对疫情严重地区发文，指导应急物资中转运输有关工作。而进入 2022 年，国内新冠疫情形势复杂严峻，地方疫情多处散发。根据《国务院应对新型冠状病毒感染肺炎疫情联防联控机制关于切实做好货运物流保通保畅工作的通知》（国办发明电〔2022〕3 号），疫情严重地区要依托周边物流园区（枢纽场站、快递园区）、高速公路服务区等，加快设立启用物资中转调运站、接驳点或分拨场地，并及时向社会公告。根据要求，各地积极推动了应急物资中转站的谋划布局工作。此阶段围绕实现"民生要托底、货运要畅通、产业要循环"，从国家到地方出台了一系列措施，应急物资中转站开始从"急时启用"进入"平急结合"的全面设站阶段。

> 福建省交通运输厅、省发展改革委、省公安厅、省卫健委等九部门印发了《关于加快建设应急物资中转接驳站的通知》，要求全省每个县（市）至少储备建设 1 个中转接驳站，加快构建全省应急物资中转接驳网络，有力保障产业链供应链高效畅通。河北省为保障京津冀地区应急物资和生活必需品供应，促进京津冀区域物流畅通，布局建设了 17 个应急物资中转站，平时确保正常经营秩序，应急期间保证立即启动运营。

各地本着"宁可备而不用，不可用而无备"的原则，依托交通、接卸、中转、仓储等设施条件较好的物流园区、枢纽场站、快递园区等，布局建设了一批应急物资运输中转站。根据网络公开信息整理，截至 2022 年 11 月底，全国各省份已建成和规划建设的应急物资中转站已有超过 250 家。

三、应急物资中转站建设要求

（一）选址基本原则

应急物资中转站建设面临的首要问题就是如何选址。考虑到突发公共卫生事件的影响和便利物资通行，主要包括交通便利、安全可靠和功能完善三方面的选址原则。

交通便利是指应急物资中转站应尽量设置在省界、市界附近，靠近交通枢纽、铁路和公路干线，便于与高速公路、港口码头、铁路场站、机场等的衔接，确保具有便利的对外交通条件。

安全可靠是指应急物资中转站应符合突发公共卫生事件风险管控的有关要求，设置在较低风险区域。比如新冠疫情中，要求应急物资中转站避开疫区设立。

功能完善是指应急物资中转站应优先选择具备较好的仓储、接卸、停车、消杀条件的国家物流枢纽、物流园区、货运枢纽、高速公路服务区、港区或后方场站等存量资源。从而尽可能减少突发情况下中转站的启用时间。

（二）场地布设要求

在设计面向突发公共卫生事件的中转站布局时，应按照突发公共卫生事件防控要求，对中转站内的设施、交通流线、功能分区进行提前规划。应该使用消杀区、中转区、临时存储区、配套服务区等功能区，保障内外人员不接触、作业不交叉、物资进出畅通。

消杀区是服务于突发公共卫生事件的风险特征，涵盖相关资料中检疫区、查验消杀区等内容。应布局在中转站出入口，配置车辆消毒喷淋等消杀设备，把好风险防控的关卡。

中转区是服务于应急物资中转站的核心功能，涵盖甩挂区、接驳区等内容。应根据物资类型和数量，设置外来车辆和本地车辆不接触的装卸作业模式，并规划交通流线，完成高效的转运作业。

临时存储区是服务于生鲜货品和临时存放物资的区域，涵盖卸货仓储区、临时仓储区等内容。主要存储生产生活物资、防疫物资、捐赠物资等各类应急物资。

配套服务区是完成中转站生产生活服务保障的区域，涵盖停车区、加油维修区、临时休息区、办公区等内容。根据《突发公共卫生事件应急条例》，将突发公共卫生事件分成四类，重大传染病疫情、群体性不明原因疾病、重大食物和职业中毒、其他严重影响公众的健康事件。而在发生重大传染病疫情时，需要在配套服务区设置具备人员隔离、防护与医学观察功能的隔离观察区。

（三）平急结合运营

应急物资中转站建设和运营应满足平时日常工作和突发事件应急的需求。应急中转站建设应优先考虑现有符合条件的基础设施，平时应进行常态商业化运营，发挥城乡物流配送点、干支衔接集配中心、区域配送中心等功能。突发事件发生后，应立即转作应急场地，快速完成功能区域划分和设施改造，合理安排站内应急物资运输车辆的运输组织，实行应急管理。在中转站启用期间的项目建设运维资金，应由政府性资金承担，对运输中转设施改造、企业场租、水电费、防疫费用等给予补贴。

第四节 突发公共卫生事件下应急物资两级联运网络选址—路径优化问题

本节面向新冠疫情等突发公共卫生事件，考虑物资供应和风险控制的要求，研究应急物资中转点的选址和物资从供应点途径中转点到需求点的路径优化问题，以相关风险最小和时效最快为目标构建应急物资全程运输网络。该网络中包含三类节点，应急物资供应点、中转点和需求点。在供应点储备或筹措到的物资，需要通过指定运输方式运抵中转点，后通过指定配送车辆送达需求点。

一、问题概述

在突发公共卫生事件中，当某地暴发疫情后，地方储备的应急物资一般不能满足需求，需要快速从周边区域调拨物资以补充供应，同时各地也会收集防疫物资驰援疫区。一条完整的全程运输链，由干线运输、节点转运和末端配送共同构成，高效利用各中转点与运力是降本提效的关键。其中干线运输环节解决多式联运路径选择问题，节点转运环节解决中转点选址和分配问题，末端配送环节解决服务顺序和路径问题。

该问题包含了应急物资物流网络设计的两个基本问题，一是设施选址，二是车辆路径规划。其中，设施选址属于物理网络的内容，车辆路径规划属于服务网络的内容。在以往研究中，一般将设施选址与车辆路径规划问题独立考虑，即在确定设施位置后，再进行车辆路径规划。但在突发公共卫生事件的实际场景中，更多情况下需要管理者同时对设施位置和车辆路径做出安排，才能实现全程运输的顺畅运行。而从研究发展的角度来看，这两个问题也是可以同时解决的，这种集成的解决方案也被称为选址—路径问题（Location - Routing Problem，LRP）。

研究的问题可以描述为：疫区需要提供应急物资的需求点（受灾点）有 n 个，备选的应急物资中转点有 m 个，现需要从应急物资中转点中选择一个或多个启用，将供应物资的供应点和应急物资的需求点按照设定的约束条件分配给中转点，并通过合理的运输方式和路径按照一定的顺序向需求点提供物资。如何从备选节点中选择有利于提升全程运输效率的节点作为应急物资中转点、确定干线运输方式、确定城市配送车辆经过节点的先后次序即车辆路径以及需求点、中转点和供应点的对应关系，是该问题的几大难点。

二、集成应急中转站选址和干支路径优化的应急物资调配模型

本节通过构建集成多式联运、设施选址和车辆路径问题的整合模型来解决这一问题。

（一）假设条件

本节所构建的模型基于如下假设。

（1）供应点数量及供给能力确定。

（2）备选中转点数量、能力确定。

（3）需求点数量及需求量确定。

（二）变量设定

模型涉及的变量如下。

1. 集合变量

D——需求点集合；

S——供应点集合；

M——应急物资中转点集合；

R——网络中弧段集合；

A——网络中节点集合，其中 $A = D \cup S \cup M$；

C——城市配送车辆集合；

K——干线运输方式集合。

2. 参数变量

t_{ij}——弧段（i, j）上的通行时间；

t_m^{kc}——在应急物资中转点 m 处，由运输方式 k 换装为城市配送车辆 c 的时间；

D_d——需求点 d 的物资需求量；

Q_s——供应点 s 的物资供应能力；

q_k—— k 类型干线运输方式的单次可装载容量；

q_c——城市配送车辆 c 的单次可装载容量。

3. 辅助变量

q_{sm}^k——供应点 s 通过运输方式 k 运送物资至中转点 m 的次数；

q_{ij}^c——车辆 c 从节点 i 到节点 j 运送物资的次数；

r_i^c——用于消除子回路。

4. 决策变量

Y_m——当应急物资中转点 m 被启用时，取值为 1，否则为 0；

Z_{sm}——当供应点 s 被分配给中转点 m 时，取值为 1，否则为 0；

U_{md}——当需求点 d 由中转点 m 服务时，取值为 1，否则为 0；

X_{sm}^k——当使用运输方式 k 从供应点 s 到中转点 m 时，取值为 1，否则为 0；

X_{ij}^c——当城市配送车辆 c 从节点 i 驶向节点 j 时，取值为 1，否则为 0；

q_d——需求点 d 收到的应急物资数量。

（三）目标函数设计

考虑到现实需求，突发公共卫生事件下全程运输组织优化的目标是在有限的车辆和物资供给下，实现满足需求、低风险、快速的物资供给。

1. 需求满足目标

可以通过需求点总缺货量最小的方式，来刻画有限物资供给下需求满足率最大的目标。

$$\min f_1 = \sum_d (D_d - q_d) \tag{8-1}$$

2. 风险目标

疫情传播的风险是突发公共卫生事件下运输组织必须考虑的因素。本节通过启用的应急中转站数量进行风险目标刻画：即选中的应急中转站数量越少，意味着需要投入更少的运输、管理、作业人员，面临的感染风险就越小，反之风险越高。目标函数如式（8-2）所示。

$$\min f_2 = \sum_{m \in M} Y_m \qquad (8-2)$$

3. 时间目标

本书考虑的时间包括从供应点到中转点间的时间、从中转点到需求点间的时间以及中转点换装时间三部分。目标函数如式（8-3）所示。

$$\min f_3 = \sum_{s \in S} \sum_{m \in M} \sum_{k \in K} Z_{sm} X_{sm}^k t_{sm} q_{sm}^k +$$

$$\sum_{m \in M} \sum_{k \in K} \sum_{c \in C} Z_{sm} X_{sm}^k t_m^{kc} q_{sm}^k + \sum_{i, j \in A} \sum_{c \in C} U_{md} X_{ij}^c t_{ij} q_{ij}^c \qquad (8-3)$$

（四）约束条件设计

1. 需求相关约束

保证每个需求点的物资需求只能由一个物资中转站满足。

$$\sum_m U_{md} = 1, \quad \forall d \in D \qquad (8-4)$$

保证每个供应点只能选择一个物资中转站进行中转。

$$\sum_m Z_{sm} = 1, \quad \forall s \in S \qquad (8-5)$$

保证每个供应点和应急物资中转点以及应急物资中转点和需求点之间有且仅有一辆运输工具对其进行服务。

$$\sum_{s \in S} \sum_{m \in M} X_{sm}^k = 1, \quad \forall k \in K \qquad (8-6)$$

$$\sum_{d \in D} \sum_{m \in M} X_{md}^c = 1, \quad \forall c \in C \qquad (8-7)$$

保证只有当备选应急物资中转站启用后，才能提供应急物资中转服务。

$$Z_{sm} - Y_m \leqslant 0, \quad \forall m \in M, \quad \forall s \in S \qquad (8-8)$$

保证只有当备选应急物资中转站启用后，才能提供应急物资配送服务。

$$U_{md} - Y_m \leqslant 0, \quad \forall m \in M, \quad \forall d \in D \qquad (8-9)$$

保证只有应急物资中转站 m 被分配给供应点 s 后，才能采用运输方式 k 完成其中的干线运输服务。

$$(Z_{sm} - 1)q_{sm}^k \geqslant 0, \quad \forall s \in S, \quad \forall m \in M, \quad \forall k \in K \qquad (8-10)$$

保证只有应急物资中转站 m 被分配给需求点 d 后，才能安排车辆 c 提供两者间的配送服务。

$$(U_{md} - 1)q_{ij}^c \geqslant 0, \quad \forall m \in M,$$
$$\forall d \in D, \quad \forall c \in C, \quad \forall i, j \in A \qquad (8-11)$$

2. 能力相关约束

保证可供应物资总量不大于总需求量。

$$\sum_{d \in D} q_d \leqslant \sum_{s \in S} Q_s \qquad (8-12)$$

保证运输工具单次载运量不超过其能力限制。

$$X_{ij}^c \sum_{i, j \in A} q_j \leqslant q_c \cdot q_{ij}^c, \quad \forall c \in C \qquad (8-13)$$

$$X_{sm}^k \cdot Q_s \leqslant q_k \cdot q_{sm}^k, \quad \forall s \in S, \quad \forall m \in M \qquad (8-14)$$

3. 流平衡约束

保证应急物资中转站的流入和流出量平衡。

$$\sum_{s \in S} \sum_{k \in K} q_{sm}^k q_k = \sum_{d \in D} \sum_{c \in C} q_{md}^c q_c, \quad \forall m \in M \qquad (8-15)$$

保证两个应急物资中转站间设有线路。

$$X_{ij}^c = 0, \quad \forall i, j \in M, \quad \forall c \in C \qquad (8\text{-}16)$$

保证每个城市配送车辆从应急物资中转站出发，且在服务结束后回到应急物资中转站。

$$\sum_{i \in M} \sum_{j \in D} X_{ij}^c \leqslant 1, \quad \forall c \in C \qquad (8\text{-}17)$$

$$\sum_{j \in A} X_{ij}^c = \sum_{j \in A} X_{ji}^c, \quad \forall c \in C \qquad (8\text{-}18)$$

保证消除路径中的子回路。

$$r_i^c - r_j^c + N \cdot X_{ij}^c \leqslant N - 1, \quad \forall i, j \in D, \quad \forall c \in C \qquad (8\text{-}19)$$

4. 决策变量相关约束

保证供应点与应急物资中转站、应急物资中转站和需求点之间分配的运输工具数量，以及需求点收到的物资数量不为负。

$$q_{sm}^k, \ q_{md}^c, \ q_d \in N, \quad \forall s \in S, \quad \forall m \in M, \quad \forall d \in D, \quad \forall k \in K, \quad \forall c \in C$$
$$(8\text{-}20)$$

保证决策变量 Y_m，Z_{sm}，U_{md}，X_{sm}^k，X_{ij}^e 为 0-1 变量。

$$Y_m, \ Z_{sm}, \ X_{sm}^k, \ U_{md}, \ X_{ij}^c \in \{0, \ 1\}, \quad \forall s \in S, \quad \forall m \in M,$$
$$\forall d \in D, \quad \forall k \in K, \quad \forall c \in C, \quad \forall i, j \in A \qquad (8\text{-}21)$$

三、算法设计

上节所建立的模型属于典型的 NP-hard 难题，具有多目标、多约束和高复杂性的特点，涉及参数较多，求解过程难度较大，本节选用遗传算法对案例进行求解。

遗传算法（Genetic Algorithm，GA）是一种借鉴生物自然进化规律的随机全局搜索最优解的启发式算法，由美国密歇根大学的 John holland 在二十世纪六七十年代提出。其本质是一种高效、并行、全局搜索的方法，它能在搜索过程中自动获取和积累有关搜索空间的知识，并自适应地控制搜索过程以求得最优解。其基本思路为：采用编码的方式形成潜在的初始可行解集，构成初始种群，种群中的每个个体都是由多个基因（数据）构成的染色体（数据组）。根据适者生存、优胜劣汰的自然生存法则，从初始种群开始逐次迭代，伴随着选择、交叉、变异等遗传操作，产生新的种群。这个过程中，种群向着更加适应环境的方向进化，直到达到给定的迭代次数。末代种群中的最优个体经过解码，成为问题的近似最优解。为了避免违背需求、能力、流平衡等相关约束，满足需求满足、风险、时间等目标函数，同时提高算法的收敛性，在过程中对编码方式、初始解生成方式、选择、变异、重组等步骤进行针对性设计，并结合问题实际增加修复约束步骤。基于遗传算法求解集成应急中转站选址和干支路径优化的应急物资调配模型的整体算法思路如图8-1所示。

具体步骤如下。

1. 编码

使用遗传算法求解问题的第一步就是编码，简捷的编码有助于高效求解问题。针对本节问题选用实数编码的方式来定义染色体，实数编码的染色体是由一串实数构成的数串，数串上的每个实数表示一个参数的值。

由于问题的求解结果由供应点→中转点→需求点路径（体现节点选择和节点访问顺序，此处将从中转点出发陆续访问各个需求点所构成的路径简单视为单回路问题进行处理，实际应用时可结合第七章所提出的末端配送组织方法确定多车辆、有载重限制等复杂条件下的具体路径）、供应点→中转点的联运方式、需求点收到的应急物资数量

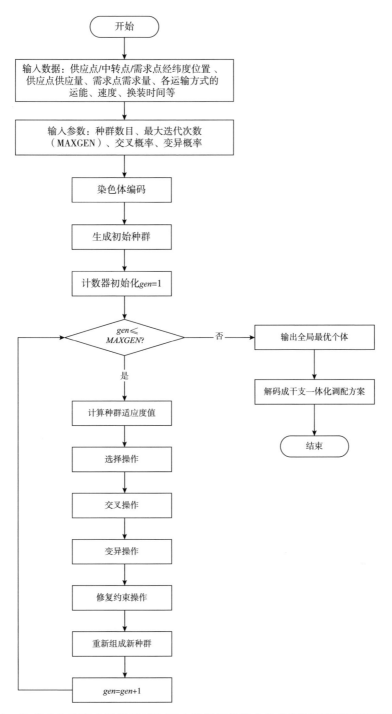

图 8-1 集成应急物资中转站选址和干支路径优化的应急物资调配模型求解算法思路

等构成，选用双层编码形式。第 1 层编码表示节点编号、访问顺序和联运方式；第 2 层编码表示供应量和供给量。如图 8-2 所示，表示供应点 1、2 通过中转点 8、10 向需求点 80、100、90、70 运输应急物资的干线联运方式（242 表示公路运输，243 表示铁路运输）、支线配送路径、数量，即供应点 1 通过公路干线运输向中转点 8 运输 50 吨应急物资，中转点 8 通过公路支线配送依次向需求点 80 和需求点 100 分别配送 20 吨和 30 吨物资；供应点 2 通过铁路干线运输向中转点 10 运输 100 吨应急物资，中转点 10 通过公路支线配送依次向需求点 90 和需求点 70 分别配送 20 吨和 80 吨物资。

	供应点编号	联运方式	中转点编号	需求点编号					
第1层编码	1	242	8	80	100	2	243	10	90	70
第2层编码	50	50	50	20	30	100	100	100	20	80
	供应点的供应量			需求点的供给量					

图 8-2　编码示意

2. 种群初始化

种群由种群数量的个体构成，种群初始化的目标是生成种群数目的个体（即可行初始解），本章的可行初始解受到需求、能力、流平衡、决策变量等相关约束影响，为生成较好的初始种群，本书通过以下三个步骤构建初始种群。

（1）构造第 1 层编码，编码目的为确定各供应点的中转点和需求点，并确定供应点和中转点之间的联运方式、中转点到多需求点的访问顺序。假设存在 a 个供应点，b 个中转点，c 个需求点，k 种干线联运方式，为避免数字含义重复，$1 \sim a$ 表示供应点编号，$(a+1) \sim (a+b)$ 表示中转点编号，$(a+b+1) \sim (a+b+c)$ 表示需求点编号，$(a+b+c+1) \sim (a+b+c+k)$ 表示干线联运方式。首先，将 c 个需求点对应的编号随机分为 a 组，记为需求组 $1 \sim a$；其次，依次为供应点 $1 \sim a$ 随机生成 1 个中转点编号，再从中转点能够选择的干线联运方式中随机选择 1 个联运方式编号，记为供应组 $1 \sim a$；再次，将供应组 $1 \sim a$ 和需求组 $1 \sim a$ 依次对应合并，记为路径 $1 \sim a$；最后，将路径 $1 \sim a$ 按顺序合并为一个数组，得到第 1 层编码。

（2）构造第 2 层编码，编码目的为确定所有需求点的供给量。为保证上下两层编码的数组长度一致，供应点、联运方式、中转点所在位置对应的第 2 层编码也需要编入实数，取值为对应供应点的供应量。需求点的供给量则依次针对路径 $1 \sim a$，分两种情况考虑，若某路径上所有需求点的实际需求量之和小于对应供应点的供应量，取值为需求点实际需求量；反之，用需求点的实际需求量之和与对应供应点的供应量折算到路径缺货比例，取值为路径缺货比例与需求点实际需求量的乘积。

（3）重复前两个步骤，直到生成种群数量的初始解，称之为初始种群。

3. 适应度函数计算

适应度函数是用来判断种群中个体优劣的标准，对于全局搜索的方向具有重要作用，适应度值越高说明该个体越适合生存，对应的优化结果越好。适应度函数的计算方式与求解问题息息相关，对于求解最大值的问题，可以直接采用目标函数作为适应度函数；对于求解最小值问题，可以把目标函数的倒数作为适应度函数。集成应急中转站选址和干支路径优化的应急物资调配问题具有三个目标函数，均为最小值问题，首先选用乘除法将多目标函数转化为单目标函数，再把单目标函数的倒数作为适应度函数，计算公式如式（8-22）所示。

$$fitness = \frac{1}{f_1 \times f_2 \times f_3}$$ （8-22）

4. 二元锦标赛选择操作

选择操作是指选择优良个体作为父代进入下一代进行遗传操作的过程，通常的选择方法有轮盘法、锦标赛法等。本案例选用二元锦标赛法，对父代种群进行两两比较，选择适应度较大的个体，放到子代种群中。假设种群数量为 N，比较需要 N 次循环，每次循环都随机选出两个个体进行比较，然后选择其中适应度更大的个体。新选择出来的个体中可能有重复个体，只保留重复个体中的一个即可。

5. 交叉操作

选择操作形成的子代种群由于基因没有发生改变，适应度值没有得到优化。为使种群向着适应度增大的方向进化，需要通过改变个体上的基因，从而获得适应度增加的机会。改变个体基因的第一步就是进行交叉操作，就是选择两个个体，对两者的片段进行交换。为保证第 1 层编码中依次表示"供应点 1→联运方式→中转点→需求点→供应点 2→联运方式→中转点→需求点→……"的顺序不变，本案例仅选择需求点编码位置的两层编码作为交叉片段，即从 1 ~ a 中随机选择交叉位置 X，将两个个体（A 和 B）的第 X 个供应点对应的需求点所在位置的两层编码分别作为交叉片段 A 和交叉片段 B；将交叉片段 A

插入个体 B 的第 X 个供应点对应的中转点后、需求点前，将交叉片段 B 插入个体 A 的第 X 个供应点对应的中转点后、需求点前；去除交叉后的两个个体中的需求点编号的重复项（去除第 2 次出现位置的两层编码），如图 8-3 所示。

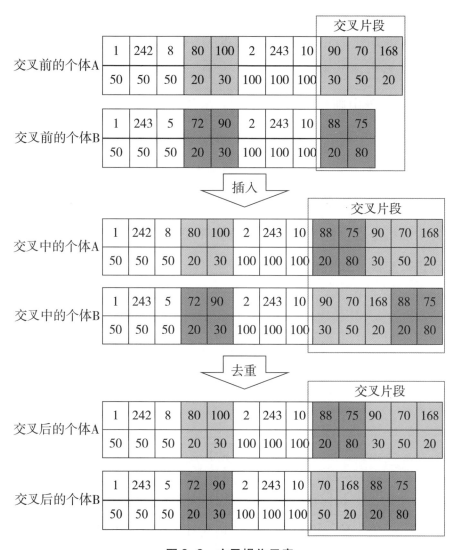

图 8-3 交叉操作示意

6. 变异操作

改变个体基因的第二步就是进行变异操作，自然界中发生变异的概率较小，在种群进化过程中，只是起到辅助作用，但是变异能够增加种群丰富性，避免搜索陷入局部困境。为保证第 1 层编码中依次表示"供应点 1→联运方式→中转点→需求点→供应点 2→联运方式→中转点→需求点→…"的顺序不变，本案例采用依次进行三个步骤完成变异：一是从联运方式、中转点和需求点的编码位置中随机选取位置 X_1；二是判断 X_1 位置编码取值，若为 $(a+b+c+1) \sim (a+b+c+k)$，则从联运方式所在位置中随机选取位置 X_2，若为 $(a+1) \sim (a+b)$，则从中转点所在位置中随机选取位置 X_2，若为 $(a+b+1) \sim (a+b+c)$，则从需求点所在位置中随机选取位置 X_2；三是将位置 X_1 的两层编码和位置 X_2 的两层编码进行交换，如图 8-4 所示。

					变异 片段1				变异 片段2			
变异前的个体	1	242	8	80	100	2	243	10	75	90	70	168
	50	50	50	20	30	100	100	100	80	30	50	20

					变异 片段2				变异 片段1			
变异后的个体	1	242	8	80	75	2	243	10	100	90	70	168
	50	50	50	20	80	100	100	100	30	30	50	20

图 8-4　变异操作示意

7. 修复约束操作

当完成交叉、变异操作后，第 2 层编码可能会出现某供应点供应量与其对应联运方式/中转点位置的第 2 层编码取值不相同或小于其对应需求点的实际供给量之和，为满足需求相关约束，进行修复约束操作，即针对第 1 层编码重新进行第 2 层编码，具体操作参考"2)种群初始化②"。

8. 重组操作

经过上述选择操作、交叉操作和变异操作得到的子代个体数量可能少于种群数量，需要补充一定数量的子代个体，完成对父代种群的更新。本书采用精英保留策略的思想，对父代种群按照适应度进行排序，若子代个体为 n 个，种群数量为 N 个，则选择父代种群中排在前 $(N-n)$ 位的个体，添加到子代种群中。通过上述步骤形成了新的父代种群，作为下一次选择操作的种群。

9. 遗传终止操作

迭代次数达到设定的最大迭代次数时，输出末代种群的最优解，遗传算法终止。

第五节　疫情期间北京市封控区生活应急物资全程运输组织实例分析

一、案例背景介绍

本节以北京市某区为实例，面向 2022 年 5 月 C 区疫情封控状态下的生活物资保供需求，开展应急物资中转点选址和路径优化应用研究。C 区位于北京市主城区中南部，总面积 470.8 平方千米，下辖 24 个街道、217 个社区。封控状态下居民基本生活物资的供给面临严峻挑战。

在数据采集方面，选取河北省面向京津冀保供设立的 17 家应急物资中转调运站为候选中转点。选取新发地全国 7 个分市场为物资供应点，这些分市场在疫情期间为北京生活物资保供贡献了重要力量。以 C 区 217 个社区为需求点，社区数据来源于中国社区网。供应点、中转点和需求点的位置数据来源于百度地图。人均生活物资需求量参考相关论文取值为 1.78 千克/人·日。供应点与中转站之间可以通过公路、铁路、航空等方式联通，中转站与需求点间通过 7.5 吨载重的城市配送车辆服务。

封控状态下，来自各个供应点的生活物资需要选择合适运输方式运抵北京周边，同时需要选择合适的中转站进行中转作业，再由市内配送车辆将物资送抵社区。需要解决的问题包括以下几个方面。

（1）确定启用的应急中转点位置及数量。

（2）确定供应点与中转站以及中转站与需求点之间的服务关系。

（3）确定运输车辆、配送车辆的数量及匹配关系。

要求以疫情风险最小化和运输时效最快为目标，从备选应急物资中转点中选择最佳位置，选择供应点到中转点的运输方式，并安排城市配送车辆从中转点出发，访问所有需求点后返回中转点。

二、参数设定

案例包括 7 个供应点、17 个中转点、217 个需求点和 3 种干线运输方式（公路、铁路、航空），求解时需要输入的参数主要包括点相关参数、运输相关参数、遗传算法相关参数。其中点相关参数包括供应点、中转点、需求点相关参数，如表8-2、表8-3、表8-4所示；运输相关参数包括干线运输方式和配送方式的相关参数，如表8-5所示；遗传算法相关参数如表8-6所示。

表8-2　　　　　　　　　　供应点相关参数取值

供应点编号	供应点名称	纬度（度）	经度（度）	供给量（吨）
1	赤峰	42.0321	119.27	800
2	高碑店	39.35223	115.8978	1000
3	日照	35.22457	119.3893	1000
4	北京	39.86857	116.2876	500
5	资中	29.75	104.8467	500
6	兰考	34.88909	114.8597	400
7	亳州	33.24791	116.5246	400

表8-3　　　　　　　　　　中转点相关参数取值

中转点编号	中转点名称	纬度（度）	经度（度）	铁路联通情况	航空联通情况
8	河北新发地农副产品物流园	39.352256	115.897975	1	0
9	京雄保国际智慧物流园	38.811523	115.51659	1	0
10	保定陆港国际物流园	38.953928	115.44166	0	0
11	北国高科技物流产业园	38.034512	114.70237	0	0
12	城通联众物流园	39.92506	116.539667	0	0
13	唐山公路港物流园区	39.795866	118.109538	1	0
14	国际凤凰物流电商产业园	39.805233	116.729523	1	0

中转点编号	中转点名称	纬度（度）	经度（度）	铁路联通情况	航空联通情况
15	张家口龙辰博鳌商贸物流园	40.790849	114.804258	0	0
16	承德国际商贸物流园区	41.013477	117.821927	0	0
17	邯郸国际陆港	36.561182	114.451234	1	1
18	普洛斯廊坊龙河物流园	39.463544	116.780626	1	0
19	河北宝信物流园区	37.372988	114.792154	0	0
20	秦皇岛首秦配送物流园	39.526057	119.078977	1	0
21	衡水深州安华物流园	37.990878	115.537612	0	0
22	沧州传化物流园区	38.344124	116.910675	1	0
23	北方（定州）循环经济示范园区京津冀环保物流园	38.386494	114.953744	0	0
24	辛集保税物流中心	37.950374	115.197418	1	0

表 8-4　　　　　　　　需求点相关参数取值

需求点	纬度（度）	经度（度）	需求量（吨）	需求点	纬度（度）	经度（度）	需求量（吨）
25	39.978265	116.41177	32.04	35	39.923325	116.48828	16.38
26	39.979189	116.39456	14.24	36	39.921095	116.48552	8.54
27	40.000563	116.3884	2.56	37	39.921095	116.48552	15.31
28	40.032968	116.41949	10.68	38	39.92401	116.51845	8.54
29	40.006495	116.38404	28.84	39	39.918642	116.51432	12.46
30	40.006759	116.39001	2.94	40	39.915243	116.48854	4.81
31	39.926095	116.51014	40.94	41	39.936078	116.5886	16.02
32	39.919325	116.49886	23.14	42	39.93205	116.44499	16.02
33	39.923956	116.50551	23.5	43	39.927413	116.45165	2.67
34	39.924889	116.48645	5.34	44	39.925379	116.45555	16.02

需求点	纬度（度）	经度（度）	需求量（吨）	需求点	纬度（度）	经度（度）	需求量（吨）
45	39. 926311	116. 45468	3. 56	72	39. 921829	116. 52603	5. 64
46	39. 933847	116. 44644	8. 90	73	39. 926375	116. 44956	23. 14
47	39. 993556	116. 49667	106. 80	74	39. 957697	116. 33898	67. 09
48	39. 98359	116. 4895	80. 10	75	39. 927473	116. 54897	6. 23
49	40. 00649	116. 46398	4. 27	76	39. 915902	116. 51347	21. 36
50	40. 006893	116. 4126	7. 12	77	39. 919339	116. 59505	124. 60
51	40. 013682	116. 40794	26. 70	78	39. 922593	116. 58818	32. 04
52	40. 013682	116. 40794	26. 70	79	39. 916372	116. 607	12. 56
53	39. 99649	116. 42901	4. 27	80	39. 903631	116. 60521	11. 93
54	40. 006893	116. 4126	7. 12	81	39. 915757	116. 62138	11. 93
55	40. 017322	116. 4411	14. 93	82	39. 922017	116. 62752	30. 62
56	40. 00499	116. 41826	21. 03	83	39. 913105	116. 60703	2. 00
57	40. 005742	116. 41903	199. 36	84	39. 900019	116. 59278	2. 00
58	40. 007721	116. 42969	26. 70	85	39. 845107	116. 45096	26. 57
59	39. 968956	116. 56192	81. 17	86	39. 906153	116. 61352	40. 05
60	39. 954475	116. 55415	8. 90	87	39. 910397	116. 62257	6. 54
61	39. 930721	116. 44528	1. 99	88	39. 90877	116. 6149	2. 00
62	39. 973866	116. 54794	2. 24	89	39. 908015	116. 59246	3. 64
63	39. 967772	116. 53915	33. 64	90	39. 910558	116. 59336	6. 41
64	39. 93938	116. 50515	160. 20	91	39. 881314	116. 51448	6. 05
65	39. 940338	116. 51043	5. 34	92	39. 919766	116. 59164	42. 72
66	39. 935375	116. 50643	2. 40	93	39. 924877	116. 60337	12. 82
67	39. 916449	116. 53079	18. 69	94	39. 961384	116. 43743	18. 51
68	39. 921832	116. 5216	14. 38	95	39. 89122	116. 57008	8. 65
69	39. 922284	116. 52013	10. 68	96	39. 89122	116. 57008	8. 65
70	39. 92104	116. 52343	11. 93	97	39. 930717	116. 46186	19. 22
71	39. 926375	116. 44956	18. 16	98	39. 923139	116. 45985	21. 36

续表

需求点	纬度（度）	经度（度）	需求量（吨）	需求点	纬度（度）	经度（度）	需求量（吨）
99	39.927528	116.48343	8.01	126	39.971005	116.49725	19.05
100	39.923526	116.4748	6.59	127	40.058534	116.42199	21.36
101	39.922865	116.47936	24.21	128	40.036008	116.44591	12.46
102	39.927828	116.47359	77.31	129	40.045572	116.43053	15.31
103	40.055969	116.60228	32.04	130	40.045364	116.43453	13.88
104	40.055884	116.59954	21.36	131	40.051031	116.42803	6.41
105	40.055091	116.59827	24.92	132	40.050742	116.42964	19.22
106	40.049671	116.60327	8.54	133	40.049229	116.41958	21.36
107	39.916772	116.45621	16.02	134	40.048779	116.43367	6.94
108	39.97819	116.4909	106.8	135	39.913155	116.64071	4.63
109	39.975849	116.48897	55.18	136	39.915589	116.64837	4.63
110	39.97434	116.49276	204.70	137	39.915175	116.64825	3.03
111	39.980991	116.51371	58.74	138	40.054743	116.41378	11.93
112	39.889387	116.45908	10.68	139	39.931677	116.49242	7.30
113	39.889032	116.46133	16.91	140	39.928796	116.50961	19.22
114	39.890625	116.46779	11.57	141	39.931692	116.50617	32.04
115	39.888029	116.47097	11.75	142	39.933766	116.4879	141.41
116	39.890625	116.46779	19.58	143	39.927909	116.50523	12.10
117	39.887848	116.47607	16.02	144	39.934983	116.48314	18.16
118	39.898625	116.49699	10.50	145	39.935282	116.51187	21.36
119	39.889032	116.46133	13.71	146	39.931901	116.51255	10.32
120	39.887361	116.4821	8.01	147	39.952671	116.4772	16.02
121	39.969771	116.49657	24.03	148	39.950655	116.47936	13.53
122	39.971622	116.50804	37.38	149	39.941371	116.47219	10.54
123	39.982311	116.50586	88.11	150	39.873786	116.48147	39.16
124	39.966096	116.49844	32.04	151	39.875393	116.48638	16.02
125	39.985788	116.49488	58.21	152	39.873927	116.501	17.97

需求点	纬度（度）	经度（度）	需求量（吨）	需求点	纬度（度）	经度（度）	需求量（吨）
153	39.886447	116.48604	128.16	180	39.926375	116.44956	32.04
154	39.880939	116.45866	15.49	181	39.926375	116.44956	78.32
155	39.880418	116.45556	6.41	182	39.880384	116.57053	35.60
156	39.879146	116.46573	10.68	183	39.911007	116.56958	6.23
157	39.884256	116.46385	12.82	184	39.851914	116.51449	11.75
158	39.880371	116.47675	21.36	185	39.917067	116.55572	140.01
159	39.878974	116.48139	37.38	186	39.945232	116.45386	2.31
160	39.885552	116.45768	37.38	187	39.984813	116.44903	2.31
161	39.878885	116.47237	21.36	188	39.902533	116.47336	6.59
162	39.883553	116.47899	27.77	189	39.902664	116.46702	32.04
163	39.924733	116.45777	21.36	190	39.902533	116.47336	3.56
164	39.882556	116.46678	9.08	191	39.902533	116.47336	3.56
165	39.896272	116.45323	35.24	192	39.902533	116.47336	3.56
166	39.88474	116.48044	5.34	193	39.894662	116.4614	21.48
167	39.896029	116.61156	10.98	194	39.896391	116.46511	21.48
168	39.928508	116.5359	8.54	195	39.932803	116.47664	10.68
169	39.934842	116.52967	8.54	196	39.937281	116.47041	17.80
170	39.939628	116.5196	26.70	197	39.937281	116.47041	4.27
171	39.922127	116.55585	13.35	198	39.937281	116.47041	4.81
172	39.937317	116.52254	9.08	199	39.932803	116.47664	4.09
173	39.919563	116.55618	58.74	200	39.910415	116.52819	4.81
174	39.929435	116.56479	9.61	201	39.993495	116.48865	3.92
175	39.925534	116.56038	8.19	202	39.988526	116.46351	5.87
176	39.928398	116.51182	19.58	203	39.985654	116.47226	22.43
177	39.926375	116.44956	26.7	204	40.002528	116.47855	24.92
178	39.919212	116.57555	16.02	205	40.000929	116.48173	7.48
179	39.909423	116.58113	48.06	206	39.999143	116.49469	24.56

续表

需求点	纬度（度）	经度（度）	需求量（吨）	需求点	纬度（度）	经度（度）	需求量（吨）
207	40.006594	116.47216	30.26	225	39.987716	116.4269	5.52
208	40.004546	116.46389	16.02	226	39.990858	116.42646	23.14
209	40.004342	116.46663	19.58	227	39.992247	116.42241	4.98
210	39.994999	116.47983	16.02	228	39.985646	116.39235	44.50
211	39.994969	116.47717	17.44	229	39.990399	116.3917	59.63
212	39.989835	116.4739	24.92	230	39.986867	116.38992	2.67
213	39.984871	116.47728	1.78	231	39.995715	116.38614	21.00
214	39.990198	116.47325	17.8	232	39.998682	116.38945	5.52
215	39.993892	116.46697	10.68	233	39.991302	116.41605	21.36
216	39.996207	116.4666	10.68	234	40.005434	116.40702	13.35
217	40.004546	116.46389	8.01	235	39.991302	116.41605	10.86
218	39.971321	116.45342	10.68	236	39.958161	116.46379	5.70
219	39.967596	116.44535	16.02	237	39.954573	116.4634	5.70
220	39.972194	116.44454	10.68	238	39.954071	116.45334	8.96
221	39.968196	116.44706	10.68	239	39.962875	116.44989	8.01
222	39.959164	116.44471	3.74	240	39.9575	116.45884	4.81
223	39.961465	116.44263	3.74	241	39.971497	116.45855	18.69
224	39.988086	116.42255	33.82	—	—	—	—

表 8-5 运输方式相关参数取值

参数含义		取值
干线联运方式	公路运输对应编码	242
	铁路运输对应编码	243
	航空运输对应编码	244
	公路单次可装载容量（吨/车）	20

续表

参数含义		取值
干线联运方式	铁路单次可装载容量（吨/车）	1500
	航空单次可装载容量（吨/飞机）	50
	公路速度（千米/小时）	100
	铁路速度（千米/小时）	75
	航空速度（千米/小时）	300
	公路换装为城市配送车辆的时间（小时）	0.2
	铁路换装为城市配送车辆的时间（小时）	1
	航空换装为城市配送车辆的时间（小时）	0.5
支线配送方式	城市配送车辆单次可装载容量（吨/车）	7.5
	城市配送车辆速度（千米/小时）	30

表 8-6　　　　　　　　　　遗传算法相关参数取值

参数含义	取值
种群大小	200
迭代次数	500
交叉概率	0.9
变异概率	0.1

三、结论分析

基于上述参数，利用 MATLAB R2021b 进行求解。集成应急中转站选址和干支路径优化的应急物资调配问题的求解目的是以目标函数为导向实现：路径问题求解（确定各供应点的中转点和需求点、确定供应点和中转点之间的联运方式、确定中转点到多需求点的访问顺序）和分配问题（确定所有需求点的供给量）。因此，下面从目标函数求解结果、干支路径求解结果、物资分配求解结果三方面分析本章模型与算法的可用性。

（一）目标函数求解结果

案例求解的迭代曲线如图 8-5 所示，从图中可以看出，案例求解结果沿着三个目标函数乘积最小的方向不断优化，说明求解算法对该问题具有较好的优化效果。在迭代次数为 500 的条件下，最优解的三个目标函数乘积为 9380660.288，三个目标函数值则如表 8-7 所示，其中：需求满足目标说明所有需求点的缺货量之和为 438.1832 吨；风险目标说明选中的应急中转站数量为 3 个；时间目标说明所有供应点到中转点间的时间、中转点到需求点间的时间以及中转点换装时间之和为 7136.03 小时。

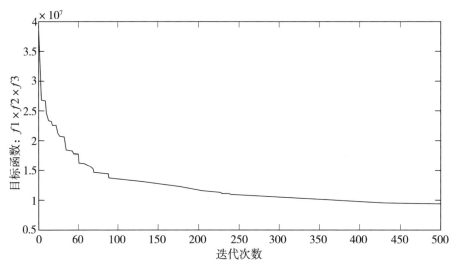

图 8-5　遗传算法迭代曲线

表 8-7　　　　　　　　　　　目标函数求解结果

目标函数	取值
需求满足目标（吨）	438.1832
风险目标（个）	3
时间目标（小时）	7136.03

（二）干支路径求解结果

应急物资干支调配路径情况如图 8-6 和表 8-8 所示，从表中来看，供应点 1~7 都对干线联运方式、中转点、需求点等做出了选择，实现了应急物资干支调配路径规划。从干线联运方式来看，供应点 1~7 分别选择了铁路、公路、铁路、公路、铁路、公路、公路的干线运输方式，说明本章构建的模型与算法能够实现多式联运方式的选

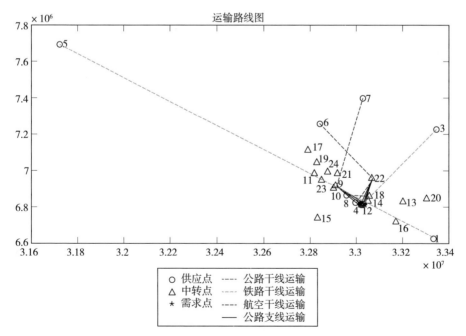

图 8-6　应急物资干支调配支线路径（路径 6）

择；从中转点来看，最终选择的中转点为 9、18 和 22，数量少于 7 个，说明本章构建的模型与算法能够有效降低作业风险；从需求点来看，217 个需求点均被分配成了供应点和中转点，能够实现物资的有效配给，且为中转点向多需求点的物资配送确定了配送路径，即从中转点出发按照从上至下的顺序访问需求点，最终再回到中转点。以供应点 6 的应急物资为例，通过公路运输到达中转点 22 的应急物资用城市配送车辆按照 "路径 22→102→109→130→133→25→47→80→118→199→181→193→22" 完成面向需求点的物资配送，结合第七章所提出的末端配送组织方法进一步求解支线路径，路径 6 如图 8-6 所示。

表 8-8 应急物资干支调配路径情况

类别	路径 1	路径 2	路径 3	路径 4	路径 5	路径 6	路径 7
供应点	赤峰	高碑店	日照	北京	资中	兰考	亳州
联运方式	铁路	公路	铁路	公路	铁路	公路	公路
中转点	河北新发地农副产品物流园	普洛斯廊坊龙河物流园	普洛斯廊坊龙河物流园	沧州传化物流园区	河北新发地农副产品物流园	沧州传化物流园区	河北新发地农副产品物流园
需求点	81	116	151	83	96	102	189
	135	115	95	137	45	109	34
	179	165	167	79	152	130	149
	44	37	87	148	185	133	198
	197	136	103	110	196	25	212
	94	82	57	64	203	47	142

类别	路径 1	路径 2	路径 3	路径 4	路径 5	路径 6	路径 7
	61	206	60	209	38	80	71
	108	208	63	228	75	118	56
	111	214	52	235	162	199	28
	68	128	53	30	150	181	170
	139	55	207	114	99	193	161
	195	213	217	112	190	—	117
	147	205	241	98	121	—	192
	97	219	202	173	194	—	74
	40	141	201	89	100	—	127
	157	35	129	168	107	—	62
	120	31	227	—	26	—	50
需求点	164	146	58	—	230	—	234
	33	145	222	—	105	—	132
	78	223	236	—	106	—	—
	84	163	204	—	104	—	—
	88	43	211	—	224	—	—
	178	186	218	—	113	—	—
	172	240	220	—	154	—	—
	183	51	160	—	85	—	—
	59	131	155	—	—	—	—
	159	138	77	—	—	—	—
	191	134	41	—	—	—	—
	39	216	200	—	—	—	—
	184	210	140	—	—	—	—

类别	路径 1	路径 2	路径 3	路径 4	路径 5	路径 6	路径 7
	182	66	32	—	—	—	—
	175	176	86	—	—	—	—
	91	65	92	—	—	—	—
	177	180	69	—	—	—	—
	238	119	101	—	—	—	—
	225	188	144	—	—	—	—
	123	153	36	—	—	—	—
	174	93	215	—	—	—	—
	72	90	49	—	—	—	—
	76	229	221	—	—	—	—
	70	27	29	—	—	—	—
	171	226	233	—	—	—	—
需求点	169	232	73	—	—	—	—
	67	239	46	—	—	—	—
	158	124	237	—	—	—	—
	—	122	231	—	—	—	—
	—	143	—	—	—	—	—
	—	156	—	—	—	—	—
	—	166	—	—	—	—	—
	—	42	—	—	—	—	—
	—	54	—	—	—	—	—
	—	187	—	—	—	—	—
	—	48	—	—	—	—	—
	—	126	—	—	—	—	—
	—	125	—	—	—	—	—

（三）物资分配求解结果

应急物资干支调配数量情况如表 8-9 所示，从各个需求点分别获得的应急物资来看，由相同供应点和中转点供给应急物资的需求点缺货比例相同，供给点 4 通过中转点 22 完成应急物资配送的需求点缺货比例最高，达到 15.03%；其他需求点的缺货比例均低于 15%，总体看来应急物资供给水平较高。从所有需求点总共获得的应急物资来看，需求点获得应急物资之和为 4600 吨，与所有供应点的供应量之和相等，这说明供应点的应急物资全部运输到需求点，供给效率较好。

表 8-9　　　　　　　　应急物资干支调配数量情况

需求点编号	实际需求量（吨）	实际供给量（吨）	缺货比例（%）	需求点编号	实际需求量（吨）	实际供给量（吨）	缺货比例（%）
25	32.04	29.28	8.61	37	15.31	14.29	6.63
26	14.24	13.28	6.78	38	8.54	7.97	6.78
27	2.56	2.39	6.63	39	12.46	11.12	10.72
28	10.68	9.15	14.34	40	4.81	4.29	10.72
29	28.84	27.68	4.00	41	16.02	15.38	4.00
30	2.94	2.50	15.03	42	16.02	14.96	6.63
31	40.94	38.22	6.63	43	2.67	2.49	6.63
32	23.14	22.21	4.00	44	16.02	14.30	10.72
33	23.50	20.98	10.72	45	3.56	3.32	6.78
34	5.34	4.57	14.34	46	8.90	8.54	4.00
35	16.38	15.29	6.63	47	106.80	97.60	8.61
36	8.54	8.20	4.00	48	80.10	74.79	6.63

续表

需求点编号	实际需求量（吨）	实际供给量（吨）	缺货比例（%）	需求点编号	实际需求量（吨）	实际供给量（吨）	缺货比例（%）
49	4.27	4.10	4.00	73	23.14	22.21	4.00
50	7.12	6.10	14.34	74	67.09	57.47	14.34
51	26.70	24.93	6.63	75	6.23	5.81	6.78
52	26.70	25.63	4.00	76	21.36	19.07	10.72
53	4.27	4.10	4.00	77	124.60	119.61	4.00
54	7.12	6.65	6.63	78	32.04	28.61	10.72
55	14.93	13.94	6.63	79	12.56	10.67	15.03
56	21.03	18.01	14.34	80	11.93	10.90	8.61
57	199.36	191.38	4.00	81	11.93	10.65	10.72
58	26.70	25.63	4.00	82	32.62	30.46	6.63
59	81.17	72.47	10.72	83	2.00	1.70	15.03
60	8.90	8.54	4.00	84	0.00	0.00	0.00
61	1.99	1.78	10.72	85	26.57	24.77	6.78
62	2.24	1.92	14.34	86	40.05	38.45	4.00
63	33.64	32.30	4.00	87	8.54	8.20	4.00
64	160.20	136.13	15.03	88	0.00	0.00	0.00
65	5.34	4.99	6.63	89	3.64	3.09	15.03
66	2.40	2.24	6.63	90	6.41	5.98	6.63
67	18.69	16.69	10.72	91	6.05	5.40	10.72
68	14.38	12.84	10.72	92	42.72	41.01	4.00
69	10.68	10.25	4.00	93	12.82	11.97	6.63
70	11.93	10.65	10.72	94	18.51	16.53	10.72
71	18.16	15.55	14.34	95	8.65	8.30	4.00
72	5.64	5.04	10.72	96	8.65	8.06	6.78

需求点编号	实际需求量（吨）	实际供给量（吨）	缺货比例（%）	需求点编号	实际需求量（吨）	实际供给量（吨）	缺货比例（%）
97	19.22	17.16	10.72	121	24.03	22.40	6.78
98	21.36	18.15	15.03	122	37.38	34.90	6.63
99	8.01	7.47	6.78	123	88.11	78.67	10.72
100	6.59	6.14	6.78	124	32.04	29.92	6.63
101	24.21	23.24	4.00	125	58.21	54.35	6.63
102	77.31	70.65	8.61	126	19.05	17.78	6.63
103	32.04	30.76	4.00	127	21.36	18.30	14.34
104	21.36	19.91	6.78	128	12.46	11.63	6.63
105	24.92	23.23	6.78	129	15.31	14.70	4.00
106	8.54	7.97	6.78	130	13.88	12.69	8.61
107	16.02	14.93	6.78	131	6.41	5.98	6.63
108	106.80	95.35	10.72	132	19.22	16.47	14.34
109	55.18	50.43	8.61	133	21.36	19.52	8.61
110	204.70	173.94	15.03	134	6.94	6.48	6.63
111	58.74	52.44	10.72	135	4.63	4.13	10.72
112	10.68	9.08	15.03	136	4.63	4.32	6.63
113	16.91	15.76	6.78	137	3.03	2.57	15.03
114	11.57	9.83	15.03	138	11.93	11.14	6.63
115	11.75	10.97	6.63	139	7.30	6.52	10.72
116	19.58	18.28	6.63	140	19.22	18.45	4.00
117	16.02	13.72	14.34	141	32.04	29.92	6.63
118	10.50	9.60	8.61	142	141.41	121.14	14.34
119	13.71	12.80	6.63	143	12.10	11.30	6.63
120	8.01	7.15	10.72	144	18.16	17.43	4.00

需求点编号	实际需求量（吨）	实际供给量（吨）	缺货比例（%）	需求点编号	实际需求量（吨）	实际供给量（吨）	缺货比例（%）
145	21.36	19.94	6.63	169	8.54	7.63	10.72
146	10.32	9.64	6.63	170	26.70	22.87	14.34
147	16.02	14.30	10.72	171	13.35	11.92	10.72
148	13.53	11.50	15.03	172	9.08	8.10	10.72
149	10.54	9.03	14.34	173	58.74	49.91	15.03
150	39.16	36.51	6.78	174	9.61	8.58	10.72
151	16.02	15.38	4.00	175	8.19	7.31	10.72
152	17.97	16.76	6.78	176	19.58	18.28	6.63
153	128.16	119.66	6.63	177	26.70	23.84	10.72
154	15.49	14.44	6.78	178	16.02	14.30	10.72
155	6.41	6.15	4.00	179	48.06	42.91	10.72
156	10.68	9.97	6.63	180	32.04	29.92	6.63
157	12.82	11.44	10.72	181	78.32	71.57	8.61
158	21.36	19.07	10.72	182	35.60	31.78	10.72
159	37.38	33.37	10.72	183	6.23	5.56	10.72
160	37.38	35.88	4.00	184	11.75	10.49	10.72
161	21.36	18.30	14.34	185	140.01	130.53	6.78
162	27.77	25.89	6.78	186	2.31	2.16	6.63
163	21.36	19.94	6.63	187	2.31	2.16	6.63
164	9.08	8.10	10.72	188	6.59	6.15	6.63
165	35.24	32.90	6.63	189	32.04	27.45	14.34
166	5.34	4.99	6.63	190	3.56	3.32	6.78
167	10.98	10.54	4.00	191	3.56	3.18	10.72
168	8.54	7.26	15.03	192	3.56	3.05	14.34

需求点编号	实际需求量（吨）	实际供给量（吨）	缺货比例（％）	需求点编号	实际需求量（吨）	实际供给量（吨）	缺货比例（％）
193	21.48	19.63	8.61	218	10.68	10.25	4.00
194	21.48	20.03	6.78	219	16.02	14.96	6.63
195	10.68	9.54	10.72	220	10.68	10.25	4.00
196	17.80	16.59	6.78	221	10.68	10.25	4.00
197	4.27	3.81	10.72	222	3.74	3.59	4.00
198	4.81	4.12	14.34	223	3.74	3.49	6.63
199	8.90	8.13	8.61	224	33.82	31.53	6.78
200	0.00	0.00	0.00	225	5.52	4.93	10.72
201	3.92	3.76	4.00	226	23.14	21.61	6.63
202	5.87	5.64	4.00	227	4.98	4.78	4.00
203	22.43	20.91	6.78	228	44.50	37.81	15.03
204	24.92	23.92	4.00	229	59.63	55.68	6.63
205	7.48	6.98	6.63	230	2.67	2.49	6.78
206	24.56	22.93	6.63	231	21.00	20.16	4.00
207	30.26	29.05	4.00	232	5.52	5.15	6.63
208	16.02	14.96	6.63	233	21.36	20.50	4.00
209	19.58	16.64	15.03	234	13.35	11.44	14.34
210	16.02	14.96	6.63	235	10.86	9.23	15.03
211	17.44	16.75	4.00	236	5.70	5.47	4.00
212	24.92	21.35	14.34	237	5.70	5.47	4.00
213	1.78	1.66	6.63	238	8.96	8.00	10.72
214	17.80	16.62	6.63	239	8.01	7.48	6.63
215	10.68	10.25	4.00	240	4.81	4.49	6.63
216	10.68	9.97	6.63	241	18.69	17.94	4.00
217	8.01	7.69	4.00	—	—	—	—

总的来看，本章所构建模型与算法能够在突发公共卫生事件发生且应急物资短缺的情况下，实现应急物资的中转站选址和干支调配，为应急物资的供给地选择合适的中转地和联运方式，并确定需求地应急物资来源，尽可能快、尽可能多地满足所有需求地的应急物资需求。未来，可以针对突发公共卫生事件下应急物资干支一体化调配的实际情况，进一步细化对全程运输路径的量化描述，并就事件发生的不同阶段、更广泛的需求场景等方面进一步优化。

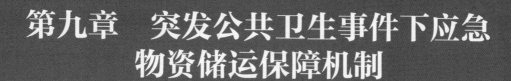

第九章 突发公共卫生事件下应急物资储运保障机制

突发公共卫生事件导致的应急物流需求具有不确定性、紧缺性、时效性、专业性等基本特征。快速有效地供应其所需的各类应急物资，是应急物流工作的核心，需要建立一套专业高效的应急物资储运保障机制。面对我国人民对美好生活的向往及由此产生的应急物流高质量运行需求，除了构建储运一体化的技术体系，还应着力在以下方面加强保障。

第一节　完善"平时"应急物资储运组织管理

突发公共卫生事件的特性要求我们构建完善的应急综合响应机制，坚持平急结合的原则，重视"平时"应急物资储运组织管理，才能在关键时刻拿得出、调得快、用得上。

一、建立一套专业高效的应急物流响应机制

首先，应建立健全多部门联动、多方式协同、多主体参与的应急综合响应协调机制，本着实用为先原则，确定主管或牵头部门，吸纳相关行业协会、主体企业的运输物流专业人士常态参与各类突发事件的应急综合响应工作，提高应急物流现实运行的高效性。

其次，应根据应急物流需求的不确定性和时效性特征，坚持平急

结合原则，制定详细的分级分类突发公共事件应急预案运行体系，明确应急响应主体与启动条件，完善应急指挥流程及各部门职责分工，快速、有序、高效开展各项工作，做到急而不慌、忙而不乱。

最后，健全相关法规标准与政策。建立应急物流动员征用、经济补偿等方面实施规范和操作程序，发挥行业协会与科研院校的组织作用，牵头制定行业标准，协助政府制定相关行业政策。建立应急物资保障资金支持法律政策和常态工作机制，防止以往"出事出钱、没事没钱"的现象重演，切实做到平急结合、以平保急。

二、构建体系完备、结构合理、布局优化、规模适度的应急物资仓储体系

完善应急物资储备节点空间布局与网络建设。针对现有中央、省、市、县、乡五级救灾物资储备体系的基础上，加强对各区域突发事件发生频率、强度与物资需求分析，优化应急物流节点空间布局，确定处于不同层级应急物资储备节点的空间适宜地区以及各节点可以服务的覆盖范围；充分利用国家物流枢纽、优秀物流园区、专业化运输场站等存量设施，加快应急物流功能提升与设施设备专业化改造，明确物流枢纽节点开展应急物流的建设标准，推进应急物流设施网络化建设，审慎推进新建节点，防止一哄而起、重复浪费。重视对网络资源的利用，通过优化仓储节点与需求点的服务指派关系，提升静态设施网络的动态服务能力，更好应对突发公共卫生风险。

三、建立新型应急物资储备模式体系

建立多广度应急物资储备体系。在建设多层级应急物资储备体系

时，可以向政府、社会、企业、家庭一体化储备的方向发展，实现专业化与社会化的结合。构建以政府储备为核心、社会力量储备为补充、家庭储备为前端、生产企业代储的多维度应急物资储备体系。由政府负责重要且专业的物资储备，社会负责小部分生活物资和大部分救援物资储备，家庭则储备相应自我救助和应急防护物资。

建立多类型应急物资储备体系。在此次重大疫情过程中，反映出了我国的应急物资保障体系在公共卫生应急投入、相关医疗物资既有储备、产能储备等方面均存在短板。由于突发公共卫生事件危害范围和程度存在不确定性，不可能所有卫生应急物资均以实物形式储备，因此需要将物资储备根据其特性和实际情况分为实物、协议、生产能力三种形式。如对较为稀缺的卫生应急物资建议采用实物储备形式，经常使用的应急物资则可适量储备实物，有效期短、储备数量大、市场供应充足的应急物资可以采用商业运作模式即协议储备形式，委托医药企业储备或要求相关企业保持一定量的商业储备。

第二节　加强"急时"物资紧急运输保通保畅

在突发公共卫生事件暴发后，需要紧急运输应急物资，以满足衣、食、住、行、医、救等各方面需求，否则易影响处置实效，引发恐慌甚至产生次生灾害等复杂局面。在疫情防控和城市管理过程中，部分地区针对运输物流设卡检查，一定程度上导致运输投送低效无序，影响了物资保供时效性，把本不紧急的物资需求给拖延成了紧急需求，从而增加了疫情防控的复杂性。究其原因，在于我国综合运输结构不平衡、各种运输方式在应急物流双保双稳中的比较优势发挥不充分，因此亟须在以下方面加强改善。

一、提高综合运输及多式联运在应急物流中的协同运作效率

必须突出综合运输及多式联运在应急救援、双保双稳中的重要作用。要科学发挥各种运输方式的比较优势，针对保供规模，在远程投送中充分发挥铁路和航空的优势。铁路拥有完善运输网络和遍布全国的货运场站，丰富的物流资源是铁路高效服务应急物流的保证。同时，铁路运输具有全天候、大运量、长距离、快时效、低成本等优势，因其运输组织特点无须人员接触而在疫情防控中具备突出适应性优势，若适当调整机车交路还能实现省界接续运输，满足不同地区的健康码检测要求。加之长期发展所形成的半军事化管理机制使得铁路能在短时间内集中力量完成运输任务，因此应进一步突出铁路在应急运输中的核心地位。航空运输具有迅捷高效优势，在保障医护人员、医疗物资等重大紧急运输中具有不可替代的作用。而在末端投送中，应发挥公路机动灵活、可以"门到门"、便于属地化管理的比较优势，完成应急物流"最后一公里"。从而形成"外集内配、绿色联运"的应急运输组织模式，在高效满足应急物流需求的同时，还有利于实现经济性和绿色化的目标，为新时代应急物流高质量运行提供基础。

二、全力保障应急物资货运物流通道畅通

一是要加强应急运输集中统一调度指挥，成立应急运输物流集中

调度指挥中心、搭建政企联通的紧急运输调度指挥平台，统筹调配人、车、货、场、路等各种资源力量，合理调度公路、铁路、水路、航空、管道等各种运输方式，实现无缝对接，可分区域设置若干调度分中心，提高应急物资运输投送的调度管控与运作水平，实现应急物流供需精准匹配。

二是要不断完善多种运输方式中转换装设施建设，在国家物流枢纽、物流园区和交通运输场站港站建设中，明确铁路专用线的引入和必要航空起降投送设施配置，统一标准，提高应急中转、干支衔接效率。

三是需要建立应急运输绿色通道机制，简化有关行政手续，打破行政垄断及地区封锁，促进跨部门、跨地区、跨行业的应急物资储运保通保畅、稳产稳链以及信息资源交互共享，提高应急物流的运作效率。

第三节　推动跨区域一体化
应急物资储运合作

公共突发事件种类众多，不同的公共突发事件影响范围不同、需求差异较大。近年来，我国大城市迅猛发展，生产要素更加集聚，产业链、供应链日趋复杂，生产生活空间高度关联，增加了应急物流的难度。因此需要快速推动跨区域一体化的应急物资储运合作。区域间应急物资储运合作需要从系统储备规划、信息互联共享、资源集约利用和应急响应协同等维度有序展开，努力构建适应区域协调发展和公共安全形势需要的跨区域应急管理合作格局。

一、系统储备规划

应急物资的系统储备规划是实施跨区域应急联动的关键。首先，要通过风险分析确定各地区需要储备的应急物资。可根据突发公共卫生事件的类型、发生频率、可能影响范围、区域人口密度等因素，对区域公共卫生风险进行评估，确定应急物资的需求种类、数量以及需求时段等。其次，根据应急物资需求特征及资金情况，合理安排各类应急物资的储备模式。最后，从区域总体出发，建立分层分级的应急物资储备体系，在考虑储备成本、交通、人口、响应效率等综合因素的情况下，进行合理布局，有效保障突发事件下的应急物资供给。

二、信息互联共享

应急信息的互联共享是跨区域应急联动的重要内容。信息共享的范围包括事前的风险监测预警、先期处置、中期稳定、后期恢复等各阶段信息，共享内容包括区域内的事件传播情况、风险因素以及应急资源储备状况等。如新冠疫情期间，健康通行码的使用对人员的安全有序流动、疫情精准防控具有重要作用。通过建立完善的信息通报制度，可以帮助各地提前做好应急准备，共同防范应对突发公共卫生事件。

三、资源集约利用

应急物资储备的区域合作还体现在对应急储备资源的集约利用上。一方面，需要完善应急资源综合信息管理平台建设，明确应急物资的种类、数量和储备地点、专业救援队伍的数量和救援装备等信息以便实时检索，逐渐形成完善的应急专家数据库、救援队伍数据库、物资储备数据库等；另一方面，需要完善应急物资的调拨和配送机制，对应急物资进行科学有效地调拨，将物资调拨的时间和成本降至最小，确保应急物资能够快速运送到救援地点。同时，还需要建立应急物资的补偿制度，从而保证各方应急合作与支援的积极性，保障应急物资储备区域合作的持续开展。

四、应急响应协同

在突发公共卫生事件下，应急响应的效率就是生命。需要建立跨区域应急管理合作联席会议制度，各方研究决定区域内应急管理合作重大事项，建立完善专题工作小组和日常工作交流制度，开展具体的专项合作，互通有无，取长补短。需以联合预案编制为抓手，明确突发事件应对过程中信息通报、指挥协调、队伍和装备调用等各个环节的具体要求与职责，将联动内容细化、联动方式规范化，经常性开展跨地区、跨部门的应急联合演练，提高跨区域预防和处置突发事件的能力和水平。

参考文献

［1］来建．自然灾害突发事件分析与应对［D］.成都：西南交通大学，2016.

［2］柴光军．突发公共卫生事件的特点、防控对策和措施［J］.解放军预防医学杂志，2013，31（5）：385-387.

［3］成俊会，李梅．突发公共卫生事件不同阶段中公众应对行为生成机制与引导策略研究［J］.海南大学学报（人文社会科学版），2023，41（3）：199-208.

［4］本书编委会．中华医学百科全书：军事与特种医学 军队流行病学．［M］.北京：中国协和医科大学出版社，2017.

［5］刘忠宝，秦权，赵文娟．微博环境下新冠肺炎疫情事件对网民情绪的影响分析［J］.情报杂志，2021，40（2）：138-145.

［6］江亚洲，郁建兴．重大公共卫生危机治理中的政策工具组合运用——基于中央层面新冠疫情防控政策的文本分析［J］.公共管理学报，2020，17（4）：1-9，163.

［7］安璐，杜廷尧，李纲，等．突发公共卫生事件利益相关者在社交媒体中的关注点及演化模式［J］.情报学报，2018，37（04）：394-405.

［8］方明．突发公共卫生事件有哪几级响应［J］.生命与灾害，

2020（5）：6-7.

［9］郭晓光．面向自然灾害的应急物流网络规划与运作研究［D］．北京：北京交通大学，2013.

［10］徐琴．突发公共事件应急物流系统优化中的定位—路径问题研究［D］．成都：西南交通大学，2008.

［11］阚龙营，段丽妮，杨芬．国内应急物流现状研究——一篇文献综述［J］．中国储运，2022（8）：145-146.

［12］高东椰，刘新华．浅论应急物流［J］．中国物流与采购，2003（23）：22-23.

［13］张敏洁．中国应急物流研究演化路径与趋势分析［J］．物流科技，2023，46（3）：83-87.

［14］裴凤，张步阔，王茂春．国内应急物流研究综述及前沿演进概述——基于 CiteSpace 的可视化分析［J］．物流技术，2022，41（2）：8-11，37.

［15］王国文．中国物流将如何应急？［J］．中国物流与采购，2003（23）：16-17.

［16］欧忠文，王会云，姜大立，等．应急物流［J］．重庆大学学报（自然科学版），2004（3）：164-167.

［17］王杏．救灾物流中的物资调运模型研究［D］．北京：北京交通大学，2007.

［18］沈雁飞．基于时间满意度的物流设施选址与配送体系研究［D］．杭州：浙江工业大学，2007.

［19］陈杰．基于遗传算法的应急物资运输调度［D］．哈尔滨：哈尔滨工业大学，2006.

［20］谢如鹤，邱祝强．论应急物流体系的构建及其运作管理［J］．物流技术，2005（10）：78-80.

［21］何明珂．应急物流的成本损失无处不在［J］．中国物流与采购，2003（23）：18-19.

［22］乔洪波．应急物资需求分类及需求量研究［D］．北京：北京交通大学，2009.

［23］徐东，黄定政．应急物流系列讲座之二　应急物流体系的构成［J］．物流技术与应用，2008（8）：94-96.

［24］王绍仁，马祖军．震害紧急响应阶段应急物流系统中的LRP［J］．系统工程理论与实践，2011，31（8）：1497-1507.

［25］陈伟珂，花翠．基于突发事件生命周期视角的应急物流虚拟联合体的运行模型研究［J］．灾害学，2015，30（2）：152-157.

［26］魏际刚，张瑷．加快应急物流体系建设　增强应急物资保障能力［J］．中国流通经济，2009，23（5）：15-17.

［27］刘明，李颖祖，曹杰，等．突发疫情环境下基于服务水平的应急物流网络优化设计［J］．中国管理科学，2020，28（03）：11-20.

［28］李艳，叶春明，曹磊．考虑伤情随机恶化的应急物资调度问题［J］．系统工程学报，2020，35（6）：824-837.

［29］赖志柱，王铮，戈冬梅，等．多目标应急物流中心选址的鲁棒优化模型［J］．运筹与管理，2020，29（5）：74-83.

［30］刘正元，王清华．无人机在应急物流配送中的任务分配模型构建［J］．科技管理研究，2020，40（24）：229-236.

［31］刘明，曹杰，章定．数据驱动的疫情应急物流网络动态调整优化［J］．系统工程理论与实践，2020，40（2）：437-448.

［32］冯良清，陈倩，郭畅．应对突发公共卫生事件的"智慧塔"应急物流模式研究［J］．北京交通大学学报（社会科学版），2021，20（3）：123-130.

［33］杜潘．我国应急物流体系构建及优化研究［D］．兰州：兰州大学，2016.

［34］张谦，杜思思．自然灾害应急物流问题及对策研究［J］．内蒙古煤炭经济，2021（10）：120-121.

［35］陈慧．我国应急物流体系存在的主要问题与优化建议［J］．中国流通经济，2014，128（8）：20-24.

［36］张晓东．物流园区布局规划理论研究［M］．北京：中国物资出版社，2004.

［37］黄平．最优化理论与方法［M］．北京：清华大学出版社，2009.

［38］VLADIMIR MARIANOV，CHARLES REVELLE. The queuing probabilistic location set covering and some extension［J］. Socoi-Economic Planning Science，1994（28）：167-178.

［39］BADENSO-DIAZ，FRODRIGUEZ. A simple search heuristic for the MCLP：Application to the location of the ambulance bases in a Rural Region［J］.Omege，1997，25（2）：181-187.

［40］朱宝进．双目标的应急服务设施网络连续选址模型研究［D］．上海：上海海事大学，2007.

［41］刘向铮．基于加权 Voronoi 图的连续型应急物流设施选址优化研究［D］．长春：吉林大学，2014.

［42］马仲蕃．线性整数规划的数学基础［M］．北京：科学出版

社，1995.

［43］邰振华.配送中心选址模型与算法研究［D］.南京：东南大学，2005.

［44］孙宏岭.高效率配送中心的设计与运营［M］.北京：中国物资出版社，2002.

［45］MASOOD A B，MORTAGY K，ALSAYED A C.A multi-objective model for locating fire stations［J］.European Journal of Operational Research，1998，110（2）：243-260.

［46］魏宝红，杨茂盛.基于遗传算法的应急系统选址优化［J］.铁道运输与经济，2006（1）：76-77，80.

［47］许可，宫华，刘芳，等.基于离散粒子群算法的应急物资选址与调度［J］.重庆师范大学学报（自然科学版），2018，35（6）：15-21.

［48］方磊.城市应急系统选址的模型与算法研究［D］.南京：东南大学，2003.

［49］李江宁.超大型城市公共卫生事件应急药品储备管理研究［D］.北京：北京交通大学，2022.

［50］王菡，韩瑞珠.基于城际多HUB的应急物流网络协同动力学模型分析［J］.东南大学学报（自然科学版），2007（S2）：387-392.

［51］王佼.新疆铁路应急保障能力发展规划问题研究［D］.北京：北京交通大学，2011.

［52］李阳.城市群防疫物资需求预测及储备-供应协同优化研究［D］.烟台：山东工商学院，2023.

［53］张红.我国应急物资储备制度的完善［J］.中国行政管理，

2009（3）：44-47.

［54］张永领．我国应急物资储备体系完善研究［J］．管理学刊，2010，23（6）：54-57.

［55］冯璟玥，胡艳豪．中央应急物资协议储备的难点与对策［J］．中国应急管理，2023（8）：66-69.

［56］张永领．中国政府应急物资的储备模式研究［J］．经济与管理，2011，25（2）：92-96.

［57］丁斌，雷秀，孙连禄．应急物资储备方式选择与成本分摊问题［J］．北京理工大学学报（社会科学版），2011，13（6）：73-78.

［58］张思洁．突发公共卫生事件下应急物资联合储备模式优化研究［D］．烟台：山东工商学院，2022.

［59］李璎珂，刘振翼，李舒泓，等．基于Stackelberg博弈的应急物资政企协同储备决策模型［J］．中国安全生产科学技术，2023，19（6）：33-39.

［60］秦军昌，王渊，朱正威．应急物流中库存与运输集成决策模型研究［J］．数学的实践与认识，2014，44（7）：47-58.

［61］张有恒，朱晓宁，王力，等．基于机会约束规划模型的应急物资库存与运输一体化问题研究［J］．中国安全生产科学技术，2016，12（12）：181-185.

［62］魏占祥，侯云先，郭红莲．乡镇公共应急物资协同储备及供应——以房山区水灾为例［J］．中国农业大学学报，2019，24（5）：193-203.

［63］谢欢．应急物流中的优化储备问题研究［D］．成都：电子科技大学，2009.

［64］谢青凌. 四川省应急物资储备体系分析与优化［D］. 成都: 电子科技大学, 2021.

［65］王沛. 联合库存下应急物资动态配送方案研究［D］. 北京: 北京交通大学, 2012.

［66］郭晓光, 张晓东. 基于随机需求的应急物资库存量确定模型研究［J］. 北京交通大学学报 (社会科学版), 2012, 11 (3): 68-73.

［67］李双琳, 马祖军, 郑斌, 等. 震后初期应急物资配送的模糊多目标选址-多式联运问题［J］. 中国管理科学, 2013, 21 (2): 144-151.

［68］RIVERA-ROYERO D, GALINDO G, YIE-PINEDO R. A dynamic model for disaster response considering prioritized demand points［J］. Socio-economic planning sciences, 2016, 55: 59-75.

［69］GHASEMI P, KHALILI-DAMGHANI K, HAFEZALKOTOB A, et al. Uncertain multi-objective multi-commodity multi-period multi-vehicle location-allocation model for earthquake evacuation planning［J］. Applied Mathematics and Computation, 2019, 350: 105-132.

［70］朱建明. 损毁情景下应急设施选址的多目标决策方法［J］. 系统工程理论与实践, 2015, 35 (3): 720-727.

［71］NAJAFI M, ESHGHI K, DULLAERT W. A multi-objective robust optimization model for logistics planning in the earthquake response phase［J］. Transportation Research Part E: Logistics and Transportation Review, 2013, 49 (1): 217-249.

［72］陈莹珍, 赵秋红. 基于公平原则的应急物资分配模型与算法［J］. 系统工程理论与实践, 2015, 35 (12): 3065-3073.

［73］刘长石，罗亮，周鲜成，等．震后初期应急物资分配-运输的协同决策：公平与效率兼顾［J］．控制与决策，2018，33（11）：2057-2063.

［74］陈刚．考虑灾民有限理性的应急物资分配模型及算法［J］．物流科技，2020，43（9）：6-9.

［75］庄媛媛．突发公共卫生事件下多阶段应急物资分配研究［D］．太原：中北大学，2022.

［76］RAHMANI D, ZANDI A, PEYGHALEH E, et al. A robust model for a humanitarian relief network with backup covering under disruptions：A real world application［J］. International Journal of Disaster Risk Reduction，2018，28：56-68.

［77］MOHAMMADI S, DARESTANI S A, VAHDANI B, et al. A robust neutrosophic fuzzy－based approach to integrate reliable facility location and routing decisions for disaster relief under fairness and aftershocks concerns［J］. Computers & Industrial Engineering，2020，148：106734.

［78］牛真真．地震灾害应急物资分配优化模型研究［D］．杭州：浙江工商大学，2022.

［79］DANTZIG G, RAMSER J. The truck dispatching problem［J］. Mana-gement Science，1959，6（1）：80-91.

［80］RAY J. A multi－period linear programming modal for optimally scheduling the distribution of food－aid in West Africa［D］. Knoxville：University of Tennessee，1987.

［81］OZDAMAR L. Emergency logistics planning in natural disasters

［J］. Annals of Operation Research，2004，129：218-219.

［82］吴凡，许冰清，杨冰. 基于改进 ABC 算法的城市内涝应急车辆路径优化［J］. 哈尔滨商业大学学报（自然科学版），2022，38（4）：435-441.

［83］张立，贺明玲，尹秋霜，等. 不确定条件下多周期应急物资配送优化研究［J］. 系统仿真学报，2023，35（8）：1669-1680.

［84］缪成，许维胜，吴启迪. 大规模应急救援物资运输模型的构建与求解［J］. 系统工程，2006（11）：6-12.

［85］李孟良，王喜富，孙全欣，等. 基于鲁棒优化的应急物资多式联运调配策略研究［J］. 铁道学报，2017，39（7）：1-9.

［86］刘松，郭敏，乐美龙，等. 应急物资多式联运鲁棒路径优化［J］. 科学技术与工程，2021，21（35）：15230-15237.

［87］卢九一. 应急物资多式联运可靠路径优化研究［D］. 重庆：重庆交通大学，2021.

［88］刘长石，吴张，周愉峰，等. 疫区应急物资供应的卡车-无人机动态协同配送路径优化［J］. 系统科学与数学，2022，42（11）：3027-3043.

［89］WATSON-GANDY C D T，DOHRN P J. Depot location with van salesmen-a practical approach［J］. Omega，1973，1（3）：321-329.

［90］LIN C K Y，KWOK R C W. Multi-objective metaheuristics for a location-routing problem with multiple use of vehicles on real data and simulated data［J］. European journal of operational research，2006，175（3）：1833-1849.

［91］章海峰，张敏，杨超. 一类运输工具带双重能力约束的

LRP 问题 ［J］. 武汉理工大学学报（交通科学与工程版），2006（2）：220-223.

［92］鲍秀麟，张惠珍，马良，等. 考虑公众风险的多目标医疗废物选址路径问题及樽海鞘算法求解［J］. 计算机应用研究，2023，40（3）：710-716.

［93］张玲，李继昭. 基于道路可靠性的应急救灾选址-路径随机优化问题研究［J］. 系统科学与数学，2023，43（10）：2480-2502.

［94］孙华丽，王循庆，薛耀锋. 随机需求应急物流多阶段定位-路径鲁棒优化研究［J］. 运筹与管理，2013，22（6）：45-51.

［95］李自若. 基于危险品储运风险的应急物资储备选址与调配模型研究［D］. 北京：北京交通大学，2018.

［96］陆玲玲，胡志华. 海岛无人机配送中继站选址-路径优化［J］. 大连理工大学学报，2022，62（3）：299-308.

［97］杨恩缘，李进，严翌娴，等. 震后多品种应急物资多级配送中的选址-路径模型［J］. 灾害学，2016，31（2）：200-205.

［98］闫森. 考虑道路和设施受损的震后紧急期多级应急物流网络优化研究［D］. 兰州：兰州交通大学，2022.

［99］LAPORTE G，NOBERT Y. An exact algorithm for minimizing routing and operating costs in depot location ［J］. European journal of operational research，1981，6（2）：224-226.

［100］AVERBAKH I，BERMAN O. Sales-delivery man problems on treelike networks ［J］. Networks，1995，25（2）：45-58.

［101］LAPORTE G，NOBERT Y. A branch and bound algorithm for the capacitated vehicle routing problem ［J］. Operations － Research －

Spektrum, 1983, 5: 77-85.

［102］TUZUN D, BURKE LI（1999）A two-phase tabu search approach to the location routing problem ［J］. European Journal of Operational Research, 1999, 116（1）: 87-99.

［103］WU T H, LOW C, BAI J W. Heuristic solutions to multi-depot location-routing problems ［J］. Computers & Operations Research, 2002, 29（10）: 1393-1415.

［104］马祖军, 郑斌, 李双琳. 应急物资配送中带中转设施的选址-联运问题 ［J］. 管理评论, 2013, 25（10）: 166-176.

［105］魏孝文. 震后应急物资需求预测及企业供应优化研究 ［D］. 大连: 大连理工大学, 2021.

［106］路世昌, 邵旭伦, 李丹. 基于两阶段启发式算法的低碳物流选址-多车型路径问题研究 ［J］. 制造业自动化, 2023, 45（3）: 202-207.

［107］FBIF食品饮料创新. 非常时期如何解决吃饭问题? 这3个国家的"应急食品"各有特色 ［EB/OL］.（2022-04-29）［2023-08-09］. https: //mp. weixin. qq. com/s? __biz = MzA3OTE0ODU3NQ = = &mid = 2649998406&idx = 3&sn = 8c670555d483f698adc48be5656d8a41&chksm = 87b08736b0c70e20a9c61b614973e665e3aa1333f1b1ba347bfd2f35b1b5f06e 307fda261d98&scene = 27.

［108］赵飞, 廖永丰. 突发自然灾害事件网络舆情传播特征及影响因素研究 ［J］. 地球信息科学学报, 2021, 23（6）: 992-1001.

［109］傅志妍, 陈坚. 灾害应急物资需求预测模型研究 ［J］. 物流科技, 2009, 32（10）: 11-13.

［110］刘德元，朱昌锋．基于案例模糊推理的应急物资需求预测研究［J］．兰州交通大学学报，2013，32（1）：138-141.

［111］王兰英，郭子雪，张玉芬，等．基于直觉模糊案例推理的应急物资需求预测模型［J］．中国矿业大学学报，2015，44（4）：775-780.

［112］王英辉，王肖红，张庆红．重大公共卫生事件下应急物资动态需求预测分析［J］．情报杂志，2022，41（6）：135-141.

［113］李清，苏强．新冠肺炎疫情演化情境下应急物资需求预测研究［J］．华中师范大学学报（自然科学版），2021，55（4）：661-670.

［114］燕杨，郭皓钰，魏宇航，等．基于改进 SEIR 算法的疫情传播趋势检测方法［J］．吉林大学学报（理学版），2021，59（6）：1511-1516.

［115］崔景安，吕金隆，郭松柏，等．新发传染病动力学模型——应用于 2019 新冠肺炎传播分析［J］．应用数学学报，2020，43（2）：147-155.

［116］郭晓光，张晓东．应急物流网络规划基础研究［J］．综合运输，2012（2）：34-38.

［117］郭晓光，张晓东．区域铁路网的地方应急运输保障能力评价研究［J］．铁道学报，2012，34（12）：26-30.

［118］陈芳怡，唐珏岚．新中国国家物资储备体系的发展历程、作用与经验［J］．上海市经济管理干部学院学报，2021，19（4）：10-16.

［119］蔡世远．面向突发事件的地区应急物流中心选址研究——以湖北省为例［D］．南昌：江西财经大学，2021.

［120］姜超峰．应急物流中的仓储体系建立问题［J］．中国储

运，2010（11）：34-35.

［121］高雯星 . 深圳战略和应急物资保障体系研究［J］. 特区实践与理论，2022（3）：73-78.

［122］郑州市粮食和物资储备局 . 关于打造郑州城市应急物资储备体系，建设韧性城市提案的答复［EB/OL］. （2023-08-30）［2023-11-05］. https：//public. zhengzhou. gov. cn/D1102X/7794572. jhtml.

［123］河北工信 . 河北省应急物资生产能力储备基地——际华三五零二职业装有限公司［EB/OL］. （2021-12-20）［2023-09-10］. https：//mp. weixin. qq. com/s？ _ biz = MzI1NzQ1NTY4MQ = = &mid = 2247528500&idx = 2&sn = 0d746a5cf0eeb72ac17f7f3b11c50900&chksm = ea15131add629a0c6f6c4089abce84b77b018bc54017a6556f1ad1509b8daac3 54d52bb68d8b&scene = 27.

［124］曹卓君 . 应急物流中物资储备管理策略研究［D］. 天津：天津师范大学，2009.

［125］FISHER M L. What is the right supply chain for your product？ ［J］. Harvard business review，1997，75：105-117.

［126］郭晓光，张晓东 . 基于随机需求的应急物资库存量模型研究［J］. 北京交通大学学报：社会科学版，2012，11（3）：68-73.

［127］教材编写组 . 运筹学［M］. 北京：清华大学出版社，2005.

［128］牛剑，冯小芳，刘俊 . 铁路调度应急指挥系统总体方案研究［J］. 铁道运输与经济，2020，42（6）：6-11.

［129］黄婷 . 民航公共卫生事件应急处理机制优化研究——以 B 航空应对新冠疫情为例［D］. 南宁：广西大学，2022.

［130］朱晔 . 突发公共卫生事件下应急物资运输保障对策［J］.

城市交通，2020，18（5）：102-109.

［131］袁泉，涂义欢，李国旗．物流网络快速应对疫情的策略与体系设计［J］．城市交通，2021，19（2）：46-54.

［132］李玥熠．基于网络化运营的西部陆海新通道班列组织方案优化［D］．北京：北京交通大学，2020.

［133］庄乾文．突发公共卫生事件下整车物流服务网络优化研究［D］．北京：北京交通大学，2020.

［134］国家发展改革委运行局．应急物资中转接驳站推进情况：河北省充分发挥中转站功能重点保障北京市场供应［EB/OL］．（2022-06-29）［2023-10-15］．https：//www.ndrc.gov.cn/fzggw/jgsj/yxj/sjdt/202206/t20220629_1329297.html.

［135］陈镜羽，张立．疫情背景下应急生活保障物资末端物流配送模式研究［J］．物流科技，2020，43（10）：47-50.

［136］李帅．新冠疫情对快递业末端配送网点的影响及应对［D］．郑州：中原工学院，2022.

［137］赵贤利，吴亚楠，刘怡君，等．重大突发公共卫生事件应急资源调配"最后一公里"配送优化研究［J］．物流时代周刊，2023（7）：32-36.

［138］王婧，王海军．应急救援中应急物资需求紧迫性分级研究［J］．计算机工程与应用，2013，49（5）：4-7.

［139］王海军，王婧，郑鼎，等．运力约束下多应急物资供应点选择模型研究［J］．管理工程学报，2013，27（4）：156-160.

［140］姚恩婷，孟燕萍，林国龙．基于BP神经网络的受灾点的需求紧迫性分级方法［J］．灾害学，2016，31（3）：211-216，229.

［141］王莉芳．基于组合赋权与灰色改进 TOPSIS 方法的受灾点应急物质需求紧迫性分级评价［J］．安全与环境工程，2017，24（6）：94-100．

［142］王英，苏柏林，闫鹏，等．基于改进 TOPSIS 的受灾点需求紧迫性分级研究［J］．安全与环境学报，2019，19（1）：140-146．

［143］张俊．物流配送中车辆路径优化技术研究［D］．成都：西华大学，2018．

［144］凌铭君．基于中欧班列的国际集装箱全程运输组织一体化优化研究［D］．北京：北京交通大学，2020．

［145］谢如鹤，何佳雯，邹毅峰，等．冷链零担物流前端集货至末端配送全链条优化模型［J］．交通运输系统工程与信息，2023，23（3）：204-213．

［146］张军伟．多式联运中全程集装箱运输网络路径合理化研究［D］．北京：北京交通大学，2011．

［147］张锦，孙文杰，杨文广，等．封闭管理下城市生活物资临时分配点优化配置研究［J］．安全与环境学报，2023，23（5）：1537-1544．